Confucius

DANS LA MÊME COLLECTION

(Extrait du catalogue)

Abé Kôbô
La face d'un autre.
La femme des sables.
L'homme-boîte.
Le plan déchiqueté.

Allende Isabel
Les contes d'Eva Luna.

Amado Jorge
La bataille du Petit-Trianon.
Cacao.
Les deux morts de Quinquin-la-Flotte.
Le vieux marin.

Anderson Sherwood
Tar.

Ariyoshi Sawako
Kaé ou les deux rivales.
Les dames de Kimoto.
Les années du crépuscule.

Baldwin James
Si Beale Street pouvait parler.
Harlem quartet.

Ballard J.G.
La bonté des femmes.

Barnes Julian
Le perroquet de Flaubert.
Le soleil en face.

Blixen Karen
Sept contes gothiques.

Bounine Ivan
Le monsieur de San Francisco.
Le village.
Le sacrement de l'amour.

Brink André
Un turbulent silence.
Le mur de la peste.

Čapek Karel
La vie et l'œuvre du compositeur Foltyn.

Carver Raymond
Les vitamines du bonheur.
Tais-toi, je t'en prie.
Parlez-moi d'amour.

D'Annunzio Gabriele
Terre vierge.
Triomphe de la mort.

Desai Anita
Un héritage exorbitant.

Garcia Morales Adelaïda
Le silence des sirènes.

Geiszler Horst
Cher Augustin.

Gorki Maxime
Tempête sur la ville.

Goytisolo Juan
Paysages après la bataille.
Chasse gardée.
Les royaumes déchirés.

Hackl Erich
Le mobile d'Aurora.

Han Suyin
Ton ombre est la mienne.

Herlihy James Leo
Macadam cow-boy.

Hesse Hermann
Demian.

Hoffmann E.T.A.
Nouvelles musicales.
Les élixirs du diable.

Inoué Yasushi
Les chemins du désert.
Combat de taureaux.
Le faussaire.
Le fusil de chasse.
Histoire de ma mère.

Jacobsen Jen Peter
Niels Lyhne.

James Henry
L'autel des morts.
Les papiers de Jeffrey Aspern.
Le regard aux aguets.
Daisy Miller.
Le tour d'écrou.
Impressions d'une cousine.
Roderick Hudson.
L'Américain.

Johnson Eyvind
Le roman d'Olof.

Kadaré Ismail
Récits d'outre-temps.
Les adieux du mal.
Le firman aveugle.

Kaniuk Yoram
Confessions d'un bon Arabe.

Kästner Erich
Trois hommes dans la neige.

Kazan Elia
America, America.

Kesey Ken
Vol au-dessus d'un nid de coucou.

Kenzaburo Oé
Une affaire personnelle.

Kivi Aleksis
Les sept frères.

Lagerkvist Pär
Le bourreau.
Contes cruels.
La mort d'Ahasverus.
Le nain.
La sibylle.
L'exil de la terre.

Lagerlof Selma
L'anneau du pêcheur.
Les écus de Messire Arne.
L'empereur du Portugal.
Jérusalem en Dalécarlie.
La légende de Gösta Berling.

Lange Hartmut
Une fatigue.

Lawrence D.H.
Ile, mon île.
Le renard.
Matinées mexicaines.

Luxun
Journal d'un fou.

McCarthy Mary
L'oasis et autres récits.

Malerba Luigi
Clopes.
Le feu grégeois.

Mann Thomas
Tonio Kröger.
La mort à Venise.

Mansfield Katherine
Cahier de notes.
La garden-party.
Lettres.
Pension allemande.

Martinson Harry
Voyages sans but.

McCullers Carson
Le cœur hypothéqué.
Frankie Addams.
Reflets dans un œil d'or.
La ballade du café triste.
L'horloge sans aiguilles.

Meras Icchokas
La partie n'est jamais nulle.

Meyrink Gustav
Le golem.

Miller Henry
Virage à 80.
Max et les phagocytes.
Dimanche après la guerre.
Entretiens de Paris.

Nasreen Taslima
Lajja.

Nicolson Nigel
Portrait d'un mariage.

Oates Joyce Carol
Solstice.

O'Brien Edna
Qui étais-tu, Johnny ?
Les grands chemins.
Lanterne magique.

O. Henry
New York tic tac.

Olivia
Olivia par Olivia.

Ozick Cynthia
La galaxie cannibale.

Penn Warren Robert
La grande forêt.
Les fous du roi.

Prawer Jhabvala Ruth
Chaleur et poussière.
La vie comme à Delhi.
Cette lutte incertaine.

Purdy James
L'oiseau de paradis.

Queiroz Rachel de
L'année de la grande sécheresse.

Radičević Branko
Le trou de la serrure.

Ribeiro Aquilino
Casa Grande.

Rushdie Salman
Les enfants de minuit.

Sackville-West Vita
Escales sans nom.

Savinio Alberto
La maison hantée.

Schnitzler Arthur
Madame Béate et son fils.
Mademoiselle Else.
Mourir.
La pénombre des âmes.
La ronde.
Vienne au crépuscule.
L'étrangère.
Mademoiselle Else.

Scott Walter
La fiancée de Lammermoor.

Singer Isaac Bashevis
Amour tardif.
La corne du bélier.
Le domaine.
Le manoir.
Ennemies.
Yentl.
L'esclave.
Le fantôme.
Au tribunal de mon père.

Spark Muriel
Le pisseur de copie.
L'unique problème.
Memento mori.
L'appropriation.
Robinson.
L'abbesse de Crewe.

Stangerup Henrik
Lagoa Santa.
Le séducteur.

Tanizaki Junichiro
Deux amours cruelles.

Tekin Latife
Contes de la montagne d'ordures.

Tevis Walter
La couleur de l'argent.

Tolstoï Léon
La mort d'Ivan Ilitch.
Un cas de conscience.

Tolstoï Comte Léon L.
La vérité sur mon père.

Tourguenieff Ivan
L'abandonnée.
L'exécution de Troppmann.
Fumée.
Journal d'un homme de trop.
Dimitri Roudine.

Traven B.
Le visiteur du soir.

Tyler Anne
Toujours partir.

Uhlman Fred
Il fait beau à Paris aujourd'hui.
La lettre de Conrad.

Undset Sigrid
L'âge heureux.
Jenny.
Printemps.
Vigdis la farouche.

Vanderbeke Birgit
Le dîner de moules.

Werfel Franz
Le passé ressuscité.

Wiechert Ernst
La servante du passeur.

Wilde Oscar
De profundis.

Wilson Angus
Saturnales.

Wolf Christa
Cassandre.
Aucun lieu. Nulle part.
Scènes d'été.
Ce qui reste.
Incident.
Trois histoires invraisemblables.
Changement d'optique.

Wolfe Thomas
De la mort au matin.

Woolf Virginia
Orlando.

Yamata Kikou
Masako.
La dame de beauté.

Zweig Stefan
Amok.
La confusion des sentiments.
Le joueur d'échecs.
Vingt-quatre heures de la vie d'une femme.
Nietzsche.

DU MÊME AUTEUR
AUX ÉDITIONS STOCK

Le fusil de chasse.
Les chemins du désert.
Histoire de ma mère.
Le faussaire.
Combat de taureaux.
Le maître de thé.
La chasse dans les collines.

LA BIBLIOTHÈQUE COSMOPOLITE

Yasushi Inoué

Confucius

roman

TRADUIT DU JAPONAIS
PAR DANIEL STRUVE

STOCK

TITRE ORIGINAL

« Koshi »

Avertissement au lecteur

Le système *pinyin* a été utilisé pour la transcription des noms chinois. Il présente notamment les particularités suivantes :

c : ts, suivi d'une expiration.
ch : tch suivi d'une expiration
g : toujours dur.
j : mouillé, comme dans l'anglais « june ».
q : ts mouillé, suivi d'une aspiration.
r : proche du j français.
(e)r final : (eu)l.
x : ch, comme dans l'allemand « ich ».
z : dz.
zh : dj.
i : e muet sauf après j, q, x, y.
ou : o-ou.
u : ou, sauf après j, q, x, y où il se prononce comme le u français.

Les italiques signalent les passages qui, dans l'original, sont en japonais classique.

Première Partie

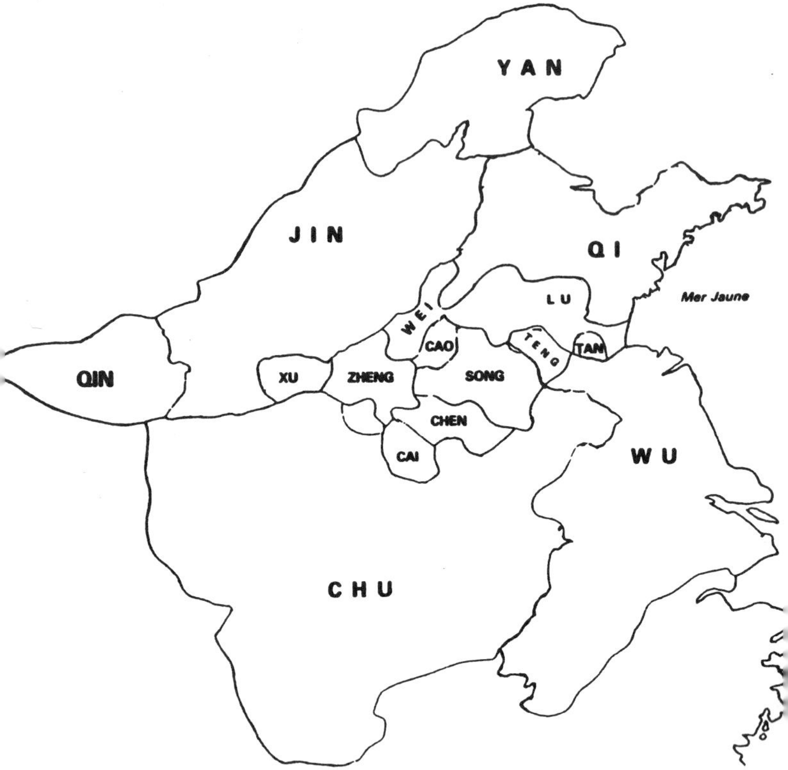

YAN
JIN
QI
LU
Mer Jaune
WEI
CAO
TENG
TAN
QIN
XU
ZHENG
SONG
CHEN
CAI
WU
CHU

1

A la disparition de Confucius, notre Maître, je fis comme ses autres disciples : nous construisîmes des ermitages autour de l'emplacement de sa tombe édifiée au nord de la capitale sur les bords du fleuve Si, et nous y passâmes trois ans dans le deuil; à la suite de quoi je vins m'installer dans ce hameau au fond des montagnes où j'ai vécu depuis jusqu'à ce jour, ne prenant que du gruau de riz pour toute nourriture. Trente-trois ans sont déjà passés depuis le départ du Maître. Pendant ce temps, j'ai fui autant que possible tout contact avec le siècle : loin comme je le suis de l'emplacement de sa tombe, je n'en ai pas moins l'intention de servir le défunt Maître tant qu'il me restera un souffle de vie. En toute occasion, je m'interroge sur ce qu'aurait été la réaction de son cœur et chaque jour s'écoule pour moi comme si je demeurais à son côté. C'est tout ce que peut faire un homme aussi médiocre que moi. Que je puisse être d'aucune utilité pour le monde, une telle idée ne me vient même pas à l'esprit.

Il est vrai, comme vous le dites, qu'à la fin de

notre deuil de trois ans, Zigong, l'aîné des disciples, reconduisit le sien pour une même période, ce qui porta à six ans la durée totale de son deuil. La rumeur est venue me l'apprendre, mais, sans attendre la rumeur, je me doutais bien que Zigong agirait ainsi. Le matin du jour où, ayant achevé les trois années de deuil, les dix-sept participants se dispersèrent vers les destinations de leur choix, chacun de nous, à mesure qu'il avait réuni ses bagages, se rendit chez Zigong afin de prendre congé. C'était lui, en effet, qui s'était entièrement chargé de l'organisation de ces trois années de deuil et, n'était son soutien financier, nous n'aurions jamais pu songer à une telle entreprise.

A mesure qu'il entrait dans sa résidence, chacun allait embrasser Zigong, puis nous nous embrassions les uns les autres à ses côtés, en larmes, prolongeant les instants de cette dernière séparation. Je fis de même, moi aussi, et je pus voir à cet instant par la fenêtre, auprès de la tombe du Maître, le nouvel ermitage qu'on avait construit pour Zigong. Il était alors âgé de quarante-six ans et s'apprêtait donc à passer encore trois années au service du Maître.

Mon cœur était fort séduit par cette manière, bien à lui, dont Zigong avait choisi de servir notre défunt Maître, mais il n'appartenait pas à un homme tel que moi de l'imiter. D'ailleurs, me semblait-il, s'il fallait que quelqu'un demeurât encore en service auprès de la tombe, après le décès de Zilu et de Yanhui, ce ne pouvait être que Zigong.

Voici que j'ai prononcé les noms de Zilu et de Yanhui... Ces aînés parmi les disciples ne doivent pas être oubliés ici-bas et que vous en ayez entendu parler est une grande joie pour moi. Tous deux ont quitté ce monde avant le Maître, Zilu à l'âge de soixante-trois ans, Yanhui n'en ayant encore que quarante et un.

Et moi ? J'ai beau être de cinq ans le cadet de Yanhui, voici que j'ai fini par vivre trente ans de plus que lui, huit ans de plus que Zilu. Voici même que je m'approche de mes soixante-treize ans, l'âge auquel est décédé Confucius, notre maître. Je sens la honte qu'il y a à accumuler ainsi des années inutiles. Mais, en fin de compte, cela comme le reste, tout ne dépend que du Ciel. Je me dispose donc à passer à ma façon, sans malice au cœur, l'espace de temps qui m'a été concédé.

Comme vous voyez, je mène pour ainsi dire une vie d'ermite, ne labourant qu'un lopin de terre, avec pour seule préoccupation de fuir la souillure du monde, vivant au jour le jour, sans aucune attache extérieure. Il me semble pourtant que le Maître, si compréhensif, n'aurait pas condamné mon mode de vie. Je crois entendre sa voix me disant : « Pour toi, c'est bien ainsi. » Au fond, le Maître lui aussi aurait aimé pouvoir disposer de ses jours comme je le fais actuellement. Ah ! comme il aspirait à cela ! Moi et moi seul avais pu lire ce désir au fond de son cœur.

Pourtant, il n'en a rien fait, n'en a rien pu faire. Il n'a cessé nuit et jour de se tourmenter l'esprit dans l'espoir de rendre ne fût-ce qu'un peu meilleur ce siècle enfoncé dans le chaos, de diminuer ne serait-ce que d'une unité le nombre des malheureux. Infatigablement il exposait aux hommes sa pensée : « Ne détournez pas votre regard de ce monde enfoncé dans le chaos. Quoi qu'il arrive, continuez à marcher dans le monde réel, dans le bruit et le fracas de la vie des hommes. N'est-ce pas ainsi ? Ou bien doit-on plutôt renoncer à vivre de concert avec ceux qui portent ce nom d'hommes et se choisir d'autres compagnons de vie ? Vous ne pouvez tout de même pas vivre dans la compagnie des bêtes et des oiseaux ! » Je crois entendre la voix du Maître s'adressant à lui-même, une voix où perce comme une note de tristesse.

Mais ce que le Maître exigeait de lui-même, son extrême indulgence ne le réclamait pas d'un homme comme moi, qui ne compte même pas au nombre de ses disciples. « Veux-tu te retirer dans les montagnes ? Eh bien, soit. C'est bien ainsi. Tâche seulement de vivre en évitant la souillure. C'est bien ainsi. » Combien de fois, au milieu de ces montagnes, ai-je entendu la voix indulgente et bienveillante du Maître me tenant ces propos.

Vous me demandez ce qu'est la volonté céleste ? C'est là une question difficile. S'il faut vous dire la vérité, il s'agit pour un homme comme moi des plus ardus et des plus terribles de tous les mots prononcés par le Maître. Qu'est-ce donc que le Ciel ? Que signifie ce mot ? « *Les saisons se succèdent. Les cent créatures naissent. Que dit le Ciel*[1] *?* » Telles sont les paroles du Maître et il a mille fois raison. En vérité le Ciel ne dit rien. Le cycle des saisons se

1. *Entretiens*, XVII, 19. Sauf mention spéciale, toutes les notes sont du Traducteur.

déroule sans encombre, les dix mille créatures naissent et se développent. Le Ciel, lui, ne parle pas.

Le Maître, il est vrai, a aussi déclaré avoir connu la volonté céleste quand il atteignit cinquante ans. J'incline à penser qu'il a prononcé ces paroles à son retour au pays de Lu à l'issue de son exil et de sa mission d'enseignement, devant la foule des disciples venus l'accueillir. Quoi qu'il en soit, ce sont des propos qu'il a tenus à la fin de sa vie. Vous m'interrogez sur leur sens, mais au moment même où il les a prononcés, le Maître, à son habitude, n'a pas fourni un mot d'explication. Il ne reste à chacun de nous qu'à les méditer par lui-même.

Dans la seconde moitié de la période de deuil qui s'ouvrit à la mort du Maître, il y eut des réunions présidées par Zigong, au cours desquelles furent examinées une à une les paroles proférées de son vivant par le Maître et où, après avoir débattu des circonstances qui les avaient suscitées, on cherchait à leur rendre leur forme correcte, celle dans laquelle elles furent prononcées. Il m'est arrivé d'y assister comme auditeur.

C'était, je crois, très peu de temps après le début de ces réunions. J'assistai plusieurs soirées de suite à des séances où les termes « Ciel », « volonté », « connaître la volonté céleste », « craindre la volonté céleste » sortaient continuellement de la bouche des participants et ne cessaient d'être repris d'un bout à l'autre de la salle. Je n'étais alors qu'imparfaitement remis de la douleur que j'avais éprouvée à la mort du Maître et je me sentais assez étranger à l'atmosphère de ces séances où l'on étudiait minutieusement les paroles que le Maître avait prononcées au cours de son existence. Aussi ne me souviens-je pas bien de la conclusion à laquelle aboutit le débat sur les deux caractères de « volonté » et de « Ciel ».

S'il en est ainsi de l'expression « volonté céleste », que peut bien vouloir dire le mot « Ciel » ? Qu'est-ce donc que ce Ciel auquel se référait la pensée du Maître ? Voilà trente ans que je me suis établi au fond de ces montagnes, et il ne se passe pas d'année sans que je revienne maintes fois sur cette question. Explorant le sens de cette expression : « volonté céleste », je parcours obstinément le même cercle, rejetant les réponses insuffisantes pour revenir toujours au même point. Aussi ne saurais-je sans doute vous répondre qu'en vous retraçant le cheminement que suivent mes pensées.

Pourtant, je voudrais vous demander de patienter un peu avant d'entendre ma réponse. Ce sera, je crois, mieux ainsi. Accordez-moi le délai d'un mois ou deux. Je pourrais de la sorte me préparer et mettre en ordre mes idées afin de vous exposer ma pensée concernant le « Ciel » et la « volonté céleste » tels que les envisageait le Maître.

Laissons donc cela pour l'instant. J'apprends que trente-trois ans après la disparition du Maître, dans les mêmes salles d'enseignement où il a professé de son vivant, sa pensée est exposée dans ses divers aspects par les jeunes gens de talent que vous êtes. Cette nouvelle me remplit de joie, elle me donne aussi confiance.

Il me semble toujours que la disparition du Maître vient seulement d'avoir lieu, mais trente-trois ans ont sans doute changé de fond en comble la face du monde. Parmi les disciples qui entouraient le Maître à la fin de sa vie, certains ont été appelés au service de tel ou tel seigneur, d'autres sont demeurés obscurs. Les hommes sont divers. Si, à l'issue de ses six ans de deuil, Zigong était demeuré dans la capitale de l'État de Lu, l'école de Confucius aurait connu, je crois, un développement sensiblement différent. Mais Zigong était originaire du pays de Wei ; il devait en outre avoir près de cinquante ans et il est naturel qu'il ait choisi de rentrer dans sa patrie.

A la fin de leur deuil de trois ans, les disciples des dernières années Zixia, Zizhang, Ziyou restèrent pendant un temps en garde des salles d'enseignement et des logements du Maître. Selon les rumeurs qui sont parvenues jusqu'à moi, ils se seraient divisés en plusieurs sectes proposant des interprétations et des thèses divergentes à propos des « rites ». Et puis je n'ai plus rien entendu à leur sujet.

Zixia est peut-être retourné dans l'État de Wei dont il était originaire. Zizhang et Ziyou, dont les États respectifs de Chen et de Wu avaient été renversés, seraient rentrés dans leurs villages natals. Jeunes, ils l'étaient, mais seulement d'une dizaine d'années de moins que moi, et s'ils ont profité d'une occasion qui leur permettait de rentrer chez eux, je n'y vois rien que de très normal. Et puis n'est-ce pas grâce à tous ces brillants disciples que l'enseignement du Maître, prêché le long des cours du Fleuve Jaune et du fleuve Huai, s'est répandu si vigoureusement dans toute la Plaine du Milieu ?

Pourtant, à la maison mère, dans la capitale de l'État de Lu, l'héritage du Maître est entièrement passé des mains des disciples des dernières années sur vos épaules à vous, les nouveaux responsables. L'enseignement du Maître est préservé et répandu après sa mort par une génération qui ne l'a pas connu. Voilà qui est fait pour inspirer confiance.

C'est vrai ? Vous rassemblez et recensez les nombreuses paroles du Maître afin qu'aucune ne se perde ! Établir pour chacune de ses paroles une interprétation correcte, en donner une explication satisfaisante doit être, je le devine, une tâche immense. Ah ! comme je regrette aujourd'hui, moi qui ai eu le privilège de servir aux côtés du Maître, d'avoir laissé passer chaque journée avec tant de nonchalance.

Quoi qu'il en soit, puisque vous êtes venus ici, je ne voudrais pas vous laisser repartir sans rien. Parmi toutes les questions que vous m'avez posées, peut-être me permettrez-vous de choisir celle qui porte sur mes rapports avec le groupe des disciples de Confucius ? Je n'ai rien préparé pour aujourd'hui, mais je crois pouvoir vous parler un peu d'un sujet comme celui-ci. Quant aux autres questions, j'y travaillerai, si vous voulez bien, en vue de votre prochaine ou d'une troisième visite.

Vous le savez sans doute déjà, à la différence des autres disciples, c'est fortuitement et en cours de route que je me mêlai au groupe du Maître et c'est un peu en intrus que j'entrai à son service. Pendant les quelques années que le Maître passa dans ce pays avant sa mort, je me chargeai de ma propre initiative et sans que personne m'en donnât l'ordre ou me sollicitât pour cela, de toutes les tâches matérielles du groupe. Dès que j'avais un moment libre, j'allais me placer à portée de voix du Maître. Je ne me souciais pas d'autre chose. Me serais-je dit un disciple, je me serais attiré un sourire indulgent de la part du Maître; quant aux autres, ils auraient certainement froncé les sourcils.

Voilà quelle sorte de personnage je suis et, pour procéder par ordre, je vais commencer, si vous le permettez, par vous raconter justement mon histoire. Le soleil est encore haut et je pense avoir le temps de terminer avant le crépuscule pour que vous n'ayez pas à repartir dans la nuit.

Je suis originaire de l'État de Cai. Voilà des années que je n'ai pas abordé ce sujet, mais il suffit que je commence et aussitôt de paisibles images viennent s'offrir à mon cœur : villages de maisons de terre séchée enveloppés dans des nuages de sable, entourés de bois clairsemés de paulownias, et, au-delà des bois, le large cours de la Ru.

L'histoire de Cai commence, dit-on, quand Cai-shudu, le frère puîné du roi Wu de Zhou, voulut établir son autorité sur les anciennes populations de l'État de Yin et les enferma pour cela dans la région comprise entre les cours des fleuves Ying et Ru. En ce temps, la capitale du pays n'était pas encore Cai-la-Neuve où je suis né et où j'ai grandi, mais Cai-la-Haute, située sur les bords du même fleuve Ru, quoique beaucoup plus en amont.

On raconte aussi que Cai-shudu, qui fonda un État autour de la cité de Cai-la-Haute, fomenta une rébellion contre la cour de Zhou à la mort du roi Wu. L'entreprise aurait échoué et l'État aurait interrompu un temps son existence. Mais son fils Hu le restaura et, durant toutes ces tribulations, Cai sut préserver sa continuité. Quand on y pense aujourd'hui, on ne peut s'empêcher de se dire que, dès les premiers temps de sa fondation, Cai fut promis à une histoire agitée et pleine de souffrances.

En tout cas, l'État de Cai, ma patrie, avec pour capitale la ville de Cai-la-Haute, se plaça dès le début sous l'autorité de la cour de Zhou et tint sans doute un rang très honorable dans le concert des États de la Plaine du Milieu. C'était alors l'apogée de la dynastie de Zhou. Mais les grands États comme ceux de Wu et de Chu qui se formèrent en bordure de la Plaine du Milieu finirent par étendre leur puissance sur celle-ci et l'histoire qui suit est pleine de sang et de larmes.

Cette tragédie fut sans doute le lot commun de tous les pays de la Plaine du Milieu, mais la plus grande partie des malheurs de Cai eut pour origine le conflit d'intérêts qui l'opposait à son voisin barbare du sud, l'État de Chu.

Cai-la-Haute resta la capitale de l'État pendant dix-huit générations, c'est-à-dire cinq cents ans, et eut à subir d'innombrables assauts de la part du grand État de Chu qui s'étendait toujours davantage à ses frontières sud, resserrant autour de lui son étau. Parmi tous ces assauts, se détache sans doute la grande offensive menée sans autre motif par le roi Wen de Chu sous le règne du prince Ai, treizième souverain de Cai. De nombreux récits gardent le souvenir des jours terribles que vécut alors le peuple de Cai. Plus tard, le dix-huitième prince Ling fut assassiné à la suite d'un complot fomenté par Chu, là encore sans motif particulier. L'État de Cai fut aboli. Mais, au bout de deux ans, le prince Ping transféra la capitale à Cai-la-Neuve et réussit à restaurer l'État. Cependant derrière cette initiative, se dissimulait toujours la main de Chu.

L'État était restauré, mais sans autre choix que de servir de satellite à Chu. C'est en entendant raconter les malheurs de notre pays que ceux de ma génération ont grandi.

Quoi qu'il en soit, à l'issue des dix-huit générations ou des cinq cents ans que dura l'époque de Cai-la-Haute, commence l'époque de Cai-la-Neuve. Le transfert de la capitale eut lieu dans la deuxième année du règne du prince Ping [1], treize ans avant ma naissance.

Combien de fois ai-je entendu dans mon enfance les récits de mes aînés décrivant la splendeur de Cai-la-Haute ? Cette cité, qui fut durant cinq cents ans la résidence de nos souverains, devait sans doute posséder malgré l'histoire mouvementée qu'elle avait connue un cachet sans comparaison avec la nouvelle capitale édifiée à la hâte. Mais pour nous, les jeunes gens, qui étions nés et avions grandi à Cai-la-Neuve, ces récits répétés de nos aînés rendaient un son d'une inexprimable mélancolie.

Je devais avoir alors douze ou treize ans. Une

1. 529 avant J.-C. *(N.d.A.)*

seule fois, quelques enfants conduits par des adultes remontèrent vers le nord le cours du Ru et, après quatre jours de marche, parvinrent à l'emplacement de Cai-la-Haute, l'ancienne capitale. Il y avait bien là un gros bourg avec un lacis de ruelles où s'alignaient des boutiques et auxquelles l'afflux des acheteurs conférait une animation extraordinaire, mais c'était un quartier neuf, fondé par les habitants de la vieille cité après le transfert de la capitale.

A quelque distance du bourg, gisait l'ancienne citadelle de Cai-la-Haute, à moitié en ruine. Elle était disposée au centre d'une immense plaine. Les douves étaient entièrement comblées. Des trous, telles des dents manquantes, s'ouvraient par endroits dans les murailles qui entouraient un champ de ruines.

Nous montâmes sur un de ces débris de fortifications. Sous nos yeux s'étendait à perte de vue une aire construite de maisons en terre séchée à moitié détruites et inhabitées. De hautes herbes les envahissaient. Seuls des chênes, des ginkgos, des sophoras s'élevant en bosquets ici et là s'élançaient vigoureusement vers le ciel. Les grands boulevards de la ville, que les adultes se rappelaient avec nostalgie, avaient entièrement disparu sous les herbes et l'œil ne pouvait en distinguer la moindre trace. Rien qu'à parcourir du regard ces ruines, je jugeai qu'elles devaient être deux fois plus étendues que la nouvelle capitale.

Le chemin de ronde au sommet des remparts

était assez large pour permettre l'exercice des soldats. Debout sur un segment de ce chemin, nous contemplions les lamentables débris de l'ancienne capitale, qui se disposaient à l'intérieur d'un carré régulier. Pendant ce temps, d'immenses nuées d'oiseaux migrateurs, se divisant en plusieurs groupes compacts dont chacun se rangeait ensuite en ordre de bataille, vinrent survoler en biais ce gigantesque champ de ruines. Le spectacle grandiose et réglé de ces vols reste encore fortement gravé sur mes paupières.

Nous autres qui étions nés dans Cai-la-Neuve, la capitale nouvelle, le spectacle du délabrement où était tombée la citadelle de Cai-la-Haute, l'ancienne capitale, nous fit trouver assez de beauté et d'allure à la nouvelle pour que le fait d'y habiter nous remplît d'une joie et d'une confiance sans bornes.

Mais revenons à notre récit. Après le transfert de la capitale à Cai-la-Neuve, l'État de Cai, qui durant tant d'années avait été le jouet de Chu, conclut bon gré mal gré – mais sa situation à ce moment devait être extrêmement difficile – une alliance avec l'État de Wu et, fort de cette alliance, lança pour la première et seule fois de toute son histoire une expédition contre l'État de Chu. Le gros des forces ennemies fut détruit à Baiju. Les alliés franchirent le fleuve Han et entrèrent victorieux dans Ying, la capitale de Chu. C'était la treizième année du règne du prince Zhao, vingt-trois ans après le transfert de la capitale à Cai-la-Neuve, onze ans après ma naissance.

L'extraordinaire explosion de joie qui déferla sur

le pays à la défaite de Chu, l'ennemi héréditaire avec lequel on ne pouvait littéralement pas vivre sous le même ciel, s'est profondément gravée dans mon cœur d'enfant. Dans l'histoire séculaire de nos relations avec la puissance barbare de Chu, ce fut l'unique épisode susceptible de dissiper un tant soit peu le ressentiment accumulé par l'État de Cai, branche de la maison royale des Ji, souverains de Zhou.

Cependant, pareil événement devait immanquablement entraîner un jour des représailles massives de la part de Chu. Celles-ci vinrent en effet douze ans plus tard, dans la vingt-cinquième année de règne du prince Zhao, et elles furent décisives et sans réplique. En un instant, la citadelle de Cai-la-Neuve fut encerclée par la grande armée de Chu. Un ultimatum exigeait le transfert de la capitale en plein territoire de Chu et, naturellement, Cai n'avait pas d'autre choix que d'en accepter les termes. La confusion était à son comble, quand Wu, à nouveau, décida d'intervenir.

Trompant la vigilance des troupes de Chu, de nuit et sans préavis aucun, un détachement armé de Wu s'introduisit dans l'enceinte de notre citadelle. Cai dut transférer sa capitale à Zhoulai, fort avant dans le territoire soumis à la puissance de Wu. Tout se passa très vite. J'avais vingt-quatre ans lors de cet étrange transfert.

Un transfert de capitale équivaut à un déménagement de l'État tout entier, mais ne signifie pas pour autant que la population entière d'un pays se déplace comme un seul homme. La moitié des habitants n'avait pas les moyens de changer de lieu de vie ni d'autre choix que de rester à Cai-la-Neuve et de renoncer de ce fait à leur citoyenneté.

Voilà. Mais permettez-moi de revenir un peu plus en détail sur les circonstances qui, à partir de l'invasion de Chu, ont rendu inévitable le transfert précipité de l'État de Cai à Zhoulai.

En l'an 25 du prince Zhao[1] à la fin d'un long hiver, alors que commençaient à tiédir les eaux du fleuve Ru, la grande armée de Chu avec ses colonnes de chars vint, je vous l'ai déjà dit, encercler la citadelle de Cai-la-Neuve, capitale de l'État de Cai.

En neuf jours de travail ininterrompu, l'armée de Chu édifia un fortin sur plusieurs centaines de mètres face à la porte principale. Ce fortin, de trois mètres d'épaisseur et de six mètres de hauteur, coupa toutes les communications de la citadelle avec l'extérieur. Il y avait encore plusieurs portes sur les quatre côtés de la citadelle, mais celles-ci avaient déjà toutes été bloquées par les unités de chars. Le gros de l'armée de Cai était alors stationné sur les marches et on avait dégarni la défense de la capitale. Ne pouvant rappeler ces troupes, Cai devait se résigner à laisser les mains libres à l'assaillant.

Quand le fortin fut achevé, l'armée de Chu resta en bivouac autour de la citadelle et exigea la reddition du peuple de Cai. Dès lors, pendant plusieurs jours, on vit chaque matin des citoyens de Cai,

1. 494 avant J.-C. *(N.d.A.)*

effrayés de voir la ville se transformer du jour au lendemain en un champ de bataille, hommes et femmes en deux colonnes séparées, se diriger vers le fortin où stationnaient les troupes de Chu. Pourtant ceux qui sortirent ainsi par la porte de la ville sous la menace de l'envahisseur ne furent pas si nombreux et la plus grande partie des habitants préféra rester à l'intérieur.

C'est alors que le bruit se répandit dans les rues que les dirigeants de Cai allaient accepter l'ultimatum de l'armée ennemie et que la capitale serait transférée en plein territoire Chu. Dans la ville, que le fortin isolait complètement de l'extérieur, régnait un silence oppressant et la lumière printanière qui inondait les carrefours les faisait paraître encore plus vides.

La rumeur concernant le transfert de la capitale commença à se concrétiser avec l'arrivée de l'automne. On fit circuler un décret ordonnant à tous les habitants sans exception de se préparer en vue du transfert de l'État de Cai dans la région située au nord du fleuve Jiang (ou Yiangzi-jiang) et au sud du Ru.

La ville s'agita un instant puis retomba dans la torpeur. Chacun avait bien assez de sujets à méditer en silence.

A tous les coins de rue, on débattait interminablement de la nouvelle cité où l'on devait bientôt se rendre mais, quant aux préparatifs, chacun restait perplexe et ne trouvait rien de mieux à faire que d'attendre sans rien entreprendre.

C'est dans cette atmosphère d'incertitude que s'acheva l'année et qu'arriva l'an 26 du prince

Zhao. L'armée de Chu, qui s'était établie dans les fermes et les maisons des environs, encerclait toujours la citadelle de Cai-la-Neuve. Il n'y avait pour ainsi dire aucun nouveau mouvement à signaler. A l'occasion du Nouvel An, on renouvela l'ordre de transférer la capitale, mais la ville restait étonnamment calme et l'on n'y remarquait pas d'agitation particulière. Du printemps à l'automne une série de rumeurs évoquèrent même l'abandon du projet de transfert ou un changement du lieu de destination.

A la fin de l'été seulement, lorsqu'on annonça que le transfert prendrait place dans le courant du onzième mois, que le nouvel emplacement était une plaine fertile située entre les cours des fleuves Jiang et Ru et que les habitants devaient tous jusqu'au dernier se préparer au départ, l'agitation gagna la citadelle. En même temps commença le retrait de l'armée de Chu après un siège de plus d'un an.

Quand commença le retrait de l'armée de Chu, chacun fut persuadé du caractère inéluctable et imminent du transfert. Pourtant, les habitants allaient et venaient sans rien faire et l'on ne remarquait dans les rues aucun préparatif en vue du départ.

A la différence du premier transfert de Cai-la-Haute à Cai-la-Neuve qui s'était effectué à l'intérieur du territoire, il s'agissait cette fois de se rendre en pays étranger, en plein territoire Chu, et personne ne savait comment s'y prendre.

Cependant un nouvel événement vint brusquement bouleverser cette ville agonisante. A un mois de la date prévue pour le transfert, la citadelle de Cai-la-Neuve fut investie une nuit par une longue colonne de troupes et de chars de l'armée de Wu. Tous ces hommes étaient armés et en un instant ils transformèrent en bivouac chaque quartier de la citadelle. Les places de quelque importance furent occupées l'une après l'autre par les chars et à tous les carrefours s'allumèrent les feux de camp de l'envahisseur. Dans l'atmosphère oppressante de cette nuit, la citadelle de Cai-la-Neuve avait pris un aspect fantastique.

Sans que personne nous en ait donné l'ordre, nous sortîmes de la citadelle avec nos seuls vêtements et allâmes nous réfugier sur les rives du fleuve Ru. La région était envahie par les réfugiés venus de la citadelle. En haut et en bas des berges, dans les bois clairsemés de paulownias, se pressaient des groupes d'adultes et d'enfants. Les rumeurs les plus variées surgissaient l'une après l'autre et circulaient constamment dans cette foule. On ne savait jamais d'où venaient les nouvelles, mais quelqu'un devait bien les colporter.

L'invasion de Wu était naturellement venue en représailles contre l'entente passée avec Chu et la décision de transférer la capitale de l'État sur le territoire de ce dernier. Le transfert ne pouvait par conséquent qu'être remis en question et il semblait en effet qu'il fut bel et bien annulé. C'étaient des nouvelles rassurantes dans la situation où se trouvaient les réfugiés, mais l'optimisme fut de courte durée. Certes, le transfert en territoire Chu était annulé, mais non son principe même : l'armée de Wu exigeait que ce fût quelque part sur son territoire. On pouvait encore se réconcilier avec cette idée, mais il y avait une difficulté : l'emplacement désigné par l'occupant était, disait-on, une région insalubre et impropre à la culture. De nouveaux bruits vinrent à plusieurs reprises confirmer cette première rumeur.

C'est au milieu de ces murmures persistants que fut annoncée, comme pour les confirmer, la mort du prince héritier Si, considéré depuis longtemps comme un partisan de Chu. On n'apprit rien des circonstances de sa mort, mais il devenait clair que le palais, soigneusement isolé dans le rectangle de ses douves, n'était plus à l'abri du malheur public.

A la fin de cette longue nuit sans lune, quand la lueur de l'aube toucha enfin la surface des eaux du fleuve Ru, l'armé de Wu reçut l'ordre de se retirer en dehors des murs. En même temps, la foule des réfugiés qui avaient vidé la citadelle la veille au soir, se divisa en plusieurs dizaines de colonnes et se mit en mouvement en direction de la ville.

Dans la foule en marche se répandit alors le bruit qu'un groupe de dirigeants de l'État conduit par les soldats de Wu avait déjà pris la route de Zhoulai, en pays Wu. Zhoulai était le territoire concédé par l'État de Wu pour le transfert de la capitale en remplacement du territoire situé dans le pays de Chu. Personne ne savait cependant si le prince Zhao faisait partie du groupe des partants ou s'il se trouvait encore au palais.

De retour à la citadelle, c'était comme si les événements de la veille n'avaient été qu'un rêve. Les chars et les soldats avaient disparu, ne laissant que les traces des feux qu'on avait allumés aux carrefours. En un rien de temps tout reprit son aspect habituel.

L'après-midi, la rumeur se répandit dans les rues de la ville que le prince Si avait été passé au fil de l'épée sur l'ordre du prince Zhao, son père, en gage de bonne volonté à l'égard de l'armée de Wu. Le soir, vint la confirmation des bruits qui circulaient depuis la veille : on annonça le transfert de la capitale à Zhoulai. La date en était fixée au début du onzième mois et tous les habitants étaient invités à s'y joindre, chacun comme il pouvait. Le onzième mois était imminent, il ne restait guère de temps pour les préparatifs, mais personne n'eut l'idée de s'en plaindre. Quoi qu'il arrivât désormais, rien ne pouvait plus nous étonner.

Deux, trois jours plus tard, la rumeur de la ville fit état de la cérémonie funèbre qui avait eu lieu au palais à l'occasion de la translation à Zhoulai des tombes princières de la maison de Cai. Pourtant personne ne s'en émut.

Le jour du transfert arriva enfin. Le départ pour la capitale nouvelle fut en vérité sobre et silencieux. Un groupe composé des dignitaires de l'État, précédé et suivi par deux détachements armés, l'un de Cai et l'autre de Wu, puis un certain nombre d'autres groupes sortirent du palais, traversèrent la citadelle et s'embarquèrent sur une multitude de bateaux de guerre qui les attendaient sur les rives du fleuve Ru. Postés sur les berges escarpées du fleuve, nous les vîmes alors s'éloigner, emportés par le courant.

A compter du lendemain, on vit chaque jour un groupe d'habitants se rendant à Zhoulai sortir de la même façon de la citadelle où ils avaient vécu toute leur vie et se diriger vers l'embarcadère. Un jour, j'accompagnai jusqu'au fleuve toute ma famille, qui prenait elle aussi le chemin de Zhoulai. Ni ceux qui restaient ni ceux qui partaient ne ressentaient presque aucune émotion. Rendu stupide par la soudaineté du désastre, on se résignait par avance à ce que réservaient ces temps de malheur.

Pour ce qui est de ma famille, la plupart des membres étaient des artisans, potiers ou ivoiriers. Je n'avais guère de liens avec mes parents que j'ai perdus l'un après l'autre dans ma jeunesse. La famille se transmettait de génération en génération un atelier de monnayage situé dans l'enceinte du palais, et mon grand-père, mon père et mes oncles consacraient toute leur vie à ce travail. Nos ancêtres, à en croire mon père et mon grand-père, devaient être des artisans Yin qui, même après la destruction de leur nation, avaient conservé l'art de fabriquer ces innombrables ustensiles de bronze.

Avoir perdu mes parents très jeune a sans doute contribué à me détourner de ce qu'il faut appeler le métier familial. Au lieu de cela, j'avais accepté un emploi subalterne dans les transports fluviaux, métier grâce auquel je m'apprêtais à assurer mon avenir, au moment où je fus pris dans la tourmente qui frappa mon pays. Mais, peut-être, le sang Yin qui coulait dans nos veines nous préparait-il à affronter la perte de notre patrie ?

Quand ils se furent lassés de raccompagner les partants, les hommes et les femmes qui restaient se mirent à parcourir en tout sens la citadelle où la ruine faisait déjà de rapides progrès. A en juger au nombre des habitations vides, la moitié des habitants était partie pour Zhoulai, tandis que l'autre était demeurée sur place. Dans l'ensemble, le groupe des partants s'était recruté dans les couches aisées de la population; ceux qui restaient le faisaient parce qu'ils n'étaient pas sûrs de pouvoir assurer leur subsistance une fois brisées les attaches qui les liaient à leur lieu d'habitation.

Si les effectifs des partants et des restants étaient à peu près identiques, il n'en allait ainsi qu'à l'intérieur de la citadelle. Dans une vaste zone s'étendant en dehors des murs, vivaient des agriculteurs ainsi que toutes sortes d'artisans, autant de gens qui pouvaient difficilement se séparer du lieu où ils vivaient. Aussi, sur l'ensemble du pays, les restants étaient-ils la grande majorité.

Pourtant, en visitant l'un après l'autre les quartiers à moitié en ruine de la ville, nous avions le sentiment que l'État de Cai n'était plus ici. Ce n'était pas, en effet, l'État de Cai, mais seulement son ancien emplacement, une région où s'accrochaient à la vie des hommes et des femmes qui n'appartenaient à aucun État, l'ancien peuple de Cai rejeté ou plutôt abandonné par sa nation.

Sans qu'il y ait eu besoin d'un mot d'ordre, les restants se concentrèrent dans le quartier sud-est de la citadelle. On condamna aussitôt les habitations désertées. Comme les troupes de Chu ou de Wu pouvaient survenir à chaque instant, la population demeurée sur l'ancien territoire de Cai devait nécessairement se replier sur un seul quartier.

Cependant rien n'arriva dans la citadelle abandonnée de Cai-la-Neuve. Les deux États de Chu et de Wu avaient peut-être conclu un accord secret faisant d'elle une zone tampon que chacune des parties consentait à ne pas toucher. Sans doute, si Wu y avait envoyé ses troupes, Chu en aurait fait de même pour riposter, et inversement Wu ne pouvait accepter sans réagir que Chu y fît entrer les siennes. Il était clair que, dans les deux cas, l'ancien territoire de Cai serait devenu le théâtre d'une lutte acharnée et d'une atroce tuerie.

Par bonheur, il n'en fut rien et la citadelle à moitié détruite connut une période de tranquillité. Il ne fallut d'ailleurs pas longtemps pour que la cité moribonde retrouvât sa vitalité. Elle s'était tout aussitôt convertie en un marché et vit s'ouvrir de nombreuses boutiques. Bientôt s'y pressèrent des marchands de Wu comme de Chu. Puis ceux des États voisins de Chen, de Zheng et de Song. En apercevant de loin l'un d'entre nous, homme ou femme de Cai, ils agitaient la main en signe de salut, geste caractéristique de celui qui se sent partout chez lui.

Nous commencions à être fort occupés. Il fallait bien travailler pour manger et le travail ne manquait pas. Il suffisait de se rendre au marché du palais où tout un chacun réclamait de la main-d'œuvre. Le travail était aussitôt payé en légumes ou en céréales.

Nous, les anciens citoyens de Cai, travaillions maintenant sans répit, transportant les légumes cultivés en dehors des remparts pour les échanger contre les productions des autres pays. On aurait dit que la ruine de l'État avait accru la prospérité de son ancienne capitale.

Population abandonnée, nous n'étions pas les seuls à être dans ce cas, loin de là. Des citoyens de Xu, Zhou, Fei, Lai, Xiao, Shu, Yong Liang, Xing, Jiang, Wen, Huang, autant d'États détruits au cours de ces dernières années ou de ces dernières décennies, se rencontrèrent de plus en plus nombreux chaque jour sur cet extraordinaire marché international qu'était devenue Cai-la-Neuve.

Mais, outre les ressortissants des États vaincus, on y voyait aussi ceux des États vainqueurs. Tous pourtant recevaient ici un accueil égal. Le vainqueur d'aujourd'hui ne pouvait-il pas être le vaincu de demain ? Il y avait certes un air de confiance dans le comportement des négociants venus de grandes puissances comme Wu, Chu ou Jin, mais chacun semblait compter sur ses seules forces pour assurer son existence, comme si la grandeur ou la puissance des États était l'affaire d'une poignée de dirigeants sans rapport direct avec lui.

Et comment ne pas compter sur ses propres forces ? La victoire d'un État sur un autre ne garantit en rien à la population de l'État vainqueur une quelconque amélioration de son existence. Inversement, la défaite ne signifie pas toujours un surcroît de malheur, lequel abondait de toute façon sur cette terre. Le Marché du Palais devint un lieu de rassemblement pour les infortunés venus de tous les pays. Les hommes ou les femmes amputés d'une jambe étaient légion. Il ne s'agissait pas de blessures reçues à la guerre. Cette jambe, on la leur avait tranchée dans leur propre pays pour un retard dans le paiement des impôts ou dans la livraison de la récolte. Ils n'éveillaient d'ailleurs aucune compassion. Celui qui s'apitoierait sur les misères du siècle perdrait la faculté de travailler à sa propre survie. Au marché, on trouvait en grand nombre des sandales de chanvre aussi bien que des jambes de bois. Mais les sandales de chanvre étaient bon marché, tandis que les jambes de bois coûtaient cher.

Cela faisait un mois que nous menions dans la capitale abandonnée de Cai cette existence étrangement paisible et gaie, quand nous parvint une nouvelle rumeur au sujet du prince Zhao, qui s'était transporté à Zhoulai. On ne savait pas qui l'avait su le premier ni où, mais dans tout le quartier où s'étaient établis les anciens citoyens de Cai, on ne parla plus que de cela. L'entrée nocturne des troupes de Wu dans la citadelle, entrée qui avait eu pour conséquence le transfert de la capitale à Zhoulai, aurait été le résultat d'un complot du prince Zhao en personne et tout se serait déroulé selon ses plans.

A y réfléchir, cela n'offrait rien d'étonnant. L'État de Cai était pris en étau entre les deux grandes puissances de Chu et de Wu et, pendant longtemps, ses dirigeants se trouvèrent régulièrement confrontés au choix difficile de rejoindre un camp ou l'autre.

S'il fallait croire la rumeur, la longue rivalité qui avait opposé le prince Zhao, partisan de Wu, et le prince héritier Si, son fils, partisan de Chu, s'était finalement résolue en cette nuit de cauchemar où les troupes de Wu investirent la citadelle. Tout avait été manigancé par Zhao qui avait organisé l'entrée des troupes de Wu dans la citadelle, et profité ensuite de la confusion pour donner l'ordre à son ministre d'exécuter le prince Si.

C'est au milieu de ces rumeurs que s'acheva l'an 26 du prince Zhao, année de bouleversements et de tourmente, et qu'arriva le printemps de l'an 27. Avec la fin de l'hiver, tandis que les bateaux remontant ou descendant le fleuve Ru commençaient à se presser dans le port, se répandit un nouveau bruit auquel nous ne pouvions pas ne pas prêter l'oreille. Chu aurait conçu le projet d'étendre sa domination sur la population de Cai qui n'avait pas rejoint Zhoulai et aurait entrepris pour cela la construction d'une cité nouvelle. Dès que le chantier serait terminé, tous les citoyens de Cai sans exception seraient contraints de s'y installer.

La nouvelle nous prit au dépourvu, mais, avec du recul, il apparaît clairement que nous pouvions nous y attendre. Chu avait fait promettre à Cai de se transporter sur son territoire et la promesse était sur le point d'être réalisée quand Wu emporta soudain la mise en obtenant que le transfert de la capitale se fasse à l'intérieur de ses frontières. Regrouper la population restante et la déporter chez lui était du point de vue de Chu une mesure parfaitement justifiée.

Inutile de dire que cette rumeur menaçante fut un grand choc pour la population restée sur l'ancien territoire de Cai. Un grand nuage noir barrait soudain notre avenir. Demeurés sur l'ancien territoire de notre État, nous ne jouissions plus d'aucune protection, mais cette insécurité même était la contrepartie d'une certaine liberté.

Le regroupement par Chu signifiait la perte de

cette liberté. Nous étions sûrs d'être traités en esclaves. En outre, il était clair comme le jour que tous les jeunes gens seraient enrôlés dans l'armée.

Tant qu'il ne s'agissait que de rumeurs, il nous restait une faible lueur d'espoir, mais nos craintes ne tardèrent pas à se réaliser.

Ce devait être à peu près un mois après la circulation des premiers bruits alarmants. Je fus réveillé au milieu de la nuit par des voisins qui vinrent frapper à ma porte. En me précipitant hors de chez moi, j'aperçus un feu de camp sur la place voisine. Il y avait là une dizaine d'hommes et de femmes de Cai venus d'un village situé sur le cours moyen du fleuve Ru, entourés par la foule des habitants du quartier.

Ces visiteurs inattendus, arrivés au milieu de la nuit, racontèrent que des soldats de Chu étaient passés dans les villages de pêcheurs et de paysans de la région de Cai-la-Haute pour les inciter à aller s'installer dans la région désignée par Chu. Un délai d'un an avait été accordé pour le déménagement, mais les intentions de l'adversaire pouvaient changer à tout moment et eux-mêmes avaient préféré s'enfuir sans même emporter leurs affaires.

A écouter le récit des visiteurs nocturnes, il devenait clair que le projet de transfert en territoire de Chu, loin d'être une simple rumeur, commençait à entrer en application dans les régions périphériques. Les gens venus se réfugier ici n'en étaient pas pour autant en sécurité; il s'étaient rués ici pour une seule raison : entre les murs de Cai-la-Neuve où les anciens citoyens de Cai étaient en nombre on se sentait un peu moins désemparé.

– Wu a remporté la capitale, Chu désire avoir ceux qui sont restés, disait chacun, et c'était la pure vérité.

– Peut-être, mais ça nous met dans de beaux draps ! entendait-on également. On était en effet dans de beaux draps, mais il n'y avait rien à faire. Sinon se détacher d'un groupe qui s'était lui-même détaché de sa nation.

Le lendemain, j'allais comme d'habitude travailler au marché. J'y appris d'un colporteur venu de Zheng que les soldats de Chu s'étaient établis dans un village des environs et qu'ils pourraient être sous peu à Cai-la-Neuve. Dès que j'entendis cette nouvelle, ma décision fut prise. Je voulus aussitôt quitter la citadelle. Je savais que, si je prenais le chemin de Chu sous l'escorte de ses soldats, ma vie était finie.

Je me rendis dans une boutique tenue par des marchands de Song, que je rencontrais alors tous les jours au marché et, par l'intermédiaire de leur patron, j'obtins une place dans une caravane qui se rendait à la capitale de Song. La main-d'œuvre était rare, car tous les jeunes gens un tant soit peu valides étaient alors enrôlés dans les armées et, pourvu qu'on fût jeune, on vous acceptait partout avec joie.

C'est ainsi que je me joignis à ce groupe d'une dizaine d'hommes de Song et que je laissai derrière moi la citadelle de Cai-la-Neuve pour entreprendre un long, très long et difficile voyage à destination de la capitale de Chen, puis de celle de Song.

Jusqu'à la capitale de Chen nous transportions des pierres, de là nous emportions de grandes jarres à eau. Partout où nous allions, quand nous entendions au moment de nous arrêter qu'il y avait des soldats dans les parages, nous les évitions en nous réfugiant dans les villages, en nous cachant dans les montagnes, en nous laissant dériver sur le cours d'une rivière. C'était mon premier voyage en dehors de Cai. Toutes les régions que nous traversions étaient en proie à la guerre et aux troubles; montagnes et vallées, rizières et jardins potagers étaient à l'abandon; tel village était affamé, tel autre rempli d'estropiés et d'orphelins. Naturellement, la sauvagerie avait aussi gagné les cœurs des hommes.

Durant mon séjour au pays de Song, je n'eus pas, curieusement, l'impression de me trouver à l'étranger. On dit souvent que la vie et les mentalités du peuple Song furent influencées par celles de Yin. A la réflexion, cela n'a rien que de naturel, puisque le berceau de l'État de Song fut par le passé, pendant un temps assez court il est vrai, le site de la capitale de Yin. Quand l'État de Yin fut aboli et que s'imposa la dynastie de Zhou, un membre de la famille royale de Yin fut envoyé ici pour assurer la continuité du culte officiel de Yin et c'est autour de ce foyer que se constitua l'État de Song.

Ainsi, on peut dire qu'en un sens l'État de Song n'est rien d'autre qu'un souvenir laissé dans la Plaine du Milieu par le vieil État de Yin. Partie du concert des États de la Plaine du Milieu, l'État de Song n'en possède pas moins un statut particulier et il doit être d'autant plus difficile de diriger ce pays par ces temps troublés.

On a tendance à se méfier d'un homme quand on apprend qu'il est originaire de Song. L'État de Yin avait créé une grande culture et ses ressortissants étaient certainement experts au commerce. Ce talent fut hérité par le peuple de Song et, comme je l'avais déjà observé au Marché du Palais de Cai-la-Neuve, les ressortissants des autres États ne se mêlaient pas volontiers aux marchands de Song. Je me plaisais pourtant en leur compagnie et c'est pour cette raison que j'avais rejoint un groupe de caravaniers de ce pays, ce qui devait m'amener jusqu'à leur capitale. Quand je pense à cet enchaînement de circonstances, je me dis que tout s'explique peut-être par le sang Yin qui, comme je vous l'ai dit, doit couler dans mes veines.

Eh bien, permettez-moi d'interrompre un moment mon récit afin de réfléchir à la suite. Quarante ans se sont écoulés depuis les événements que j'évoque et ma mémoire hésite sur certains points. Ce préambule est un peu long, mais j'ai cru bon de vous parler d'abord de mon pays natal et des premiers pas dans la vie de l'homme ordinaire que je suis avant de raconter les circonstances de ma rencontre avec le groupe de mon Maître Confucius. Ainsi, la suite vous sera plus aisée à comprendre. Accordez-moi donc quelques instants afin que je mette de l'ordre dans mes pensées.

Depuis que nous sommes là, le vent est tombé et l'atmosphère est devenue étouffante. Une promenade autour de la maison nous rafraîchira. Ce pauvre village de montagne n'a rien de remarquable. Seule la brise qui souffle entre les arbres au début de l'été possède ici une qualité particulière.

2

Pardon. Et maintenant, permettez-moi de reprendre le fil de mon histoire. C'était une quinzaine de jours après mon arrivée à la capitale de Song. Je me joignis à une dizaine d'hommes qui se rendaient au nord, à environ cinq jours de marche, pour creuser des canaux d'irrigation dans un village. C'était un endroit isolé, planté de nombreux saules et tapissé de sable blanc. Notre tâche consistait à capter l'eau du fleuve Ji et à l'amener dans les champs à l'aide de trois canaux. Le terrain des berges, très sablonneux, convenait sans doute aux saules qui poussaient partout en abondance. Les travaux furent achevés en une quinzaine, mais je restai avec trois compagnons de mon âge pour aider aux champs pendant le printemps.

Quand ce travail-là fut lui aussi achevé, alors que, le soir du départ, nous rentrions sans nous presser dans notre logement, un paysan nous aborda à l'entrée du village avec une nouvelle proposition. Il était question d'un groupe d'une dizaine de voyageurs de condition, venant de Wei par le pays de Cao, qui ce soir-là s'étaient arrêtés au village en route vers la capitale de Chen à travers celle de Song. Nous devrions nous charger de toutes les tâches matérielles pendant le voyage. Le travail n'était pas spécialement pénible ni dangereux, et nous acceptâmes avec joie.

Nous suivîmes donc le paysan par un sentier étroit et à moitié ensablé, jusqu'à la plus vaste maison du village. C'était là en effet qu'avaient pris quartier les voyageurs dont il nous avait parlé.

Nous allions pénétrer dans la grande cour qui s'étendait devant la maison, quand on nous montra les voyageurs que nous voulions rencontrer en train de longer le pied d'une colline qui s'élevait non loin de là. Nous nous arrêtâmes en chemin et tournâmes nos regards vers eux. A l'extrémité sud du village s'élevaient plusieurs collines de tailles variées, entièrement recouvertes de sable. Pas un arbre n'y poussait, mais quelques saules étaient disséminés dans les intervalles qui les séparaient et l'ensemble formait le plus agréable et le plus paisible des paysages.

Nos regards se fixèrent sur la base de la colline la plus proche et la plus haute, où s'étirait un groupe de plusieurs hommes.

L'un d'eux, de taille élevée, précédait le groupe à pas lents, les autres, cinq ou six peut-être, dont toute l'attitude montrait qu'ils constituaient sa suite, allaient derrière, eux aussi à pas lents.

De temps en temps, tous s'arrêtaient pour échanger quelques mots, puis ils reprenaient leur promenade.

Nous résolûmes d'attendre le retour de ces hommes à leur logement. Je ne sais pourquoi, nous hésitions en effet à aller de nous-mêmes à leur rencontre. Ce fut alors qu'ayant sans doute remarqué notre présence, un homme se détacha du groupe et vint dans notre direction.

Arrivé près de nous, il ne nous salua pas, mais nous montra la maison où ils logeaient et nous demanda d'y être le lendemain à midi en tenue de voyage. Puis il s'en retourna vers la colline où il avait laissé ses compagnons, sans ajouter un mot de plus. C'était un jeune homme à la mise soignée, avare de sa parole, comme il ne devait guère s'en trouver dans la région.

Vous l'avez sans doute déjà compris, ce groupe de voyageurs n'était autre que le groupe des disciples de Confucius, notre Maître que je vis alors pour la première fois, d'assez loin, il est vrai. C'était il y a bien longtemps, quarante-sept ans de cela. L'homme qui avait quitté ses compagnons pour venir jusqu'à nous était Zigong, le cadet du groupe. Il avait quatre ans de plus que moi, c'est-à-dire vingt-neuf ans.

Ce jour-là, je n'ai fait que contempler de loin la silhouette du Maître, mais je me souviens de tous les détails de cette scène qui s'est déroulée à l'heure du crépuscule, par un soir de début d'été. Et je n'ai pas cessé depuis de m'interroger sur la nature des propos que le Maître tenait à cette heure aux disciples Zilu, Yanhui et Zigong, présents à ses côtés. Mais personne aujourd'hui ne saurait répondre à cette question. Yanhui est mort depuis longtemps, suivi de Zilu, puis du Maître. Zigong est peut-être encore vivant et en bonne santé, et il aurait pu m'éclairer, mais les nouvelles ne parviennent guère jusqu'au fond de ces montagnes depuis le pays où il se trouve.

Sans doute vous étonnez-vous de me voir revenir aujourd'hui sur un passé aussi lointain, et pensez-vous qu'il fallait se renseigner alors qu'il était encore temps de le faire. Je comprends très bien votre perplexité, elle est parfaitement justifiée.

Cependant – mais je ne l'ai su pour ma honte que beaucoup plus tard, après m'être installé dans cette retraite de montagne – la colline que parcourait le Maître au moment où je l'aperçus de loin pour la première fois était la colline Kuiqiu où, exactement cent ans avant la naissance du Maître [1], les dirigeants de Lu, Song, Zheng et Wei, de tous ces États de la Plaine du Milieu qui rivalisaient pour l'hégémonie, se rencontrèrent sous l'égide du duc Huan de Qi et signèrent un accord dans lequel ils promettaient de ne pas toucher aux digues du Fleuve Jaune. Quand je dis que je ne l'ai appris qu'après mon installation dans ces montagnes, c'est en réalité quelque vingt ans après ma venue ici, lorsque je rencontrai un homme qui faisait des recherches sur le passé de Qi et de la bouche duquel je tiens cette information.

Ces faits devaient, sans nul doute, être familiers au Maître et il est probable que c'est pour en parler à ses disciples qu'il choisit de s'arrêter dans le village au pied de la colline Kuiqiu et qu'il entreprit cette promenade sur le site de la réunion. Quels propos tint-il donc ce jour-là à Zilu, Yanhui,

1. 651 avant J.-C. (*N.d.A.*)

Zigong, et à leurs compagnons ? Comme j'aimerais les avoir entendus !

Pour autant que je sache, il était de coutume à cette époque de sacrifier un animal vivant lors de la conclusion d'un traité et de partager son sang. Lors de la conférence de Kuiqiu, on renonça à ce rituel imposant et on se contenta, dit-on, au lieu de cela, de poser un exemplaire de l'accord sur un animal entravé.

Qu'a pu dire le Maître au sujet de cet accord ? Je vous ferai part de mes suppositions, mais je continue à souhaiter qu'il m'ait été donné d'entendre ses paroles.

Le Maître, qui reconnaissait en lui le premier unificateur de la Plaine du Milieu, n'aurait probablement pas fait aussi grand cas du duc Huan pour cette seule raison. Je suis pourtant certain qu'il devait saluer sans réserve son action concernant l'eau du Fleuve Jaune et le rôle central qu'il joua dans la conclusion de l'accord interdisant son usage à des fins militaires. Il n'est pas douteux que jusqu'à la conclusion de cet accord le cours du Fleuve Jaune jouait un rôle stratégique important. De nombreux champs, maisons, villages étaient inondés, des vies innocentes sacrifiées.

A cinquante-cinq ans, le Maître quitta l'État de Lu pour un exil et une mission d'enseignement qui durèrent quatorze ans. C'est dans la cinquième année de son voyage que je le rencontrai sur la colline Kuiqiu. Or plus de la moitié de ces quatorze ans, le Maître les passa dans l'État de Wei. Je ne puis m'empêcher de penser aujourd'hui que le but de ce séjour fut de faire appliquer le traité sur les eaux du Fleuve Jaune par l'État de Wei ou peut-être d'en surveiller la bonne application, l'État de Wei étant bien placé pour utiliser le Fleuve Jaune à son avantage. Ce n'est pourtant qu'une pure hypothèse de mon cru. N'y attachez pas d'importance.

J'ignore quelle sorte de dirigeant fut le duc Huan, et quelle opinion avait le Maître à son sujet. Rendons-lui pourtant ici hommage pour son rôle lors de la conférence de Kuiqiu. Le Maître n'aurait pas été d'un autre avis. Deux cents ans après la conférence, les temps ont changé, mais j'ai entendu dire que l'accord tenait toujours et que les eaux du Fleuve Jaune n'avaient jamais été détournées à des fins militaires. En cette époque de troubles où les États tombent les uns après les autres entraînant leurs citoyens dans leur ruine, il reste donc encore des raisons de faire confiance à l'homme !

Le groupe du Maître resta deux nuits dans le village au pied de la colline Kuiqiu et, le troisième jour, il prit le chemin de la capitale de Song. Il y avait cinq voitures tirées par des chevaux : dans la première prenait place le Maître, dans la seconde et la troisième s'asseyaient quelques-uns des hommes de Wei qui escortaient le groupe et les deux dernières transportaient toutes les affaires nécessaires au voyage. Le groupe comprenait une dizaine de personnes. La plupart étaient des hommes de Wei qui devaient accompagner le Maître jusqu'à la capitale de Song, puis s'en retourner chez eux.

Au cours de ce voyage, le groupe s'arrêtait toujours dans ce qui paraissait être la demeure d'un notable local qu'on prévenait sans doute à l'avance, car tout était toujours prêt pour nous accueillir. Cependant, à l'exception du Maître et des deux ou trois personnes les plus importantes du groupe, tous les autres devaient pourvoir eux-mêmes à leur nourriture et à leur logement.

Quant à nous, les trois hommes engagés spécialement pour le voyage, nous marchions toute la journée en queue du cortège et aussitôt arrivés dans le village où l'on passerait la nuit, nous nous rendions dans les bourgades avoisinantes pour nous approvisionner en nourriture et en combustible. De retour au logis nous ne manquions pas non plus de travail : il nous fallait allumer le feu, faire bouillir de l'eau, aider à la cuisine.

Pendant tout ce voyage je n'ai pas eu, pour ainsi dire, une seule occasion d'approcher le Maître, de voir de près son visage, ni d'entendre sa voix. Nous avions entendu dire que le Maître était un homme exceptionnel, différent du commun des hommes, mais nous ne savions pas en quoi. Nous savions qu'il était un haut fonctionnaire de l'État de Lu, un savant de renom, et à cela se limitaient nos connaissances en ce qui concernait sa personne. Non seulement le Maître, mais tout le groupe dont il était le centre constituaient pour nous une insondable énigme.

Et pourtant, pendant les quelques jours que dura le voyage jusqu'à la capitale de Song, nous avons marché aux côtés de ces hommes énigmatiques, nous avons passé les nuits avec eux. Nous échangions aussi avec certains membres du groupe les quelques mots indispensables au service. C'est

Zigong, je crois, qui était le plus souvent notre interlocuteur.

Au cours des cinq jours que nous mîmes à parvenir jusqu'à la capitale de Song, je ne pus me rendre compte qu'une seule fois du caractère exceptionnel du Maître. C'était la veille de notre arrivée. Nous fûmes surpris dans la soirée par un violent orage et, ne pouvant pousser jusqu'au logis où nous devions nous arrêter cette nuit-là, nous trouvâmes une ferme désertée au pied d'une montagne, où nous allâmes nous abriter : une bâtisse abandonnée et exposée aux intempéries, dont il ne restait que le toit et un sol de terre battue.

A chaque grondement du tonnerre, à chaque fulguration de l'éclair surgissait de l'obscurité une lande qui s'étendait en pente douce devant la maison. Un fleuve assez important – peut-être le Ji – la coupait non loin de là et elle s'élargissait sur la rive opposée en une grande plaine presque entièrement recouverte d'une épaisse forêt.

Chaque fois qu'un éclair zébrait le ciel, une noire colonne de fumée s'élevait au-dessus de la forêt au-delà du fleuve. Éclair, colonne de fumée, éclair, colonne de fumée. Le phénomène se répétant indéfiniment, une multitude de colonnes noires, tel un immense store, finit par strier le ciel au-dessus de la forêt et la lumière de l'éclair les illuminait et les effaçait tour à tour. La grande plaine au-delà du fleuve apparaissait en proie à un épouvantable cataclysme.

Avec mes deux compagnons de fortune, nous nous étions réfugiés dans une cahute qui flanquait le bâtiment principal et devait avoir servi de réserve à bois, mais l'eau pénétrait de partout et nous nous transportâmes dans la maison où s'était abrité le reste de la compagnie. Elle aussi fuyait de partout, mais l'espace intérieur était assez vaste pour qu'on ne fût pas exposé directement à la pluie. Au moment où nous nous y engouffrions, je fus frappé par un étrange spectacle.

Le Maître était assis, parfaitement immobile, à une extrémité de la grande pièce, du côté du jardin, et derrière lui, dans la même attitude, se tenaient alignés côte à côte Zilu, Zigong, Yanhui et les hommes de Wei qui les accompagnaient. Chaque éclair arrachait à l'obscurité le contour de ce groupe d'hommes assis. Du recoin où je m'étais installé, je contemplais, à chaque éclair, cet étrange tableau.

Par cette nuit d'éclairs et de tonnerre, j'eus la révélation de l'existence d'un groupe d'hommes différents de tout ce que je pouvais avoir imaginé. Je ne savais ni ce qu'ils pensaient, ni ce qu'ils faisaient. Mais c'était comme si, au lieu d'éviter la violence de la foudre et du tonnerre, ils restaient là immobiles à les accueillir. Si, au cours de ce voyage, je me suis senti attiré par ce groupe d'hommes qui constituait pour moi une énigme, ce fut à ce moment-là.

Je pense que, n'eût été cette nuit, j'aurais fini par quitter le Maître et son groupe de disciples, soit à la capitale de Song, soit à celle de Chen. Si fort, si étrange et pourtant si neuf était le spectacle que j'avais surpris cette nuit au cours de notre voyage vers la capitale de Song ! Je ne puis aisément expliquer mon impression, mais l'existence d'un groupe d'hommes différent de tout ce que je pouvais imaginer, l'étrangeté et la nouveauté pour moi de ce qui s'accomplissait et, pour aller plus loin, la découverte, que dans ce siècle troublé où la vie ne semblait plus avoir aucun sens, il y avait encore quelque chose qui méritait qu'on employât sa vie à y réfléchir, telles furent les pensées qui vinrent alors se presser dans mon cœur.

Le lendemain soir, nous atteignîmes la capitale de Song, mais pour une raison que j'ignorais, nous n'entrâmes pas dans la ville et au lieu de nous arrêter à l'endroit prévu, nous prîmes par les faubourgs en direction de la route qui menait à la capitale de Chen. Ce jour-là nous couchâmes dans un petit village de montagne où nous parvînmes tard dans la nuit.

Le lendemain matin, les hommes de Wei qui avaient fait le chemin avec le Maître prirent précipitamment congé de lui et s'en retournèrent dans leur pays, sur les rives du Fleuve Jaune. En même temps, les cinq voitures et leurs cochers, qui devaient pourtant aller jusqu'à la capitale de Chen, firent elles aussi demi-tour. Le groupe, jusqu'alors si animé, se trouvait maintenant réduit à fort peu de chose. A part le Maître, il ne restait que les disciples Zilu, Yanhui, Zigong, et nous autres, les trois employés temporaires.

Nous ne pouvions rien deviner des circonstances qui avaient causé ces changements. Nous sentions cependant confusément que le groupe du Maître était désormais dans une situation qui l'obligeait à traverser le territoire de Song aussi discrètement que possible. Je compris alors pour la première fois que ce groupe n'était pas forcément bien accueilli dans tous les États.

Environ un mois plus tard, j'appris de la bouche de Zigong ce qui s'était passé ce jour-là dans l'État de Song. C'était quelques jours après que le Maître et ses compagnons se furent fixés dans une maison de la capitale de Chen où on leur avait offert l'hospitalité. Les hommes de Wei qui faisaient route avec le Maître avaient eu vent des intentions hostiles d'un certain Huantui, dignitaire de l'État de Song; tout le groupe s'était en hâte éloigné de la capitale de Song et, changeant d'aspect, s'était dirigé tout droit vers la capitale de Chen.

A l'occasion de cet incident, lorsqu'on lui parla de Huantui, le Maître déclara : « *Le Ciel a suscité en moi la vertu; que peut contre moi un Huantui*[1] *?* » Cela aussi je l'ai entendu de la bouche de Zigong. Le ciel avait investi le Maître de la mission de sauver ce siècle de la confusion et lui avait accordé la force d'accomplir cette mission; aussi un personnage tel que Huantui n'avait-il aucun pouvoir sur lui. J'aime beaucoup ces paroles du Maître. La première fois que je les ai entendues, je n'en ai pas compris, bien sûr, la portée. Mais après être entré au service immédiat du Maître, je fus tout naturellement amené à reconnaître ce que ces mots renfermaient en eux de son esprit. Pour moi, ce sont des paroles caractéristiques du Maître, que personne d'autre que lui n'aurait pu prononcer.

1. *Entretiens*, VII, 23.

Ce sont aussi les premières de toutes celles de ce genre qu'il m'ait été donné d'entendre par la suite et qu'elles aient été arrachées au Maître par les circonstances d'un voyage auquel je participais me les rend particulièrement précieuses.

Ah bon ? Est-ce ainsi ? Vous connaissez donc aussi cette parole du Maître : « *Le Ciel a suscité en moi la vertu* »... ? Vous me dites qu'elle fait partie du recueil que vous avez compilé ? Comme j'en suis heureux ! Je me demande seulement par quel hasard ces mots du Maître ont pu parvenir jusqu'à vous. Voilà qui est extraordinaire ! Voilà qui tient du prodige !

Mais laissons cela et permettez-moi de poursuivre mon récit. Après le départ des hommes de Wei, quand le groupe fut réduit brusquement à sa plus simple expression, nous fîmes l'acquisition de deux nouvelles voitures. Dans l'une prit place le Maître, dans l'autre on chargea les bagages et nous fîmes route tout droit en direction de la capitale de Chen. Zilu, Yanhui, Zigong marchaient tous trois derrière la voiture du Maître ; quant à nous, les trois employés temporaires, nous suivions les bagages. On prévoit normalement trois, quatre jours de voyage entre les capitales de Song et de Chen, mais cette fois-ci il en fallut près du triple au Maître.

Il n'y avait guère plus de deux mois que j'avais parcouru le même chemin en sens contraire, de la capitale de Chen à la capitale de Song, en compagnie de caravaniers originaires de Song, mais dans ce court intervalle de temps l'aspect du pays que nous traversions avait changé au point d'être méconnaissable. Partout la route était enfoncée, les ponts détruits. Les villages désertés par leurs habitants ne se comptaient plus et aux endroits les plus inattendus on tombait sur des bandes plus ou moins nombreuses de soldats dont on ne pouvait jamais savoir à quel État ils appartenaient.

Disons en un mot que toute cette immense plaine plantée de paulownias, au sous-sol sillonné d'innombrables cours d'eau qui finissent par surgir à la surface pour former autant de fleuves avec leurs affluents, tout ce pays situé entre les capitales de Song et de Chen avait pris l'aspect d'une zone à l'abandon, où tout parlait des troubles du moment.

Et pourtant, au cours d'un voyage souvent épuisant à travers une pareille région, je ne sentis curieusement aucune fatigue, ce que je ne puis attribuer à autre chose qu'à l'atmosphère très spéciale qui régnait à l'intérieur du groupe entourant le Maître.

On partait au petit matin. La grande plaine était toujours enveloppée dans le brouillard. Lorsque nous nous mettions en marche, nous voyions défiler devant nous à travers le brouillard hameaux, sophoras, bosquets de paulownias, étangs, rivières. La journée de voyage commençait.

Lors des repas de midi ou lors des pauses, les employés temporaires s'installaient toujours un peu à l'écart du groupe formé par le Maître et ses disciples, mais le plus souvent quelqu'un nous invitait à rejoindre les autres. Il nous arriva ainsi de passer de joyeux moments en compagnie du Maître. Oui, je dis bien joyeux. Ils l'étaient, même quand la conversation roulait sur des sujets trop difficiles pour que nous puissions la suivre. Une atmosphère unique flottait autour de ce groupe et en faisait la singularité.

A la faveur de ces moments, j'appris peu à peu à connaître non seulement le caractère du Maître, mais aussi ceux de Zilu, Yanhui, Zigong ainsi que les rapports que chacun d'entre eux entretenait avec le Maître. Ce dernier nous demandait parfois notre avis à nous, les employés temporaires, sur les questions débattues au cours de la séance. Il ne faisait dans ces cas-là aucune distinction entre ses propres disciples et nous, et il nous traitait tous sur un pied d'égalité. Nous en étions tout éblouis au point de nous dire que nous étions prêts à tout sacrifier pour un homme qui nous accueillait de la sorte.

Quand le soir tombait et qu'une lune blanche se levait dans le ciel, Zigong se rendait dans le village le plus proche où il engageait des pourparlers au sujet d'un refuge pour la nuit. Comme je connaissais un peu la région, je l'accompagnais la plupart du temps.

Une fois fixé le lieu où l'on passerait la nuit, nous autres, employés temporaires, allumions un feu dans la cour extérieure et préparions le dîner. Il arrivait que des femmes du village vinssent nous aider. C'était quand, je ne sais comment, les villageois comprenaient qu'ils avaient affaire à des hôtes qu'ils ne pouvaient traiter par-dessous la jambe. Alors, ils se réunissaient après le dîner et chantaient pour nous des chants de leur pays.

Au bout d'un demi-mois et plus d'une telle existence, nous finîmes par nous intégrer pour de bon dans le groupe constitué autour du Maître. Nous avions réussi à croire, ou plutôt on nous avait amenés à croire, que, tels que nous étions, nous pouvions bel et bien être membres à part entière du groupe. Sans doute était-ce justement une des propriétés de celui-ci que de pouvoir inspirer pareille certitude. A cette époque, le Maître devait avoir soixante ans. Zilu en avait, lui, cinquante et un, Yanhui trente, Zigong vingt-neuf, moi vingt-cinq. Nous avions les âges les plus variés, mais, encore une des particularités de ce groupe, on n'attachait à ce point aucune importance.

Lorsque à la fin d'un voyage de dix jours nous entrâmes dans la capitale de Chen, nous nous dirigeâmes vers la résidence d'un dignitaire réputé pour sa sagesse et le groupe entier reçut son hospitalité. Quelques jours plus tard, après s'être à peu près remis des fatigues d'un long chemin, deux des trois employés temporaires, jeunes gens originaires de Song, s'en retournèrent dans la capitale de leur pays. Quant à moi, ancien citoyen de Cai, désireux de rester et dépourvu aussi d'une patrie où m'en retourner, on me laissa attaché au groupe du Maître en qualité de factotum.

Voilà par quel concours de circonstances j'en vins, toujours dans cette qualité, à servir la personne du Maître jusqu'à la fin de ses jours.

Vous avez bien voulu m'interroger sur mon rapport avec le groupe du Maître et je crois vous avoir répondu dans les grandes lignes.

Le Maître et ses compagnons de route restèrent

ensuite trois ans à la capitale de Chen. Quand ce dernier État fit l'objet de rivalités entre les deux puissances ennemies de Chu et de Wu, ils quittèrent l'État de Chen et se réfugièrent dans la région de Fuhan sur le territoire de Chu. Comme là non plus ils ne purent demeurer longtemps, ils finirent par s'en retourner dans l'État de Wei où ils avaient séjourné auparavant. Après être restés quatre ans à Wei, en l'an 11 du règne du duc Ai de Lu, le Maître fut enfin rappelé dans son pays, où il put revenir après quatorze ans d'absence. C'est dans la capitale de Lu qu'il passa ses dernières années et qu'il déploya son activité de pédagogue.

Voilà. Je crois qu'il nous reste encore un peu de temps. Permettez-moi donc de poursuivre ce récit et d'évoquer brièvement le séjour dans la capitale de Chen, la fuite à Chu et le reste des événements jusqu'au retour du Maître au pays de Wei.

L'homme qui, dans la capitale de Chen, nous prodigua la plus généreuse hospitalité et qui veilla à tous les besoins des cinq membres du groupe, à savoir le Maître, Zilu, Yanhui, Zigong et moi-même, portait le titre de gouverneur de la citadelle, avec la responsabilité des portes de la ville. Il avait une grande réputation et tous louaient sa sagesse politique et son caractère droit et chaleureux.

Chacun de nous reçut dans la proximité immédiate de sa résidence une habitation entourée d'un muret de terre séchée. Il y avait, non loin de là, un étang où venaient les oiseaux migrateurs, et ces trois années passées sur une terre étrangère se déroulèrent pour nous paisiblement, rythmées par l'alternance des saisons.

Il va sans dire que la demeure du Maître était de belles dimensions. Elle était faite d'un assez grand nombre de pièces disposées autour d'une cour intérieure. On pouvait y organiser des rencontres et y tenir régulièrement des séances d'études réunissant vingt à trente personnes. Il y avait également, bien sûr, un personnel de cuisine et des domestiques.

Tous les matins, Zilu, Yanhui, Zigong naturellement, mais moi aussi, nous nous présentions chez le Maître, avec qui nous passions le plus clair de la journée. Par suite de quelque malentendu on venait le consulter sur les sujets les plus variés depuis les détails du culte jusqu'aux prévisions météorologiques, l'agriculture et même la divination. La plupart des visiteurs étaient des hommes, mais quelques femmes se mêlaient à leur foule.

Zilu, Yanhui et Zigong se partageaient la tâche de recevoir les visiteurs, mais souvent ils ne pouvaient résoudre leurs problèmes et se voyaient contraints de déranger le Maître. Ils rapportaient ensuite la réponse de celui-ci en l'accompagnant des éclaircissements nécessaires.

Pendant ce temps je nettoyais la cour, soignais les arbres, m'occupais, en un mot, de tout, depuis les travaux de force autour de la maison jusqu'aux commissions à l'extérieur. Quand j'avais du temps libre, j'allais assister aux entretiens du Maître ou observer le travail de Zilu ou des autres disciples. Je passais des journées d'une plénitude que je n'avais pas encore connue dans mon existence.

Ce qui m'étonnait le plus, c'était l'étendue et la

diversité des connaissances ainsi que la profonde compréhension qu'avait Confucius, notre Maître, du domaine de la vie réelle. Il se montrait parfois en personne dans la salle où étaient reçus les visiteurs et, avec une patience infinie, leur donnait des conseils en matière d'agriculture ou les initiait à quelque subtilité du rituel. Il est arrivé au Maître de dire qu'il maîtrisait quantité de métiers [1] et je crois qu'il possédait en effet des talents très variés.

Environ six mois après son installation dans la capitale de Chen, le Maître commença à être convoqué de temps à autre au Palais. Deux ou trois fois par mois, il avait des entrevues avec le duc Min ou bien des réunions avec de hauts fonctionnaires pendant lesquelles des discussions semblent avoir eu lieu, sans que je fusse, bien entendu, en mesure d'en connaître la teneur précise.

Chaque soir, le moment qui suivait le dîner était réservé à des entretiens libres autour du Maître. C'était l'heure des réunions intimes pour les membres du cercle intérieur et, au début, n'y étaient admis que Zilu, Yanhui, Zigong et moi-même. Plus tard, quelques jeunes fonctionnaires de Chen y prirent part aussi. Cela ne changea rien cependant à l'atmosphère détendue de ces réunions. Il suffisait d'y assister pour sentir ses inquiétudes apaisées, son attention aiguisée et le désir de rester là pour l'éternité.

Une fois, Zilu y souleva la question du culte à rendre aux esprits, c'est-à-dire aux âmes des défunts. Alors le Maître dit : « Vous ne pouvez servir

1. *Entretiens*, IX, 6.

d'une manière satisfaisante un homme vivant, comment pourriez-vous servir les esprits ? – Mais qu'est-ce donc au juste que la mort ? » demanda à nouveau Zilu. A quoi le Maître répondit : « Vous ne connaissez pas encore la vie. Comment pourriez-vous connaître la mort [1] ? » Cela vous donne une idée du caractère que prenaient nos entretiens.

Le problème soulevé par Zilu fut débattu pendant plusieurs soirs de suite au point de devenir le thème privilégié de nos réunions. Chacun fut amené à dire son avis sur les paroles du Maître et à exposer devant les autres ses propres vues sur la vie et sur la mort. Ces avis étaient, à leur tour, commentés et, à l'occasion, critiqués par chacun des assistants, à commencer par le Maître.

A la fin de la séance, quand je quittais la demeure du Maître et rentrais chez moi, le ciel au-dessus de moi m'apparaissait d'une splendeur toute particulière et il me semblait toujours que je devais être en train de vivre un rêve.

Il nous arrivait aussi, à Zilu, Yanhui, Zigong et moi-même de nous réunir à quatre dans une pièce. C'était alors à Zilu, le plus âgé, que, tout naturellement, revenait la tâche de diriger nos débats.

« Dans quel but le Maître est-il venu dans ce minuscule État de Chen ? Combien de temps a-t-il l'intention d'y demeurer ? »

Quand Zilu nous posa cette question difficile, ou plutôt embarrassante, personne ne fut en mesure de donner une réponse sur-le-champ. Alors Zilu reprit :

1. *Entretiens,* XI, 12.

« Le Maître voulait sauver cet État qui subit les agressions alternées de Chu et de Wu. Il pensait qu'il pourrait l'aider. C'est pour cela qu'après avoir quitté le pays de Wei, il se dirigea aussitôt vers Chen. Mais quelque six mois après sa venue dans cet État, il comprit combien il était difficile de faire ici quelque chose. L'État de Chen, vermoulu d'ancienneté, est une petite nation prise en étau entre deux grandes puissances, Chu et Wu. Telle est sa situation et nul n'y peut rien. L'ennui c'est qu'une fois arrivé ici, il est difficile d'en partir. On ne peut tout de même pas abandonner un pays, dont la destruction n'est qu'une affaire de temps, en donnant pour raison la situation déplorable où il se trouve. Un pays où de plus on reçoit la plus exquise hospitalité. Le Maître se tourmente beaucoup actuellement à cause de tout cela. Pour entrer, nous sommes bien entrés, mais pour sortir, ce n'est pas aussi simple. Quelle est la solution ? Que faut-il faire ? »

En disant cela, Zilu ne cesse d'avoir une mine réjouie. Est-ce l'idée de l'embarras du Maître qui le met en joie ? Je n'ai eu que rarement l'occasion d'échanger quelques mots avec Zilu, l'aîné des disciples, que tant d'années séparaient de moi, mais en me fondant sur les observations que j'ai pu faire à distance, je reconnais là son côté gai et insouciant. Il prend son temps pour entendre tout à son aise, l'une après l'autre, les propositions de Yanhui et de Zigong sur le remède à porter aux embarras du Maître.

Zigong prit le premier la parole.

« Voici ce que je pense. Si le Maître est venu dans cet État de Chen, c'est qu'il voulait par l'intermédiaire de celui-ci entrer en contact avec Chu, la grande puissance du Sud. Le Maître soutient en effet aujourd'hui que, pour porter secours à ce siècle en proie au chaos, on ne peut s'appuyer que sur les forces d'un État puissant. »

Puis :

« Ses premiers espoirs, le Maître les avait placés dans la puissance du Nord, Jin. C'est pourquoi il avait projeté l'an dernier de traverser le Fleuve Jaune. Mais quand il parvint à l'embarcadère, il apprit la nouvelle du renversement politique qui avait eu lieu à Jin et, comme nous le savons tous, il dut renoncer à son voyage. “ *Comme le fleuve est large et beau !* a dit alors le Maître. *Que je ne puisse le traverser, n'est-ce pas la volonté du Ciel?* ” Sans doute est-ce la volonté du Ciel qui a empêché le Maître de traverser le Fleuve Jaune. A cet instant, c'est Chu et nul autre qui dans sa pensée est venu se substituer à Jin. Aussi prit-il la route de cet État de Chen, placé sous la protection de Chu, et s'y est-il établi. Maintenant il y attend tout naturellement la première occasion d'échanger quelques mots amicaux avec le roi Zhao de Chu. Voilà ce qui le retient sans doute dans l'État de Chen. »

Quand Zigong eut fini de parler, Zilu se tourna cette fois vers Yanhui demeuré silencieux, les yeux fixés au sol.

« Eh bien, Hui ? Qu'en dis-tu ? » dit-il en imitant les intonations du Maître. Alors Yanhui leva lentement les yeux et, le regard perdu dans le lointain, commença calmement :

« Le Maître pourrait bien choisir de rester ici pendant des années encore. »

Il baissa à nouveau la tête comme s'il réfléchissait et se relevant :

« Je pense que le Maître a de l'affection pour cet État. Il aime ce petit pays plus que Wei, plus que Cai, plus, peut-être, que Lu, sa propre patrie. »

Puis :

« Mais s'il en est ainsi, quel aspect, quel trait particulier de cet État a bien pu le séduire ? La question n'est pas facile. Selon ce que j'ai pu observer, les chants de ce pays sont pour la plupart licencieux et accordent une place importante à la magie. Les mœurs ne doivent pas être en reste et cependant, le Maître... »

Yanhui s'interrompit encore et, après un instant de réflexion :

« Et en dépit de cela le Maître semble pris d'affection pour ce petit État. Quant aux raisons de cette affection, à l'aspect de ce pays qui pourrait le séduire, je ne cesse d'y penser et d'y repenser ces derniers jours, sans pouvoir jusqu'à présent pénétrer dans le secret de son cœur. »

Et il s'inclina légèrement dans la direction de Zilu pour montrer qu'il avait fini de parler. C'était la première fois que j'entendais Yanhui exprimer un avis personnel. Je pensai alors que ce jeune disciple avare de sa parole et qui semblait attirer sur lui toute la faveur du Maître détenait décidément un génie profondément original.

L'homme qui nous avait permis de mener dans ce pays lointain l'existence qui était la nôtre avait, comme je l'ai déjà dit, la réputation d'un sage ministre. Pendant notre séjour à Chen, il y eut en notre faveur des distributions officielles de vêtements ainsi que des dons d'objets en or, et ces largesses s'étendirent jusqu'à moi. Nous avions des raisons de penser que tout cela était dû à la bienveillance active de cet homme.

Pourtant, malgré tout ce qu'il fit pour nous, moi qui vous fais ce récit, je ne puis me souvenir aujourd'hui du nom de ce sage ministre. Il est sans doute étrange de ne pas conserver en mémoire le nom d'un homme à qui l'on est redevable de tant de bienfaits, mais quand nous parlions de lui, nous disions toujours : le « gouverneur » ou le « ministre », et je ne crois pas qu'il nous arrivât jamais de l'évoquer par son nom. Je n'ai d'ailleurs jamais rencontré directement ce grand personnage et c'est à peine si je l'ai salué de loin deux ou trois fois tout au plus, si bien que cette manière de l'appeler le « gouverneur » ou le « ministre » me semblait parfaitement naturelle.

Il aurait pourtant fallu retenir au moins le nom d'un homme qui fut notre bienfaiteur et je dois ici incriminer ma négligence. Je crois voir la mine contrariée de Zigong et de Yanhui s'ils apprenaient cela.

Il y a quelques années, oui, c'est bien cela, il y a environ dix ans, j'ai rencontré un fonctionnaire de Lu qui voyageait dans les anciens États de Chen et de Cai et je lui ai demandé de prendre des renseignements sur le nom de notre bienfaiteur, son œuvre administrative et ses dernières années.

Cependant, à son retour, l'homme raconta que pour parler du dirigeant droit et humain qu'avait jadis connu l'État de Chen, on n'y employait jamais que les surnoms de « gouverneur » ou de « zhenzi [1] » et que son nom, mais aussi sa carrière et son œuvre d'administrateur n'étant nulle part consignés, il n'y avait plus aucun moyen de les reconstituer. Tel est le signe des temps, de cette époque troublée des Printemps et des Automnes. On aimerait ne jamais voir la disparition d'un État.

L'État de Chen fut aboli par Chu en l'an 17 du règne du duc Ai de Lu, quelque dix ans après le départ du Maître et de son groupe de la capitale de Chen où ils étaient restés pendant trois ans. Depuis, je veux dire depuis l'abolition de Chen, une trentaine d'années se sont écoulées jusqu'à ce jour.

C'est en tout cas avant la chute de Chen que notre bienfaiteur dut mériter ses surnoms. On peut en déduire qu'il vécut encore plusieurs années après notre départ et qu'il mourut assez tôt pour ne pas voir la ruine de son pays. Avec le recul, il est clair que, eût-il même vécu plus longtemps, il n'aurait sans doute pas su éviter à son pays la catastrophe qui était inscrite dans son destin. En ce sens, on peut dire qu'il mourut à temps.

Tel fut ce ministre dont tout, depuis le nom jusqu'à la carrière et l'œuvre, s'est trouvé effacé par le temps. N'ayant d'autre nom à lui donner, il ne me reste, me semble-t-il, qu'à l'appeler le Bon Gouverneur.

Voilà à peu près tout ce que je dirai au sujet

1. Mot désignant un homme droit et désintéressé. *(N.d.A.)*

de ce Bon Gouverneur. Mais laissez-moi vous raconter encore deux ou trois souvenirs qui se rattachent à notre séjour à la capitale de Chen.

L'année de notre arrivée s'écoula sans que nous eussions eu le temps d'y prendre garde. Vint le Nouvel An et avec lui le second printemps que nous passions dans ce pays. L'année nouvelle était l'an 4 du duc Ai de Lu, l'an 11 du duc Min de Chen, et pour moi ancien citoyen de Cai, l'an 28 du prince Zhao. L'État de Cai était certes transféré dans la lointaine Zhoulai, la moitié de ses citoyens avaient perdu leur patrie et il ne restait rien de son aspect antérieur, celui de l'époque où il s'étendait sur la rive du fleuve Ru ; pourtant il continuait d'exister et le prince Zhao, le principal responsable de tous ses malheurs, continuait à présider en maître à ses destinées.

Nous étions, je crois, à la fin du printemps, à ce moment de l'année où le soleil d'été se fait brusquement très vif. Je me rendais comme d'habitude à la résidence du Maître, lorsqu'on me transmit un message de ce dernier, me priant de passer immédiatement dans sa chambre. J'y allai sur-le-champ, me demandant de quoi il pouvait s'agir.

« Je viens de recevoir, me dit le Maître, des nouvelles du pays de Cai. Elles ne sont pas très bonnes, il est vrai. »

Et après cette entrée en matière :

« On apprend qu'au deuxième mois de cette année, le prince Zhao est mort frappé par un de ses ministres. Ce dernier a été aussitôt exécuté. Le prince héritier Shuo a succédé à son père sous le nom de prince Cheng. »

Le Maître ne m'en dit pas plus. Sans doute avait-il pensé dans sa sollicitude qu'il convenait à toutes fins utiles de m'informer de cet événement puisque j'étais originaire de Cai.

Je quittai la chambre du Maître. J'étais en effet un homme de Cai et l'assassinat du dirigeant de mon pays par un de ses inférieurs était un événement qui, je le sentais, ne pouvait manquer d'occuper un temps mon esprit. Le transfert de la capitale de Cai à Zhoulai avait représenté plus qu'un simple déménagement. Ce fut une véritable catastrophe qui coupa le pays en deux, laissa un grand nombre de citoyens sans patrie et coûta la vie au prince Si. Comme je l'ai dit auparavant, le responsable en dernier ressort de toute cette tragédie n'était autre que le prince Zhao. Et ce Zhao périssait à son tour tragiquement, de la main d'un inférieur. Sans doute n'y avait-il rien à dire là-dessus : ce qui devait arriver était arrivé.

En tant qu'ancien citoyen de Cai, je ne pouvais cependant pas ne pas formuler de vœux en faveur du prince qui avait succédé à Zhao à la tête de l'État : dans ces temps troublés, je lui souhaitais d'asseoir durablement les bases de l'État et de ne pas commettre d'erreurs irréparables. A vrai dire, à ce moment de ma vie, mon intérêt pour les affaires de Cai n'allait pas au-delà.

En tout cas, environ un mois après que je sus l'incident qui avait coûté la vie à Zhao, il courut dans les rues de la ville une rumeur ou, pour parler plus exactement, une nouvelle, qui constituait en quelque sorte un pendant à la précédente.

Cette fois-ci, je me sentis plus directement

concerné. On disait que l'État de Chu avait procédé récemment à l'installation à Fuhan des anciens citoyens de Cai qui ne s'étaient pas rendus à Zhoulai. Fuhan était situé en plein territoire Chu et une ville nouvelle y était construite spécialement pour eux.

Le premier à apporter cette nouvelle fut un fonctionnaire de Chen, mais bientôt des marchands de retour de la région vinrent confirmer ses dires. Je ne pus m'empêcher de faire quelques réflexions. J'avais depuis le début prévu cette issue, et c'était pour éviter d'être emporté par la vague que j'avais quitté le Marché du Palais de Cai-la-Neuve et que je me trouvais là où j'étais à présent.

Mais les marchands qui me donnaient des nouvelles de l'installation à Fuhan, dès qu'ils apprenaient que j'étais moi-même un ancien ressortissant de Cai, m'adjuraient de me rendre le plus vite possible dans ce lieu. La cité était certes située sur le territoire de Chu, et soumise en définitive à l'autorité d'un fonctionnaire de cet État, mais les anciens citoyens de Cai se trouvaient actuellement libres de s'établir à leur guise dans la région et la ville débordait d'un dynamisme et d'une joie de vivre sans équivalents ailleurs. Les anciens citoyens de Cai qui étaient venus s'y installer s'affairaient énergiquement afin de recréer les bases matérielles de leur existence nouvelle.

En comparaison avec les marchands qui me tenaient de tels propos, les disciples du Maître, Zilu tout aussi bien que Yanhui et Zigong, montraient beaucoup moins d'intérêt pour la question. Ils ne se souciaient pas de savoir si la construction de Fuhan serait menée à terme ou non et n'abordaient jamais le sujet. A la réflexion il n'y avait d'ailleurs là rien d'étonnant. Zilu, Yanhui et Zigong paraissaient tous trois n'accorder aucune importance au pays où ils étaient nés et où ils avaient grandi. C'était comme s'ils avaient perdu toute mémoire dans ce domaine, comme si la vie qu'ils s'employaient de toutes leurs forces à vivre avec le Maître se déroulait sur un tout autre plan.

Par malheur ou par bonheur, je ne sais, moi non plus je ne parvenais guère à m'intéresser sérieusement à la ville de Fuhan. Il n'y avait pas plus d'un an que j'avais rejoint le groupe du Maître mais, à force d'observer le comportement de ses membres, j'étais déjà en train de trouver ma place à l'intérieur de l'atmosphère de détachement si particulière qui régnait autour du Maître. Je n'avais plus aucun désir de quitter son entourage; en vérité, je ne concevais plus qu'il pût y avoir pour moi une existence ailleurs.

En ce sens, la nuit de violent orage qui nous surprit pendant le voyage entre le village de Kuiqiu et la capitale de Song, et où je fus admis pour la première fois dans la proximité du groupe faisant route avec le Maître, fut pour moi un événement capital qui changea le cours de mon existence. Il va sans dire que, depuis notre arrivée à la capitale de Chen, c'est en vrai membre du groupe, dans la posture immobile que j'avais vu prendre au Maître, que je faisais face désormais chaque fois que j'en avais l'occasion aux éléments déchaînés, bourrasques de vent, grondements de tonnerre ou pluies torrentielles.

Un jour, je ne sais plus à quelle occasion, j'interrogeai Yanhui sur la disposition intérieure à adopter en face du déchaînement des éléments. Il me répondit alors :

« Le Maître a pour habitude de ne rien nous expliquer. Il faut que chacun réfléchisse par soi-même. Dans ce cas aussi, il n'y a pas d'autre solution que la méditation personnelle. J'ai sur le sujet des éléments déchaînés ma propre conception, mais elle est peut-être erronée. »

Et après cette entrée en matière :

« A mon avis, le plus naturel est de considérer ce déchaînement comme la manifestation de la colère du Ciel. Aussi convient-il d'y répondre en faisant le vide dans son cœur. Dans ces occasions je redresse toujours ma posture, je garde mon cœur pur et droit et j'attache toute mon attention à la voix de la colère céleste, attendant qu'elle s'apaise. »

Ne peut-on accepter telle quelle l'interprétation de Yanhui ? Depuis lors et tout au long de mon existence, c'est toujours ainsi que j'ai affronté moi aussi les bourrasques et les déluges. Je crois sentir alors la présence du Maître, je crois me tenir assis derrière lui à son service, exposant mon être infirme à la clameur fracassante de la nature, attendant que la colère du Ciel explose, puis s'apaise peu à peu. Il s'agit en tout cas de moments précieux que rien ne saurait remplacer, autant d'occasions de laver et de purifier son cœur.

3

Lorsque nous accueillîmes notre second printemps à la capitale de Chen, je commençai moi aussi à me demander combien de temps le Maître avait l'intention de rester dans cet État. Notre séjour en ce lieu entrait dans sa troisième année.

Comme je l'ai déjà raconté, Zilu avait proposé une explication quelque peu malicieuse selon laquelle une fois entré dans ce pays à bout de forces et alors qu'on pouvait s'attendre à le voir s'écrouler d'un moment à l'autre, le Maître ne pouvait plus en sortir et se trouvait par conséquent fort embarrassé. Je crois qu'il y avait un élément de vérité dans ses paroles.

En comparaison, Zigong avait pénétré plus avant dans la pensée intime du Maître :

Le Maître, avait-il dit, désirait entrer en contact de la manière la plus spontanée et la plus naturelle avec le dirigeant de Chu, le roi Zhao, et il attendait patiemment l'occasion propice. Sans doute avait-il l'intention de prolonger encore quelque temps cette attente.

C'était certainement une interprétation tout

aussi acceptable et l'on pouvait naturellement penser que, si le Maître plaçait tous ses espoirs dans le roi Zhao, l'un des hommes forts de la Plaine du Milieu, son séjour à Chen pouvait se prolonger indéfiniment.

Il y avait encore l'avis de Yanhui, selon qui, quelles que fussent les diverses explications données à la conduite du Maître, toutes se résumaient en fin de compte à l'affection qu'il nourrissait pour le pays de Chen et à rien d'autre. Piètre retranchement à première vue, cette thèse, elle non plus, ne pouvait être trop légèrement rejetée.

Il se pouvait bien, au contraire, qu'avec son explication Yanhui ait touché le plus près du but. On était frappé par le soin qu'à partir de la troisième année de son séjour à Chen, le Maître se mit à accorder à ses activités dans ce pays : les réunions qu'il tenait avec les jeunes fonctionnaires qu'il initiait aux règles et aux usages en matière de musique et de rites, ses rencontres et ses causeries avec les hommes et les femmes de la ville. A toute cette activité l'explication la plus naturelle est l'affection qu'il portait au pays et au peuple de Chen.

J'ai eu moi aussi plusieurs fois le privilège d'assister aux causeries auxquelles donnaient lieu les réunions dans la demeure du Maître. Le souvenir de certaines d'entre elles est demeuré vivant en moi jusqu'à aujourd'hui, quarante ans après. Il y eut par exemple ce commentaire sur le caractère « foi » :

« L'homme ne doit pas mentir. Tout ce qui sort de ses lèvres doit être véridique et sincère. C'est là un contrat qui lie entre eux les hommes et leur permet de continuer à vivre sur cette terre. Un contrat tacite. Il faut que l'homme puisse faire confiance à la parole d'autrui pour que soit instauré un ordre social stable.

« Il convient donc que les paroles sortant de la bouche de l'homme soient crédibles et inspirent confiance. C'est pour cela que le caractère " foi " 信 est formé par la réunion des deux caractères, " homme " 人 et " mot " 言 . La création de ce caractère remonte à quelque cinq ou six cents ans, à la dynastie des Yin qui a vu l'épanouissement d'une très haute culture, et on le trouve gravé sur des fragments de planchettes en os de bœuf ou en carapace de tortue. »

Cette causerie et d'autres touchaient à une faiblesse majeure propre au pays de Chen. Comme on le voit, par exemple, à l'importance accordée dans leur culture à la magie, les gens de Chen ne croient pas aisément ce qu'on leur dit, et le destin que connut cet État n'est sans doute pas étranger à ce trait de son caractère. Les luttes de clans où le sang se lave par le sang, les incessantes invasions étrangères sont autant de maux que Chen ne pouvait pas ne pas appeler sur lui-même.

L'État de Chen n'était d'ailleurs pas le seul dans ce cas, comme le montre l'histoire de Cai, ma patrie. Si Cai en est arrivé à la situation lamentable qui est la sienne aujourd'hui, la raison principale en fut le manque de confiance qui prévalait sur tout le territoire du pays et qui interdisait qu'on prêtât foi aux propos d'autrui.

A chaque causerie, et quelle que fût la matière dont il traitait, le Maître ne manquait jamais de dire un mot sur l'« humanité » :

« Le caractère “ humanité ” 二 est formé par l'adjonction du caractère “ deux ” 二 à la clé de l'homme 人 . Il suffit que deux êtres humains, père et fils, maître et serviteur ou tout simplement deux inconnus en voyage se trouvent face à face, pour que se noue entre eux un pacte réglant leur relation. C'est ce qu'on appelle “ humanité ” ou, en d'autres termes, le “ souci de l'autre ”, la faculté qu'a un être humain de se mettre en pensée à la place d'un autre. Sans doute est-ce également à l'époque des Yin que fut créé ce caractère. »

Pour mettre ne serait-ce qu'un semblant d'ordre dans cet univers en proie au chaos, le Maître pensait qu'il fallait commencer par corriger les fondements mêmes de la société humaine. C'est pour cela qu'il insistait autant sur la « foi » et sur l' « humanité ».

En effet, il n'est aujourd'hui au pouvoir d'aucune puissance politique de contenir l'extrême confusion régnant dans toute la région de la Plaine du Milieu. On en est à un point où toute réforme doit incontestablement commencer par les éléments les plus fondamentaux, ceux qui ont trait directement au mode de vie des hommes. Voilà pourquoi le Maître jugeait de son devoir de commenter les notions de « foi » et d' « humanité ». Voilà sans doute pourquoi il avait décidé de débuter par ce minuscule pays de Chen où le hasard l'avait amené. Je ne puis en tout cas m'empêcher de le penser.

Dans ses dernières années, il est arrivé au Maître de reprendre ces mêmes thèmes dans les bâtiments de son académie à la capitale de Lu, devant les hommes les plus brillamment doués venus de toutes les régions de la Chine; mais il me semble à moi que les causeries qu'il tenait dans sa demeure de la capitale de Chen respiraient une ferveur plus intense et agissaient plus puissamment sur le cœur des auditeurs. Quand je pense aujourd'hui à la situation que connaissait en ce temps l'État de Chen, pris en étau entre Chu et Wu et ayant à subir les pressions et les attaques de l'un comme de l'autre, les causeries où le Maître exposait la Voie m'apparaissent comme un sermon au milieu d'un champ de bataille, ce qui suffit sans doute à expliquer le degré de tension que ressentaient alors aussi bien le Maître, que nous autres qui l'écoutions.

En ce qui concerne en particulier la notion d'« humanité », j'ai eu maintes fois l'occasion par la suite d'assister à des débats sur cette question entre le Maître et nombre de ses Grands Disciples. Souvent ces conversations étaient d'une complexité qui ne pouvait que dépasser l'entendement d'un homme comme moi. C'est pourquoi j'en restai toujours à l'explication qu'en avait donnée le Maître à la capitale de Chen quand il avait défini l'humanité comme la vertu prenant racine dans la relation entre deux êtres humains. Je ramenai tout à cet unique principe et m'efforçai de le mettre en pratique. J'ai beau n'y être jamais parvenu, je n'ai jamais jusqu'à ce jour relâché mes efforts.

J'ai en outre toujours gardé, tout au fond de mon cœur, tel un lest bienfaisant, les paroles du Maître expliquant que les caractères « foi » et « humanité » avaient probablement été créés (c'était en tout cas ce qu'il croyait) par le peuple Yin qui les avait gravés sur des fragments d'os. Je vous ai déjà dit tout à l'heure que du sang Yin coulait dans mes veines. Ce n'était sans doute pas le hasard, pensai-je alors, qui m'avait conduit auprès du Maître qui professait une si haute estime pour la culture Yin.

A cette époque, dans la troisième année de notre séjour à la capitale de Chen, la demeure du Maître, déjà très fréquentée par les gens de Chen, se mit, chose nouvelle, à héberger de nombreux visiteurs venus de loin pour le rencontrer. On en comptait toujours trois ou quatre, ce qui conférait à ce lieu l'atmosphère d'une auberge modérément prospère.

La plupart de ces visiteurs étaient des gens de Wei et chaque après-midi, durant l'espace de temps qui leur était réservé, la demeure résonnait de leurs allées et venues.

Quand le Maître, laissant derrière lui son pays de Lu, entama son exil et sa mission d'enseignement, il se rendit tout d'abord dans l'État de Wei. Il s'y établit alors et y demeura sans interruption pendant quatre années jusqu'à son départ pour l'État de Chen.

Aussi, les voyageurs qui venaient voir le Maître jusque dans le lointain pays de Chen étaient-ils tous des disciples qui s'étaient liés à lui et avaient reçu son enseignement au temps de son séjour à Wei. Désespérant du retour du Maître dans leur pays, ils faisaient fi de la distance et accomplissaient ce long voyage, désireux, après des années de séparation, de recevoir à nouveau son enseignement de vive voix.

C'est alors seulement que je m'avisai de ce que le Maître avait en réalité de nombreux disciples du rang de Zilu, Zigong et Yanhui et que la plupart d'entre eux demeuraient à Lu où ils devaient attendre avec impatience son retour.

Nous étions, je crois, au début de l'automne quand nous vîmes arriver un parfait représentant de ces disciples. Originaire du pays de Lu, il était d'une extrême douceur et de toute sa personne se dégagait une humilité auprès de laquelle pâlissait celle de Yanhui. C'était Ranqiu qui par la suite, à la capitale de Lu, voulut bien me témoigner, à moi aussi, quelque bienveillance.

Ranqiu avait fait route avec le Maître lors de son voyage de Lu à Wei, tout au début de son exil et de sa mission d'enseignement : il était en effet le cocher de la voiture où avait pris place le Maître. Sans doute est-ce pourquoi le Maître lui parlait toujours avec une affection toute particulière, l'appelant : « Eh bien, Qiu ! »

Il ne resta pas longtemps à la capitale de Chen, mais il profita de tout le temps qui lui était octroyé pour demeurer aux côtés du Maître, comme s'il voulait recevoir une à une de la bouche de celui-ci les réponses à toutes les questions qu'il avait accumulées pendant des années.

En tout cas, je me rendis compte alors, bien que tardivement, de l'extraordinaire étendue qu'avait prise le groupe des disciples du Maître. Non seulement à Lu et à Wei, mais dans toute la région de la

Plaine du Milieu, étaient disséminés des gens qui avaient reçu son enseignement. Ses adeptes, me semblait-il, constituaient un immense réseau invisible, couvrant la Chine tout entière, aussi bien au nord qu'au sud du Fleuve Jaune.

Mais le Maître lui-même restait à l'écart de tout cela et réglait sa vie d'une manière parfaitement indépendante. Quelles que fussent ses raisons, il était venu dans l'État de Chen et il ne pouvait plus le quitter. Il s'y était lié avec la jeunesse locale et il y passait des journées fort occupées, et néanmoins fort gaies.

S'indignant violemment contre les injustices de la société, quand il voyait par exemple passer une mère avec sa fille malade, il ne les évitait pas sous le faux prétexte de leur montrer du respect, mais se joignait à elles pour prier le dieu du chemin. Pourvu qu'il eût du temps libre, il réfléchissait en compagnie de jeunes gens sur la manière dont les hommes devraient vivre et souvent, se prenant au jeu, il leur faisait livrer de véritables joutes verbales. Chaque jour, au crépuscule, il sortait de sa demeure et seul, les yeux fixés à terre, il marchait lentement à travers le bois de paulownias des environs.

C'était ce Maître qu'à l'instar de Zilu, Zigong et Yanhui j'étais, à mon tour, devenu incapable de quitter.

L'année toucha à sa fin et nous accueillîmes l'an nouveau, le sixième du duc Ai de Lu, le treizième du duc Min de Chen. Depuis l'été de l'année précédente jusqu'au printemps de cette année-là, de sinistres nouvelles ne cessèrent de parvenir à Chen : Qi avait frappé Song, Jin et Wei étaient engagés dans une bataille qui se déroulait sur les deux rives du Fleuve Jaune. Mais au début de l'été, brusquement, l'État de Chen lui-même, et nul autre, fut atteint de plein fouet par la flamme de la guerre.

En pleine nuit, la demeure du Maître reçut la visite du Bon Gouverneur qui laissa derrière lui une atmosphère lourde de menaces. C'était l'époque où commençait à souffler dans la capitale de Chen la première brise de l'été :

« Wu a lancé toutes ses forces contre Chen, dans une offensive visant à encercler la capitale. En réponse, Chen a immédiatement réclamé l'aide de Chu, notre allié. La présente invasion de Wu est, dans les vues du roi Fucha, tout autre chose qu'une opération ponctuelle. Il s'agit, au contraire, en portant la guerre contre l'État de Chen, d'en découdre une bonne fois pour toutes avec le vieux rival Chu et son roi Zhao. Ce dernier est en train de mener son armée entière en direction de Chengfu, place stratégique majeure qui tient tout l'est de notre pays.

« Si regrettable que cela puisse être, notre pays va devenir le champ de bataille d'une lutte à mort entre les deux armées de Chu et de Wu. Il n'y a plus désormais aucun moyen d'éviter cela.

« Étant donné la situation, je voudrais que vous quittiez tous dès demain la capitale et que vous vous rendiez dans l'État de Chu. Je pense que c'est là que vous serez le moins en danger. Chu est un grand pays, mais je vous conseille de vous diriger vers Fuhan, la cité construite pour les anciens citoyens de Cai. Le duc de She qui gouverne le pays jouit d'une grande réputation comme ministre de l'État de Chu, c'est un homme digne de confiance. Je crois que vous feriez bien de vous réfugier là-bas dans un premier temps.

« Malheureusement je ne puis vous aider dans le choix de la route à emprunter jusqu'à Fuhan. Nous n'avons pas d'informations concernant la sécurité des régions que vous devrez traverser. Les mouvements de troupes en provenance de Chu y sont sans doute importants, mais il ne serait pas étonnant non plus qu'il y ait des garnisons tenues par des troupes de Wu. L'armée de Wu ne se serait pas mise en mouvement avant d'avoir achevé ses préparatifs et s'être assuré une présence dans la région. »

Ayant dit cela, le Bon Gouverneur se raidit et debout face au Maître :

« Je regrette profondément, ajouta-t-il, de n'avoir pas su vous offrir durant votre séjour une hospitalité suffisante et je déplore les événements qui y mettent un terme. Veuillez prendre soin de votre santé et puissiez-vous obtenir de puissants soutiens afin de mener à bien votre mission et de venir au secours des dix mille peuples de l'univers qui halètent sous le fardeau écrasant de leurs souffrances. »

Aussitôt après avoir prononcé ces paroles d'adieu, il se retira dans sa résidence. En vérité, ce fut un homme remarquable, un homme comme on n'en rencontre que rarement.

Le lendemain matin, plusieurs voitures tirées par des chevaux et une dizaine de journaliers qui avaient accepté d'accompagner le groupe se massaient devant la demeure du Maître. Voitures et hommes avaient été réunis en l'espace d'une nuit par les soins de Zigong.

Pendant notre séjour à la capitale de Chen, Zigong avait souvent agi en solitaire, se rendant tantôt à Wei, tantôt à Song, sans qu'on sût toujours très bien ce qu'il faisait ; dans les situations difficiles comme celle-ci, il était notre seule planche de salut.

C'est lui qui se chargea entièrement des visites protocolaires à tous ceux qui nous avaient rendu service pendant notre séjour et aux personnalités dont il fallait prendre congé ; il fit aussi des présents d'objets en or là où il fallait en faire. Il s'occupait de tout et n'oubliait rien.

Nous attendîmes le Maître qui s'était rendu au Palais pour prendre congé du duc Min et, dès son retour, tout le groupe d'une vingtaine de personnes quitta la capitale de Chen et fit route vers l'ouest.

Aux portes de la capitale s'étendait une immense plaine et nous passâmes la première nuit dans un des villages qui la parsemaient. Nous découvrîmes ce jour-là que tous les villages de quelque importance avaient été abandonnés par leurs habitants et qu'il n'y restait plus une âme. Sans savoir si c'était l'effet d'un ordre d'évacuation officiel ou au contraire d'une décision spontanée, nous étions stupéfaits de ne rencontrer partout au lieu de villages que des mues abandonnées.

Le lendemain, nous partîmes à l'aube et le soir,

parvînmes à la rive d'un affluent du Ying. Jusque-là nous avions suivi l'itinéraire établi par Zigong, mais ensuite commençait la Région des Fleuves, sillonnée par de très nombreux affluents ou sous-affluents des grands fleuves Ying et Ru. Une fois qu'on pénétrait dans cette région, tous les chemins finissaient par se perdre dans les eaux et la progression devenait fort hasardeuse. Les terres avaient été inondées dix ans plus tôt et l'inondation ne s'était pas encore résorbée à l'époque où nous traversions la région.

Cette nuit-là notre groupe campa sur les bords d'un sous-affluent du Ying. Le lendemain, guidé par le plus âgé de nos journaliers qui était familier avec la configuration du pays, nous remontâmes le cours d'eau. Après une demi-journée de marche nous trouvâmes un gué et passâmes la nuit sur la rive opposée. Nous prîmes ensuite le parti de gagner en sept à huit jours, et moyennant quelques détours, Cai-la-Haute, l'ancienne capitale de l'État de Cai. J'y étais déjà venu une fois, longtemps auparavant, à l'âge de douze, treize ans, et je ne pouvais m'empêcher de ressentir une certaine émotion à l'idée de visiter une seconde fois en compagnie du Maître cette ville désormais entièrement détruite.

Cependant un incident tout à fait imprévu survint au cours de cette nuit de bivouac au milieu des landes. Notre campement fut attaqué par des soldats de l'armée défaite de Wu : les voitures et les vivres qu'elles transportaient, naturellement, mais aussi les quelques vêtements et couvertures que nous emportions avec nous, tout fut dérobé.

Cette nuit-là, pour nous redonner du courage, le Maître prit la cithare et se mit à jouer.

Nous ne sommes ni des buffles sauvages ni des
[tigres
Pourquoi donc devons-nous errer à travers les
[vastes plaines?
Ah! Hélas! Nous sommes des soldats enrôlés
Nuit et jour nous n'avons un instant de repos.

Tous les compagnons de voyage du Maître prêtaient l'oreille en silence au son de sa cithare. Une voix entonna doucement les paroles de la chanson.

Une indicible tristesse poignait le cœur de tous les membres du groupe, harassés de fatigue.

« Ce chant évoque la détresse des soldats du pays de Wu qui viennent d'emporter tout ce que nous avions. Enrôlés de force dans l'armée, puis envoyés au combat, ils ont perdu une bataille, et c'est en pleine déroute que, tenaillés par la faim, ils ont attaqué notre convoi. Enfoncés comme ils sont dans le territoire de Chu, qui sait s'ils parviendront un jour à rentrer chez eux sains et saufs ? »

Quand le Maître eut fini de parler, Zilu entonna à son tour :

Nous ne sommes ni des buffles sauvages ni des
[tigres
Pourquoi donc devons-nous errer à travers les
[vastes plaines?

Et quand il eut terminé, il ajouta :

« Cette fois-ci j'ai chanté notre détresse à nous

tous. Nous ne sommes ni des buffles sauvages ni des tigres. Pourquoi sommes-nous condamnés à vagabonder à travers les plaines ? »

Zilu avait raison. Le chant évoquait aussi notre détresse. Nous non plus, nous n'étions ni des buffles sauvages ni des tigres, et pourtant nous errions depuis trois jours dans cette plaine.

Mais la suite allait nous montrer que les conditions dont nous jouissions alors étaient encore assez favorables.

Le lendemain, les journaliers qui nous accompagnaient se dispersèrent dans les quatre directions à la recherche de nourriture, mais seulement trois d'entre eux revinrent avec des vivres. Les autres rentrèrent bredouilles avec pour seul gain un surcroît de fatigue. Dans cette région aussi tous les villages avaient été vidés de leurs habitants.

Cependant, le soir venu, nous pûmes nous asseoir en cercle et prendre un repas. Après manger, quelques-uns d'entre nous chantèrent devant le groupe :

Nous ne sommes ni des buffles sauvages ni des [tigres
Pourquoi donc devons-nous errer à travers les [vastes plaines?

Deux ou trois jeunes gens chantèrent et dansèrent l'un après l'autre. Presque tous avaient déjà été enrôlés dans l'armée et les paroles du chant semblaient s'accorder parfaitement avec leurs propres sentiments.

La soirée se passa sans autre événement mais, le lendemain matin, tous les journaliers, à l'exception de trois ou quatre d'entre eux, les plus âgés, avaient disparu. Il était clair qu'ils ne s'étaient pas simplement absentés, mais qu'ils s'étaient bel et bien enfuis.

« Il arrive souvent que les jeunes s'enfuient », nous dirent les journaliers demeurés au campement. Dans la région qui s'étendait devant nous devaient patrouiller des détachements, plus ou moins importants, de soldats de Chen. Nos jeunes gens, qui le savaient et craignaient l'enrôlement, s'étaient mis d'accord entre eux pour nous quitter.

Notre groupe, devenu tout d'un coup étrangement silencieux et d'apparence désormais si vulnérable, prit la direction de l'ouest à la recherche d'une route qui lui permît de traverser la région des Fleuves. On ne pouvait cependant dire que notre progression vers l'ouest se fît régulièrement : un obstacle nous freinait sur la route qui devait nous mener hors de Chen.

C'est qu'il était devenu absolument impossible de se procurer des vivres. Il nous arrivait, rarement, à force de parcourir les villages désertés, de découvrir un peu de nourriture, mais toujours en quantité insuffisante. Une fois divisée en parts égales et distribuée à chacun d'entre nous, il n'y avait guère de quoi se remplir le ventre.

Tandis que nous avancions ainsi d'un pas mal assuré, à moitié morts de faim, nous voyions passer de temps en temps des fantassins de Chen. Certains surgissaient par-derrière, d'autres avançaient à notre rencontre.

Il arriva que l'une de ces patrouilles, prise de pitié à notre vue, nous fit l'aumône d'un peu de nourriture, mais seulement une fois ou deux : la plupart du temps ils n'avaient guère le loisir de se montrer charitables. Certains détachements transportaient de nombreux blessés, entassés sur des charrettes.

Après quelques jours d'une telle marche, alors que nous étions devenus littéralement un groupe de cadavres titubants, nous finîmes par entrer dans un village et par y rester, incapables que nous étions du moindre mouvement. Ce pouvait être huit ou peut-être neuf jours après notre départ de la capitale de Chen.

Chose curieuse, tandis que j'évoque devant vous ces événements, je crois voir aussi distinctement qu'alors le village où notre groupe se trouva immobilisé, quelques jours après son départ de la capitale de Chen.

C'était un petit village de maisons en terre séchée, situé dans la région frontalière, tout près de Cai. Parvenus à cet endroit, tous, à commencer par le Maître, se révélèrent incapables de continuer à cause de la fatigue et de la faim. Le village était désert comme tous les précédents. D'instinct, nous nous sentîmes attirés par l'étang où nageaient quelques canards sauvages et nous prîmes place sur ses berges en nous serrant les uns contre les autres.

Quand, après nous être installés, nous nous étendîmes à la renverse, nous aperçûmes que les branches d'un grand paulownia s'étendaient audessus de nous. Le bout de chaque branche était orné de fleurs mauve pâle en pleine floraison. Quel étrange, quel vain, mais aussi quel magnifique spectacle pour les morts-vivants que nous étions !

Était-ce le jour où nous parvînmes à ce village ou le lendemain ? Le soleil se couchait déjà à l'horizon, mais sa lumière n'avait pas encore commencé à se retirer des alentours.

Je crois que j'étais alors allongé sous le paulownia en fleur. Zilu, Zigong, Yanhui étaient assis ou couchés au bord de l'étang, les uns contre les autres, non loin de l'arbre.

Le Maître se tenait sous le même paulownia. Pour lui seul on avait étendu ce qui pouvait passer pour une couverture, dénichée je ne sais où par l'un d'entre nous.

Toujours est-il que nous nous tenions à peu près dans la disposition que j'ai décrite, quand soudain, du moins à ce qui m'en sembla, Zilu se redressa. Puis, de son pas chancelant de mort-vivant, il s'avança dans la direction du Maître. De l'emplacement où se tenait celui-ci, s'éleva le son de la cithare. Le Maître devait jouer un air.

« Un gentilhomme connaît-il des situations sans issue [1] ? » lança Zilu violemment à l'adresse du Maître. Il paraissait furieux. Il l'était peut-être en réalité. Si nous devions tous périr ainsi, à quoi pouvait avoir servi ce que nous avions fait jusque-là ? Zilu était certainement indigné. Il devait s'attrister et s'indigner surtout de ce qu'un homme comme le Maître fût en train de mourir de faim.

« Un honnête homme connaît-il des situations sans issue ? » répéta Zilu. Alors le Maître repoussa la cithare et se tournant vers lui :

« *Bien sûr*, dit-il, *un gentilhomme connaît des*

1. *Entretiens*, XV, 2.

situations sans issue. » La force et la vigueur de sa voix nous surprirent. « *Dans les situations sans issue,* ajouta-t-il alors, *c'est l'homme vulgaire qui se trouble.* »

Face aux difficultés, l'homme de peu se démonte, ne parvient plus à se contrôler. L'honnête homme, lui, ne se démonte pas. Tel devait être le sens de ses paroles.

Je me relevai. Je me sentis obligé de rectifier ma posture. Zigong avait sans doute éprouvé le même besoin. Il se leva et vint s'asseoir, très droit, près de moi :

« Ah ! » fit-il à voix basse. Par cette exclamation il voulait sans doute exprimer son admiration pour le Maître, ainsi que le désir de le suivre dans la voie qu'il indiquait, mais aussi ce sentiment qu'après avoir entendu ces mots il était satisfait, qu'il pouvait aussi bien mourir de faim que de toute autre cause, cela lui était désormais tout à fait égal.

Bien entendu, j'en juge d'après mes impressions, mais comment Zigong ou encore Zilu n'auraient-ils pas éprouvé ce que j'éprouvais ?

Zilu, toujours debout, s'inclina profondément devant le Maître, puis, dans une torsion de tout son corps, il étendit d'un geste ample ses deux bras, ses deux mains à l'horizontale, et commença à se mouvoir lentement, comme bercé par un rythme.

Je crois qu'à ce moment il pleurait. « Bien sûr, l'honnête homme connaît des situations sans issue. Dans les situations sans issue, c'est l'homme vulgaire qui se trouble. » Que nous était la faim, que nous était la mort, après avoir entendu les paroles sorties de la bouche du Maître ? Pris de joie ou plutôt sous l'effet d'une intense émotion, Zilu ne pouvait pas ne pas s'abandonner au rythme de la danse.

Si Zilu se mit à danser, Zigong en eut certainement, lui aussi, le désir. Mais, devancé par Zilu, il se contenta d'incliner très bas la tête, réprimant de toute la force de sa volonté l'émotion qui jaillissait en lui.

Je ne pouvais pas voir Yanhui, mais je pense qu'il en allait de même avec lui. Cependant, au lieu de se lever, il ne cherchait au contraire qu'à se faire plus petit, comme s'il renonçait désormais à se soucier de son sort. Souffrir ou mourir de faim était peu de chose. Il importait de souffrir et de mourir sans se troubler. Notre souffrance n'était-elle pas l'occasion qui nous avait permis d'entendre ces superbes paroles de la bouche du Maître ? Et cela suffisait. Voilà quelles devaient être, selon moi, les pensées avec lesquelles Yanhui, bouleversé, affrontait, bien à sa manière, l'émotion qui envahissait tout son être.

Quant à moi, je pensai à nouveau que jamais je ne pourrais quitter le Maître. J'étais ébloui par la beauté et la grandeur de cette constance dont ne pouvait venir à bout la faim même qui le paralysait.

Le lendemain de cet événement, Zigong revint au campement avec des vivres pour plusieurs jours. Ainsi nous échappions en dernière extrémité à la mort par la faim.

A l'issue de ces péripéties, notre groupe fit route vers la ville nouvelle de Fuhan, en territoire Chu. Mais permettez-moi d'interrompre ici quelques instants mon récit. La suite concerne notre séjour à

Fuhan et je préfère raconter tout l'épisode en une seule fois. D'ailleurs vous devez, vous aussi, être fatigués.

Pardon, que dites-vous ? « *De tous ceux qui m'accompagnaient à Chen et à Cai, pas un n'a obtenu de promotion* [1] ». Ce sont des paroles du Maître ? Ils font partie du recueil que vous compilez ? Est-ce vrai ? Le Maître aurait-il voulu dire par là qu'aucun de ceux qui ont partagé ses tribulations à travers Chen et Cai ne devait réussir une grande carrière ?

Mais en quel lieu et à qui a-t-il pu tenir ces propos ? Ah bon ? Vous l'ignorez ?

Quoi qu'il en soit, quelle sollicitude dans ces paroles ! Il est exact que les disciples qui ont erré avec le Maître d'un pas chancelant à travers les landes de Chen et de Cai n'ont pas su s'élever et trouver des positions avantageuses. Zilu fut frappé au cours des troubles civils de l'État de Wei. Après avoir resserré le cordon de sa coiffure, il a péri en accomplissant son devoir. Zanhui est mort jeune, dans la pauvreté.

Mais, si l'on y réfléchit autrement, on peut dire au contraire que les disciples ayant suivi le Maître à travers les landes de Chen et de Cai furent particulièrement privilégiés. Ils ont pu voir et approcher le Maître dans sa plus extrême sévérité comme dans sa plus grande sollicitude et, durant quelques jours, ils ont partagé avec lui la vie comme la mort.

Eh bien, interrompons-nous ici pour quelques instants.

1. *Entretiens*, XI, 2.

4

Excusez-moi. Eh bien, je reprends mon récit. Installez-vous sur la véranda si vous trouvez qu'il fait trop chaud ici.

Le lendemain de cette scène mémorable où Zilu s'approchant tout près du Maître lui avait lancé : « Un gentilhomme connaît-il des situations sans issue ? » et s'était entendu répondre : « Bien sûr, le gentilhomme connaît des situations sans issue. Dans les situations sans issue, c'est l'homme vulgaire qui se trouble » –, le lendemain de ce jour donc, Zigong réussit à revenir au campement avec des provisions pour plusieurs jours découvertes je ne sais où. Chacun de nous eut alors littéralement le sentiment de revivre.

Après délibération, il fut décidé de rester dans le village deux ou trois jours encore, afin de reprendre des forces, puis de passer la frontière et de pénétrer dans l'ancien pays de Cai. Ensuite, nous nous dirigerions vers Fuhan, situé en territoire Chu.

Nous n'avions pas quitté l'État de Chen, mais, dans cette région frontalière, on n'entendait guère parler de la marche de la guerre et nous ne savions rien sur les opérations menées respectivement par les armées de Chu et de Wu ni sur le sort réservé à l'État de Chen, pris en étau entre les deux. En quatre ans de séjour à la capitale de Chen, nous nous y étions fait de nombreux amis et nous pensions aussi à eux, sans rien pouvoir faire cependant, sinon souhaiter que les hostilités prissent fin aussi vite que possible.

Entre-temps nos forces étaient revenues. Nous mîmes un terme à notre séjour dans les marches du pays de Chen et franchîmes la frontière à l'endroit où les collines du côté de Chen s'abaissent pour former la grande plaine de Cai irriguée par le fleuve Ru. Il n'y avait cependant aucune installation particulière qui fît penser à une frontière, pas même une borne pour indiquer qu'on changeait d'État. Au lieu de cela, un important marché tenu par des paysans à la nationalité incertaine attirait parmi les habitants de la région de nombreux clients à la nationalité tout aussi incertaine et présentait une animation étonnante qui conférait au lieu l'aspect et l'atmosphère caractéristiques d'une zone frontalière.

Notre groupe, une dizaine de personnes entourant le Maître, traversa cette région et parvint sur les berges du fleuve Ru. Après y avoir passé la nuit, nous entreprîmes le lendemain matin de descendre le long du fleuve en direction de Cai-la-Haute, l'ancienne capitale de l'État de Cai. A partir de là, nous commençâmes à subir de nombreux contrôles de la part des soldats de Chu qui surgissaient brusquement devant nous au détour du chemin. Nous reçûmes l'ordre de nous présenter devant le poste de contrôle de la région de Cai-la-Haute, mais quand nous y annonçâmes notre intention de nous rendre à Fuhan, on nous indiqua, sans autre formalité, trois villages où nous arrêter sur la route de Cai-la-Neuve. Parvenus à cette dernière ville, nous devions nous présenter au poste de contrôle local pour recevoir de nouvelles instructions.

Depuis que nous avions mis le pied dans la plaine traversée par le fleuve Ru, nous nous trouvions à Cai, mon pays natal, et j'assumai spontanément le rôle d'une sorte de guide pour les autres membres du groupe. Quand il s'agissait de répondre aux questions des patrouilles ou de s'expliquer aux postes de contrôle, c'est également moi qui parlais au nom de mes compagnons.

Et pourtant, ce n'était plus ici mon pays, l'État de Cai où j'étais né. Nous n'étions pas entrés dans Cai-la-Haute, mais la citadelle à moitié détruite et la ville neuve si prospère dont je me souvenais depuis que je les avais visitées dans mon adolescence, avaient sans doute été transformées en une base importante de l'armée de Chu, car l'accès en était interdit. Cai-la-Haute n'était d'ailleurs pas la seule touchée par les changements. En traversant l'un après l'autre plusieurs villages le long du fleuve Ru, nous pûmes nous rendre compte chaque fois que la population en était partie à Fuhan et qu'il ne restait, ici et là, que le sinistre spectacle de cases de terre séchée vidées de leurs habitants.

Par intervalles, on rencontrait bien quelque village devenu l'emplacement d'une sorte de marché et où flottait encore une faible odeur de vie humaine, mais ne s'y trouvaient jamais que des vieillards ou des malades qu'on avait jugés incapables du déplacement à Fuhan. Ce furent de tels villages qui nous servirent d'étapes.

Grâce à leur existence, nous ne manquions jamais d'un toit pour la nuit et nous pouvions nous procurer de la nourriture. En retour, je dus m'acquitter de la corvée consistant à entendre les récriminations des vieillards que notre passage ne manquait pas de rassembler. De tout le groupe réuni autour du Maître, c'était donc moi qui avais le plus à faire.

La plupart des vieillards étaient naturellement mécontents de la situation qui leur était faite. Ce n'était pas qu'elle fût misérable. Ceux qui étaient prêts à travailler avaient la possibilité de cultiver un lopin de terre, si réduit fût-il. Même sans travailler, on pouvait survivre grâce aux allocations en nourriture. Mais c'était mieux avant, répétaient-ils inlassablement. Alors, on connaissait la joie de vivre; désormais la vie avait perdu tout son sens. Que pouvait-on leur conseiller, sinon de prendre leur mal en patience? L'État de Cai en effet avait été détruit jusqu'aux fondements.

J'étais moi-même persuadé, avant de franchir les frontières de Chen et de pénétrer dans cette région, que j'allais découvrir quelque part des indices d'une survie de Cai, mais c'était pure illusion. Une moitié des habitants avaient été emmenés dans l'État de Wu; Chu, après avoir rassemblé les débris de la moitié restante, les avait transportés sur son territoire. Désormais, il ne restait plus rien. J'avais été bien naïf de ne pas tenir compte de cette réalité.

Pendant les quatre nuits et les trois jours de notre voyage jusqu'à Cai-la-Neuve, la pensée des habitants de ce pays fantôme ne cessa de me hanter. Et pourtant, quand j'y réfléchis, ce voyage fut pour moi une expérience merveilleuse, irremplaçable : chaque soir, ou plutôt, chacun des trois soirs puisqu'il n'y en eut à la vérité que trois, après m'être acquitté de mes obligations, je rejoignais Zilu, Zigong et Yanhui dans les quartiers du Maître, et là, assis dans un recoin de la partie en terre battue ou tout au bord de la partie surélevée de la maison, j'écoutais le Maître nous parler de l'histoire de la Plaine du Milieu.

Quand il me voyait venir, le Maître résumait en termes accessibles à un homme comme moi les propos qu'il avait tenus jusqu'alors, puis il reprenait le fil de son exposé :

« Aussi bien le pays de Chen, dont nous avons reçu l'hospitalité durant trois ans, que le pays de Cai que nous traversons présentement appartiennent au groupe des États de la Plaine du Milieu, vassaux de la dynastie des Zhou, et l'un comme l'autre ont connu une longue et glorieuse histoire. Hélas ! les temps ont changé pour eux et voilà qu'à tout moment on peut s'attendre à les voir cesser de vivre. La ruine de Chen comme la ruine de Cai sont toutes deux l'œuvre du temps et un tyran sanguinaire ne peut pas plus les détruire à lui seul, qu'un souverain éclairé n'aurait pu les sauver. Ainsi déjà par le passé disparurent parce qu'ils devaient disparaître les empires des Xia et des Yin. »

Tel fut le thème de la première soirée. Il me sembla que par ces propos le Maître cherchait aussi à consoler l'ancien citoyen de Cai que j'étais.

Le deuxième soir, le Maître évoqua la civilisation qu'avait produite la Plaine du Milieu.

« Les Xia, les Yin, les Zhou ont chacun donné naissance à une haute culture. Quant à savoir laquelle adopter, j'opterais, quant à moi, pour celle des Zhou qui se sont inspirés des deux autres pour en porter les éléments à une dimension plus haute dans une synthèse harmonieuse. Il n'y a rien à dire, quelle merveille que la civilisation des premiers Zhou ou des Zhou de l'apogée ! »

Le Maître resta quelque temps la tête penchée, comme s'il mettait de l'ordre dans ses pensées, puis :

« *La dynastie Zhou,* trancha-t-il, *prit modèle sur les deux précédentes. Quel arôme exhale sa civilisation ! Pour ma part, je suivrai les Zhou*[1] *!* »

Les termes « quel arôme exhale sa civilisation » semblaient désigner une floraison si violente qu'il était possible de humer le mouvement de la culture. Ce jour-là le Maître évoqua longuement les richesses de la civilisation des Zhou. Quand il eut fini, Zilu d'abord, puis Zigong et Yanhui entonnèrent la parole du Maître : « La dynastie Zhou prit modèle sur les deux précédentes... » Chacun à son tour ils psalmodièrent plusieurs fois ces phrases. Ils agissaient comme contraints par le

1. *Entretiens,* III, 14.

maintenant une zone fantastique et lugubre balayée par les vents soulevant des nuages de poussière.

Comme à Cai-la-Haute, l'aire occupée jadis par l'agglomération de Cai-la-Neuve et ses environs avait été transformée en un immense camp pour l'armée de Chu et nul, sinon les militaires de Chu, ne pouvait en approcher.

Quatre années s'étaient déjà écoulées depuis le transfert de la capitale à Zhoulai par l'État de Wu. La citadelle avait connu en tout cas une étonnante prospérité grâce au marché qui s'était constitué à l'emplacement du Palais. Aujourd'hui on avait peine à le croire. Jeunes et vieux, hommes et femmes de toute origine, avaient afflué ici, unissant leur énergie et travaillant du matin au soir sans connaître la fatigue. Venus d'un État puissant ou débile, vaste ou petit, tous se démenaient pareillement sans distinction d'origine, afin de pouvoir manger. C'était à se demander si cet extraordinaire marché, gai, exubérant, brillant même, avait bien existé en ce monde.

Depuis que nous avions pénétré dans la région de Cai-la-Neuve, mes occupations étaient devenues plus nombreuses et je n'avais plus guère le loisir de venir écouter, comme auparavant, les causeries du Maître.

Chaque soir, je devais visiter de nombreuses maisons où logeaient des malades ou des vieillards, afin de m'enquérir de la santé des premiers, partager la solitude des seconds. Il se rencontrait parmi ces malheureux des parents éloignés ou des amis et je ne pouvais me dispenser de ces visites même pour une soirée.

Ce fut, je crois, au sixième jour de notre arrivée à Cai-la-Neuve que nous parvint la convocation au poste de contrôle. Quand je m'y présentai, on me déclara que nous pouvions prendre la route de Fuhan dès que nous le souhaiterions. Le duc de She, commandant suprême de Fuhan, procédait aux préparatifs nécessaires pour nous recevoir et il nous attendait au plus tôt.

Je ne pus m'empêcher de me demander si le duc de She n'avait pas été prévenu par un message du Bon Gouverneur de Chen. Du moins, pensai-je, avait-il sans doute eu vent de l'activité déployée par le Maître dans le pays de Chen, dont il aurait dû pourtant tout ignorer.

Nous mîmes ensuite quatre jours et trois nuits pour franchir la distance séparant Cai-la-Neuve de Fuhan. Dans les villages où nous nous arrêtions, les préparatifs pour nous accueillir étaient à peu près achevés à notre arrivée.

Le groupe entourant le Maître traversa en bateau le cours principal du fleuve Ru et pénétra dans une immense plaine qui s'étendait à l'infini dans toutes les directions, vers l'ouest comme vers le nord et le sud. Dans un coin du ciel, qu'aucun obstacle ne venait limiter, moutonnaient de blancs nuages d'été.

Zilu, Zigong, Yanhui et moi-même formions le groupe entourant le Maître. Il y avait en outre trois hommes de peine d'un certain âge, qu'on avait engagés lors du départ de Chen et qui avaient accompli avec nous ce rude voyage, partageant tout avec nous jusqu'à l'épreuve de la faim. Ayant laissé échapper l'occasion de quitter le groupe, ils étaient restés. Leur destin ne leur laissait pas d'autre choix à ce moment que de nous suivre où nous irions.

Après la traversée du fleuve Ru, il nous fallut une demi-journée de marche pour parvenir à la frontière entre Cai et Chu. Quelques lacs et étangs parsemaient la région et une vieille tradition voulait que la frontière entre les deux pays passât le long d'une ligne droite reliant tous ces plans d'eau entre eux. Il va sans dire que cette tradition avait été inventée de toutes pièces par l'État de Chu.

Ayant franchi la frontière nous nous trouvâmes en territoire Chu. Jusqu'aux limites de l'horizon s'étendaient de verdoyantes rizières, sur la surface desquelles on apercevait ici ou là, adossé à un bosquet, un village de paysans. Nous sentions que nous étions entrés dans une région prospère, un pays qui depuis longtemps avait assis sa puissance sur son agriculture.

Dans un des villages d'étape, nous pûmes nous procurer une voiture et un cocher pour le Maître. Nous observâmes pour la première fois les mœurs étonnantes de ce cocher, assis les jambes repliées sur la banquette.

Marchant en formation serrée devant et derrière la voiture du Maître avec son cocher qui brandissait un fouet, nous traversâmes la plaine monotone en nous dirigeant toujours vers le sud et, dans la soirée, nous parvînmes sur les rives d'un affluent du fleuve Huai. Un des villages qui s'égrenaient sur la berge opposée nous servit de gîte cette nuit-là.

Le groupe fit halte au milieu de la lande afin de demander à quelque paysan si le gué pour atteindre ce village devait être cherché en amont ou en aval. Non loin de là, deux hommes travaillaient dans un champ de riz au bord du fleuve. Apprenant cela, Zilu alla leur parler. Je lui emboîtai le pas.

Il s'approcha des deux hommes et leur posa sa question. Alors, l'un d'eux, sans lui répondre, l'interrogea à son tour :

« Qui est cet homme là-bas, en train de débrider les chevaux ? »

En effet, le Maître était descendu de voiture et était occupé à ôter la bride aux chevaux, sans doute dans l'intention de les soulager.

« C'est notre maître, Kongqiu.

– Kongqiu du pays de Lu ?

– Lui-même.

– Dans ce cas, il devrait être capable de trouver le gué lui-même ! » répliqua le paysan avec tant d'hostilité que Zilu renonça à le questionner et se tourna vers son compagnon, en train de bêcher le champ.

Alors celui-ci :

« Qui es-tu au juste, toi ? » demanda-t-il, comme pour dire que Zilu aurait pu au moins prendre la peine de décliner son nom.

« Je m'appelle Zhongyou.

– Un disciple de ce Kongqiu ?

– C'est cela même.

– Un fleuve immense emporte dans son cours l'univers tout entier. Nul ne peut lui résister. Nul ne peut en modifier la direction. Toi aussi, tu perds ton temps à t'acoquiner avec cet homme qui recherche la faveur des puissants et ne cesse d'aller de-ci, de-là dans une agitation sans fin. Va, tu ferais encore mieux de rejoindre ceux qui ont renoncé au monde et de cultiver la terre avec eux. »

Et il ne dit plus mot, s'étant remis à semer je ne sais plus quel grain et à retourner la terre[1].

Il ne restait à Zilu qu'à repartir et à raconter l'incident au Maître. C'est alors que celui-ci prononça ces paroles admirables : « Ne détournez pas votre regard de ce monde enfoncé dans le chaos. Quoi qu'il arrive, continuez à marcher dans ce monde réel, dans le bruit et le fracas de la vie des hommes. N'est-ce pas ainsi ? Ou bien doit-on plutôt renoncer à vivre de concert avec ceux qui portent le nom d'hommes et se choisir d'autres compagnons de vie ? Vous ne pouvez tout de même pas vivre dans la compagnie des bêtes et des oiseaux ! »

Ces deux hommes qui travaillaient le champ, Zilu les avait décrits comme des solitaires et le Maître fut, je crois, d'accord avec lui ; mais j'étais d'un autre avis. Tous deux étaient comme moi originaires du pays de Cai et, à en juger d'après leur accent, de la partie méridionale de ce pays. Sans doute avaient-ils été des hommes de quelque distinction dans leur patrie et il devait leur répugner d'entrer au service des gens de Chu à Fuhan.

Cependant nous devions faire encore une rencontre de ce genre au cours du voyage.

Le lendemain après-midi, nous traversions le cours principal du Huai et pénétrions dans la grosse bourgade de Xi. Xi fut jadis un petit État indépen-

1. *Entretiens*, XVIII, 6.

dant disposé sur les deux berges du fleuve Huai, mais il était tombé victime de l'expansion vers le nord de l'Empire de Chu qui avait fini par l'annexer.

Une ferme prospère, où un pavillon détaché fut mis à notre disposition, nous servit cette nuit-là de gîte. Tout était prêt pour le repas du soir et pour notre coucher, si bien que nous pûmes profiter des moments nous séparant encore de la tombée complète de la nuit pour nous installer dans la large cour et admirer cette lumière blanche du crépuscule qui n'existe, je crois, nulle part ailleurs. Peut-être était-ce la lueur du fleuve Huai qui parvenait jusque-là.

Après cette pause, je me rendis en compagnie de deux ou trois jeunes gens du village dans le pavillon situé à l'un des angles de la cour qui servait de quartiers au Maître afin de recevoir ses instructions concernant le voyage du lendemain.

C'est alors que nous entendîmes soudain par la fenêtre de grands cris qui semblaient nous être destinés :

« Phénix ! Phénix ! »

J'ouvris la fenêtre. Un chemin passait non loin de là, qu'un maigre bosquet séparait de la maison. C'est de ce chemin et à notre adresse qu'on avait dû crier.

La voix se fit entrendre de nouveau :

« Phénix ! Phénix ! Ô oiseau de bonne augure, qui ne te montres, à ce qu'on dit, que par temps de grande paix. Te voilà bien mal en point pour errer sans but dans ces parages et dans un appareil aussi lamentable ! »

Puis :

« Mais le passé, c'est le passé. Ne t'en fais pas, tu sauras bien te débrouiller dans l'avenir. »

Et après une nouvelle pause :

« On risque sa peau à se mêler de politique de nos jours. En tout cas, maintenant que te voilà au fin fond du pays de Chu, tu devrais songer à te calmer un peu. »

« Appelle-le, je vais lui parler ! » me dit le Maître.

Sans doute voulait-il engager la conversation avec l'homme et tenter de le persuader.

Je sortis aussitôt. Le Maître sortit avec moi.

Mais l'homme était déjà loin. Nous ne l'aperçûmes que de dos qui s'éloignait en courant, et bientôt il fut hors de vue [1].

Quand l'incident fut connu, on murmura ici et là : « Encore un de ces ermites ! » Mais cette fois encore je ne pouvais m'empêcher de penser qu'il devait s'agir d'un esprit bien trop fruste pour être celui d'un ermite ou de qui que ce soit de la sorte.

L'homme qui avait crié : « Phénix ! Phénix ! » était encore un de ces anciens citoyens de Cai venus à Fuhan, qui n'avaient pu y trouver une existence satisfaisante et qui, plutôt que de servir sous les barbares, avaient rejoint une confrérie de misanthropes.

Dans la ville nouvelle de Fuhan où nous allions entrer dans un jour ou deux, il ne devait pas manquer de ces mélancoliques citoyens de Cai déguisés en ermites. Des hommes et des femmes haïssant le monde, incapables de vivre sans jeter sur lui un

1. *Entretiens,* XVIII, 5.

regard de mépris. Et les autres : ceux qui approuvent tout ce qu'ils voient dans le pays de Chu, qui en sont devenus des amis inconditionnels et exclusifs, la foule de ceux qui ont oublié jusqu'à l'esprit de Cai, le pays de leurs parents. Aussi, à la veille d'entrer dans cette grande agglomération où était rassemblé tout ce qui restait du peuple de Cai, avais-je beau prévoir à ma façon ce qui m'y attendait, je ne pouvais m'empêcher d'éprouver en même temps une certaine inquiétude.

Dans un autre ordre d'idées, ce que j'ai découvert et qui m'a frappé lors de ces deux incidents, c'est la notoriété dont jouissait notre Maître Confucius jusque dans les provinces les plus reculées. Ceux qui connaissaient le nom du Maître restaient, bien entendu, une infime minorité, mais malgré tout, chaque fois que nous levions à nouveau les yeux sur le visage de notre Maître, nous ne manquions pas d'être frappés par cette pensée.

Ainsi donc, quatre jours après avoir quitté Cai-la-Neuve, notre groupe atteignit les faubourgs de Fuhan, but de notre voyage, et s'arrêta dans l'aile d'une grande résidence, où nous établîmes ce qu'on pourrait appeler notre quartier général. Chacun d'entre nous se vit attribuer une chambre particulière. Il y avait en outre un réfectoire, une salle de réunion ainsi que toutes les commodités dont le Maître jouissait à la capitale de Chen. Nous ne devions plus déménager durant toute la durée de notre séjour à Fuhan.

Lorsque nous parvînmes à cette résidence dans

les faubourgs de Fuhan, comme il restait un peu de temps avant la tombée de la nuit, Zilu se rendit sur-le-champ au poste de contrôle pour annoncer notre arrivée.

Il ne revint que la nuit tombée. Le Maître, Zigong, Yanhui et moi-même qu'on avait invité à rejoindre la compagnie, étions sortis tous les quatre sur la véranda qui donnait sur le jardin, et passions le temps en propos divers lorsque nous l'aperçûmes qui s'en retournait de Fuhan.

Il avait eu une entrevue avec le duc de She, le commandant de Fuhan. Ce dernier ne lui avait posé qu'une seule question, sur la personnalité de Confucius, à laquelle cependant lui, Zilu, n'avait su que répondre.

Zilu n'en dit pas plus. Zigong et Yanhui se taisaient eux aussi et gardaient les yeux baissés. Chacun cherchait sans doute au fond de lui-même, sans la trouver sur l'instant, la réponse qu'il aurait donnée en pareille occasion.

Le Maître prit alors la parole et, se tournant vers Zilu :

« Comment se fait-il, Zilu, lui dit-il, que tu n'aies pas trouvé de réponse ? Ne pouvais-tu répondre ainsi ? »

Et adoucissant un peu l'expression de son visage :

« *Sa personnalité ? S'emportant, il en oublie de manger. Dans sa joie, il en oublie les malheurs. Il ignore les progrès de l'âge*[1]. »

Puis, après quelques instants :

« Voilà à coup sûr l'homme que je suis. Ni plus,

1. *Entretiens*, VII, 18.

ni moins. Je m'emporte toujours et j'en oublie de manger. Dans les moments de joie, je ne me souviens plus de mes chagrins. »

Il y eut ensuite un très bref instant (mais peut-être ne fut-il pas si bref et se prolongea-t-il au contraire quelque temps ?) pendant lequel en tout cas l'assistance tout entière se tint parfaitement coite.

Un grand « ah ! » poussé par Zilu vint rompre le silence. Ce cri d'admiration sortait tout droit de son cœur. Alors Zigong, puis Yanhui poussèrent l'un après l'autre une semblable exclamation. Aucun d'eux n'avait pu se retenir de crier. Je brûlai d'envie de les imiter et d'ajouter un dernier cri à ceux de mes trois aînés. Mais au dernier instant, je me dominai.

Combien de temps s'était-il écoulé ? Quand je revins à moi, le Maître était debout et s'éloignait de nous en direction de ses appartements.

Alors ceux qui étaient restés, Zilu, Zigong et Yanhui, reprenant enfin leurs esprits, entonnèrent en les répétant plusieurs fois, chacun à son tour avec ses propres intonations, les paroles du Maître :

« Sa personnalité ? S'emportant, il en oublie de manger. Dans sa joie, il en oublie les malheurs. Il ignore les progrès de l'âge. »

Je me permis d'en faire autant, à voix basse.

Puis l'on se mit à débattre du sens de ces mots. L'emportement dont il était question était la colère contre tous ceux qui s'écartaient de la voie de l'humanité. La joie, celle qui accueillait tout ce qui apaisait, soignait, éclairait et réjouissait le cœur des hommes. Quand nous eûmes élucidé le sens de ces paroles, nous fîmes silence. L'un après l'autre, chacun alla rejoindre sa place.

C'était, bien entendu, Zilu, l'aîné des disciples, qui, avec l'adresse qui lui était propre, avait dirigé les débats et tiré les conclusions.

Tout en prêtant l'oreille aux diverses interventions, je levai les yeux vers le ciel nocturne de cette terre du Sud, ciel parsemé comme d'une pluie d'étoiles, et je pensai avec émotion à ce groupe de disciples, réuni sous un ciel pareil afin de débattre des matières les plus sublimes.

La nuit se leva et nous entamâmes notre première matinée à Fuhan. Le Maître me regarda dans les yeux et dit :

« Il est bon, je crois, qu'aujourd'hui tu restes libre de tes mouvements. Tu dois avoir ici de nombreuses connaissances et de nombreux amis. Peut-être même de la famille. En parcourant les rues de la ville, tu pourras certainement rencontrer quelques-uns d'entre eux.

– J'accepte volontiers », répondis-je. Cependant ma famille et la plupart de mes connaissances étaient parties à Zhoulai et il ne devait guère s'en trouver à Fuhan. Sans doute, à défaut de parents, y avait-il les amis et les relations de travail que je m'étais faits au Marché du Palais. Nous pouvions toujours nous rencontrer à Fuhan, nous raconter les uns aux autres les événements survenus depuis notre séparation, ressusciter pour ainsi dire une équipe de l'ancien Marché.

Ce jour-là, je suivis le conseil du Maître et parcourus les rues de la ville nouvelle de Fuhan. On y avait rassemblé les restes du peuple de Cai, ce qui veut dire qu'on avait ratissé pour le transférer là tout ce qui s'accrochait encore au pays de Cai. Il avait, bien sûr, fallu prévoir un espace très important pour accueillir une telle multitude. Aussi avait-on évité de construire une enceinte afin de pouvoir agrandir la ville à loisir.

Nouvelle, cette ville l'était dans tous les sens du mot. Nouveaux étaient les boulevards, nouvelles les demeures qui s'alignaient le long des rues, nouvelles les ruelles tracées entre les maisons, nouveaux aussi les passants qui l'arpentaient. En vérité, on avait l'impression qu'aucun adjectif autre que « nouveau » n'aurait pu leur convenir.

Les habitants avaient beau être tous d'anciens citoyens de Cai, ils avaient adopté une identité nouvelle. Nés à Cai, ils avaient résolument rejeté leur passé pour devenir les nouveaux citoyens de la cité nouvelle de Fuhan.

En tout cas, en parcourant les rues de cette ville nouvelle, en observant les allées et venues de ces nouveaux habitants, on avait l'impression que ni la ville ni les habitants n'avaient aucun rapport avec Cai ou avec Chu. Et peut-être en effet n'y avait-il aucun rapport.

Je parcourus cette ville étonnante. Tout en marchant, je me dis que la ville de Zhoulai, qui avait poussé ses premiers vagissements avec quelque trois ans d'avance sur Fuhan, devait être une ville du même type.

Triste spectacle que celui offert par la chute d'un État. Le processus semble comporter des étapes. Le pays se morcelle progressivement, fait place à des entités séparées, se divise pour donner des Zhoulai et des Fuhan, avant de disparaître sans laisser de traces.

Pendant que Cai court ainsi à sa ruine, de nombreux autres États connaissent un destin analogue et disparaissent les uns après les autres. Après sa chute aussi beaucoup d'autres États de la Plaine du Milieu connaîtront les mêmes épreuves et disparaîtront à leur tour.

Il est néanmoins indispensable que les hommes venant en ce monde aient des raisons de se féliciter d'y être venus. Que faire pour cela ? Telle est la question que le Maître ne cessait jour après jour de repasser dans son esprit.

Permettez que je me repose à nouveau un instant.

5

Je vous ai raconté que le jour de notre arrivée dans le faubourg de Fuhan – terme de notre voyage –, Zilu s'était rendu au poste de contrôle pour y annoncer notre arrivée au nom du groupe et qu'il eut la surprise d'être admis en audience chez le commandant de la ville, le duc de She, qui l'interrogea sur la personnalité du Maître.

Le lendemain, un message nous parvenait du poste de contrôle : après son entrevue avec Zilu, le duc de She avait reçu un courrier du roi Zhao, à la suite de quoi il était parti subitement, avant l'aube, en compagnie d'une dizaine de cavaliers, rejoindre le front.

« La date de mon retour n'est pas fixée, disait le message oral du duc, mais je ne devrais pas trop tarder. J'espère de tout cœur que j'aurai l'honneur de vous rencontrer quand je serai de nouveau à Fuhan. »

A la réflexion, il n'y avait là rien d'étonnant. Chu menait sur le territoire de Chen des opérations militaires de grande envergure, dont l'issue devait décider de sa victoire ou de sa défaite face au vieil ennemi Wu. Qu'un haut fonctionnaire de l'État de Chu comme le duc de She se rendît sur le front ne devait pas surprendre. Il est évident que ces missions de concertation avec les avant-postes de Chu disséminés en territoire Chen devaient être pour lui pain quotidien.

Le duc de She fut de retour à Fuhan et reçut le Maître une quinzaine de jours plus tard. Entre-temps, le Maître se rendit plusieurs fois en ville, visitant les quartiers commerçants et les marchés et s'entretenant avec les anciens citoyens de Cai qui y travaillaient. Il prit aussi le temps de parcourir à loisir les champs et les potagers des environs ainsi que les quartiers résidentiels.

Pourtant, le Maître se garda bien de parler devant moi, qui étais originaire de Cai, de l'impression qu'avait produite sur lui la ville de Fuhan. La délicatesse de son cœur lui avait permis de deviner correctement les sentiments d'un exilé, chez qui louange ou blâme susciteraient indifféremment le même accablement et la même tristesse.

Cela dit, l'opinion du Maître sur cette ville nouvelle qui avait surgi dans un coin de l'immense plaine au bord des eaux du Huai intéressait au plus haut point le groupe de ses disciples.

Le duc de She, à son retour du front, invita à de nombreuses reprises le Maître au palais. Le Maître ne s'y rendait jamais seul, mais accompagné de ses trois disciples Zilu, Zigong ou Yanhui, tous ensemble, ou parfois sans l'un d'entre eux, au gré des circonstances. Cependant, jamais il ne manquait de me convier, moi spécialement, à ces entrevues. C'était, je crois, à l'ancien citoyen de Cai qu'allait cet égard. Le Maître devait se préoccuper de mon avenir et désirait sans doute me laisser la possibilité, si je le souhaitais, de m'établir à Fuhan et d'y trouver un emploi.

C'était lors de la première entrevue du Maître avec le duc de She. Nous étions tous présents, Zilu, Zigong, Yanhui et moi.

Le duc de She nous parla d'abord de lui :

« Mon nom de famille est Shen, mon nom personnel Zhuliang, mon surnom Zigao. Actuellement je me fais appeler duc de She : She est le nom du district que je commande, ce qui constitue ma charge principale. Je cumule présentement cette charge avec le commandement de la ville de Fuhan. »

S'étant présenté, le duc de She parla d'un bruit peu flatteur qui courait alors sur son compte dans la ville et demanda qu'on lui permît de le corriger sur-le-champ. Après ce préambule, prononcé en riant, il ajouta :

« Depuis l'enfance, j'ai une prédilection et même une véritable passion pour les dragons. Aussi ai-je fait mettre sur le toit de cette résidence l'effigie sculptée d'un dragon. De même, la plupart des ustensiles de ma résidence sont-ils frappés de motifs représentant des dragons. »

Il fit apporter par les hommes de service plusieurs ustensiles et nous les montra. Puis :

« Quant au bruit qui circule dans la ville, le voici : à force de multiplier les images de dragons sur toutes sortes d'objets et de faire des dragons son unique sujet de conversation et sa seule source de joie, les dispositions du duc de She auraient fini par toucher un véritable dragon qui passa un jour sa tête par la fenêtre de sa résidence. Le duc ne pipa mot, mais s'effondra à la renverse et perdit ses esprits. Voilà ce qu'on raconte dans les rues de la ville. »

Le Maître rit et nous rîmes tous à sa suite. Le duc de She rit une nouvelle fois et dit :

« Voilà toute l'histoire. N'en parlons plus. »

Puis il posa au Maître la question suivante :

« Un homme d'État ne cesse d'être l'objet de propos où le vrai se mêle au faux et il lui est difficile de vivre en bonne entente avec le peuple. Quel est donc, selon vous, comment dirais-je ?, la clé ou peut-être le principe essentiel de la politique ? »

Le Maître se redressa légèrement et après quelques instants de réflexion :

« *Quand tout autour*, dit-il, *on se réjouit, de loin on accourt* [1]. Si l'on sait contenter les gens autour de soi et gagner leur affection, la rumeur s'en répandra et attirera d'elle-même ceux qui se trouvent au loin. Si l'on savait gouverner ainsi, ne serait-ce pas la meilleure des politiques ? »

Le Maître avait parlé avec calme, mais d'un ton pénétré. Il nous parut qu'on ne pouvait donner réponse plus judicieuse à l'interrogation du duc de She.

Celui-ci demeura un instant la tête inclinée, sans rien dire. Puis, sans relever la tête :

« “ Quand tout autour, dit-il, on se réjouit, de

1. *Entretiens*, XIII, 16.

loin on accourt. " *Jin-zhe yue, yuanzhe lai.* Admirable théorie politique en six caractères! En vérité je la reçois avec gratitude. »

Cette théorie politique en six caractères était, je crois, un hommage que le Maître rendait à l'administration du duc de She après avoir à maintes reprises parcouru la ville de Fuhan dans ses moindres recoins. Le duc de She ne pouvait pas ne pas deviner que le Maître parlait de ce qu'il avait observé à Fuhan, et ces paroles durent le combler au-delà de toute mesure.

Un peu plus tard, lors de la quatrième ou de la cinquième visite du Maître au duc de She, il y eut une conversation fort intéressante entre les deux. Je ne me souviens pas aujourd'hui de ce qui avait amené le sujet, mais le duc de She avait raconté l'anecdote suivante :

« Parmi mes administrés, il y avait, voyez-vous, un homme d'une parfaite probité. Son père s'étant approprié par ruse quelques moutons, le fils ne put rester silencieux et alla le dénoncer aux autorités [1]. »

Il n'y avait dans le ton du duc de She ni éloge ni réprobation pour la conduite du jeune homme honnête. On croyait juste percevoir une note de sympathie ou d'affection pour lui.

Alors le Maître :

« Un homme probe, je vois. Aucun doute, il s'agit d'un homme probe. Difficile à admettre cependant sur le plan des relations entre parents et enfants! »

Et après une courte réflexion :

1. *Entretiens*, XIII, 18.

« Dans mon pays natal, il ne manque pas de pères ayant couvert les fautes de leur fils ou de fils ayant couvert celles de leur père. La dissimulation d'un crime est bien sûr un acte condamnable, mais pour peu qu'on y voie la manifestation naturelle d'un amour sincère unissant le père et son enfant, on ne pourra pas s'empêcher de dire dans ce cas aussi : voilà un homme qui fait preuve de probité. »

Le duc de She semblait comprendre où voulait en venir le Maître :

« Dans une ville comme Fuhan, lui répliqua-t-il, si l'on n'impose à tous le filet de la loi, on se heurte, voyez-vous, à toutes sortes de difficultés.

– Il est extrêmement difficile, dit le Maître, de rendre la justice au peuple. Je crois que celui de Fuhan a bien de la chance d'être gouverné par un homme aussi scrupuleux.

– Il faudra pourtant, je pense, que je révise encore une fois de fond en comble les principes sur lesquels je fonde mes jugements. Et où cela me mènera-t-il ? » dit le duc de She dont le visage se fit sérieux.

Zilu, Zigong, Zanhui et moi-même assistions en silence à cette conversation qui ne laissait aucune place pour la moindre intervention de notre part. Il s'en dégageait une impression de tension, comme si chacun des deux interlocuteurs, tout en se ménageant, n'entendait céder d'un seul pouce et restait campé sur ses positions.

Je ne sais plus lors de quelle visite la conversation tomba sur le dirigeant de l'État de Chu. Le roi

Zhao s'était rapidement fait connaître pour l'acuité de son jugement et avait acquis une puissance qui en faisait le candidat le mieux placé à l'hégémonie sur la Plaine du Milieu. Les anecdotes à son sujet abondaient.

Le duc de She accueillait ce même jour plusieurs visiteurs de Ying, la capitale de Chu. Nombre de ses conseillers étaient également à ses côtés et l'occasion avait donné lieu à un banquet assez animé. Un des invités, après avoir annoncé : « Cela s'est passé il y a plusieurs années... », raconta une anecdote au sujet du roi Zhao.

Un jour que le roi Zhao était en proie à la maladie, son entourage eut recours à la divination pour connaître la volonté des dieux et apprit que le mal était dû à la colère du Fleuve Jaune. Les ministres se consultèrent et décidèrent, pour apaiser le dieu, d'édifier un autel aux abords de la cité et de lui rendre un culte.

Quand le roi Zhao en fut informé :

« Tout au long des trois dynasties Xia, Yin et Zhou, dit-il, le culte rendu par les princes de la Plaine du Milieu sur l'ordre de l'Empereur fut destiné à apaiser les divinités des montagnes et des fleuves de leurs domaines respectifs. Le Yangzi-Jiang, le Han, le Sui, le Zhang sont, à l'exclusion de tout autre, les quatre fleuves que l'État de Chu a l'obligation d'honorer. Quels que soient les manquements dont je me suis rendu coupable, il n'y a pas de raison pour que je sois puni par le Fleuve Jaune, une divinité étrangère. »

Et il interdit la cérémonie de purification.

Quand le récit fut achevé, le Maître remarqua :

« Admirable conduite, à mon avis. L'homme doit accomplir les devoirs qui lui incombent et s'en remettre pour le reste à la voie naturelle du Ciel. En cet âge troublé, le premier devoir du roi est de ne pas mettre en danger l'État qui lui a été confié. »

Alors, un autre invité reprit :

« Voici encore qui est caractéristique du roi Zhao », et il raconta une autre anecdote montrant la grandeur d'âme du roi.

C'était au début de l'année, peu avant l'expédition à Chengfu en pays Chen, alors que le roi se trouvait encore à Ying, sa capitale. Depuis trois jours, de sinistres nuages sanguinolents entouraient le disque solaire, tel un vol d'oiseaux. Tous s'accordaient pour y voir un présage de malheur et le roi, inquiet, envoya un messager consulter le fonctionnaire chargé du culte des divinités de Zhou. Le messager s'en revint enfin, rapportant la réponse du fonctionnaire :

« Un désastre menace en effet la personne du roi. Cependant, une cérémonie de purification accomplie sur-le-champ permettrait de détourner le danger sur l'un quelconque des ministres.

– Si je n'ai pas commis de crime, dit le roi en regardant les gens de sa suite, le Ciel ne voudra pas mon châtiment. Si oui, il ne me reste rien d'autre qu'à recevoir ma rétribution. Pourquoi voudrais-je détourner le danger sur l'un de mes ministres auxquels je me fie comme à mes bras et à mes jambes ? »

Et il interdit strictement toute prière ou service à ce sujet.

Cette deuxième histoire produisit, elle aussi, sur

nous, qui assistions au banquet, une très forte impression. Comme on leur demandait leur avis, Zilu et Zigong répondirent chacun qu'ils désiraient avancer ne serait-ce que d'un jour l'occasion qui leur permettrait de rencontrer le roi. Zanhui, lui, déclara qu'il lui suffirait d'entendre de loin la voix d'un tel roi.

Le Maître gardait le silence. Si c'était vraiment pour trouver une occasion d'entrer en contact avec le roi Zhao qu'il était venu dans le pays de Chen, cela faisait bientôt quatre ans qu'il attendait. Il y avait là de quoi lui inspirer toutes sortes de profondes réflexions.

Et cependant, le Maître se trouvait désormais en plein milieu de cet État de Chu dont le souverain n'était autre que le roi Zhao. Un haut fonctionnaire de cet État, le duc de She, lui avait offert l'hospitalité. L'occasion de rencontrer le roi Zhao ne pouvait tarder longtemps. Malgré cela, même un homme comme moi, placé en bout de table, ne pouvait s'empêcher de souhaiter qu'elle fût avancée ne serait-ce que d'un jour.

Depuis que nous étions entrés à Fuhan et que nous menions une vie relativement tranquille sous la protection du duc de She, nous nous aperçûmes que nous entendions très souvent, presque tous les jours, mentionner le nom de Chengfu, un camp militaire de Chu en territoire Chen.

Il va sans dire qu'à ce moment, Chu et Wu avaient tous deux introduit le gros de leurs forces sur le territoire de Chen, devenu pour l'occasion un immense champ de bataille où allait se décider du jour au lendemain la victoire de l'un ou de l'autre camp.

Au cours de cet affrontement, Chengfu se trouvait être la base militaire la plus importante de l'armée de Chu. C'est pourquoi le roi Zhao s'y était retranché dès le début des hostilités avec ses formations d'élite. Il était naturel que le nom de Chengfu fût constamment sur les lèvres des habitants de Chu.

Pourtant, en dépit de notre séjour de trois ans dans l'État de Chen, ni le Maître, ni Zilu, Yanhui ou moi-même n'avions guère entendu parler de ce lieu. Seul Zigong, qui avait pour cela un flair et un talent particuliers, connaissait le nom de Chengfu. Il avait conclu de ce qu'il avait entendu qu'il s'agissait d'une base provisoire de l'armée de Chu en territoire Chen, résultat d'un accord entre ces deux États. Il y avait bien apparence d'accord, mais la réalité était fort différente. A dire vrai cette base constituait une parcelle, si petite qu'elle fût, de territoire Chu en plein territoire Chen.

On comprend dès lors pourquoi fonctionnaires, soldats et simples citoyens de Chu, tous sans distinction, ne cessaient jour après jour de parler de cette place forte de Chengfu. Sur toute la longueur de la ligne de front, très étirée, devaient se disposer d'innombrables camps militaires; victoires et revers, prises et pertes devaient alterner continuellement, mais il semblait que le cas de Chengfu fût un tant soit peu différent de celui des autres points fortifiés. Là seulement, en ce lieu comme sacré, toute défaite, toute perte de terrain étaient intolérables. Du moins pourrait-on dire que cette conviction était profondément gravée dans le cœur de tous les habitants de Chu.

L'un des trois hommes de peine qui avaient partagé avec nous les épreuves du voyage depuis la capitale de Chen était originaire de la ville de Chengfu. En réalité, à considérer son âge, il devait à peine y être né, mais je pus néanmoins tirer de lui de nombreuses informations sur l'ancienne bourgade de Chen.

« Nous voilà désormais les protégés des Chu, mais il n'a jamais été une partenaire loyal. »

L'homme parlait avec une certaine véhémence.

« Que voulez-vous ? Ils ont, sans aucune raison, renversé le petit pays de Xu, pourtant si policé, et ils ont emmené tous ses habitants sur le territoire de Chen. Là ils ont jeté leur dévolu sur l'ancienne bourgade de Chengfu, puis, sans rien demander à personne, ils ont fait le vide dans toute la région et y ont installé la population de Xu. Autrement dit, ce petit peuple de Xu a été transplanté au beau milieu du territoire de Chen. Les gens de Xu étaient bien ennuyés, mais nous l'étions encore plus !

« Dans ma famille, nous avons probablement toujours été des cultivateurs des environs de Chengfu. L'incident se produisit à l'époque de mon grand-père qui perdit sa maison et toute sa propriété et fut chassé de chez lui avec les seuls vêtements qu'il avait sur le dos.

« Le transfert de l'État de Xu eut lieu en l'an 4

du duc Hui de Chen [1], il y a environ quarante-cinq ans de cela cette année, an 13 du duc Min. Si je ne me trompe, Chen n'avait rien dit en ce temps-là, mais aussi que pouvait-on faire quand on avait en face de soi un adversaire de la taille de Chu ?

« Quelque vingt ans s'étaient écoulés depuis lors, quand cette fois Chu chassa de la région de Chengfu tous les citoyens de Xu et, faisant entrer ses hommes dans la cité déserte, éleva des murailles, érigea des fortins et en fit la grande base militaire qu'on peut voir aujourd'hui. On s'y était pris en deux temps. Chu n'a pas son pareil pour s'approprier le bien d'autrui.

« Quarante-cinq années se sont maintenant écoulées depuis que Chengfu a été peuplé d'étrangers venus de Xu, mais depuis lors les anciens habitants de la région n'appellent plus jamais la ville par son nom de Chengfu. Ils disent Yi, “ Barbarie ” ou Yiyi, “ la cité des Barbares ” pour désigner cette ville d'étrangers installée sur leur territoire. Les Barbares étaient auparavant les populations civiles venues de Xu. Ce sont aujourd'hui les soldats de Chu. L'appellation Yi ou Yiyi est devenue commune dans la région. Elle est commode, elle a le mérite de la clarté. Et puis elle convient si bien à cette ville ! Quant au vieux nom de Chengfu, ce sont les gens de Chu qui l'utilisent, c'est seulement parmi eux qu'il a toujours cours. »

On le sentait à leur ton, les hommes de peine originaires de Chen qui nous racontèrent l'histoire de Chengfu ne nourrissaient aucune sympathie pour

1. 533 avant J.-C. *(N.d.A.)*

l'empire de Chu. Ce n'était pas d'ailleurs qu'ils fussent des partisans de Wu qui était actuellement en guerre avec Chu. Contre Wu aussi ils semblaient avoir accumulé une longue rancune.

« Que nous importe la victoire de Wu ou celle de Chu ? Tout ce que nous souhaitons, c'est qu'ils en décousent au plus vite et qu'ils se retirent de chez nous. N'ont-ils pas pris le territoire d'un pays tiers pour champ de bataille afin d'y régler leurs comptes ? N'est-ce pas lamentable ? »

Et en effet, à l'entendre, c'était une histoire lamentable. Pouvait-il même y avoir plus lamentable que celle-ci ? Nous ne pouvions que prier pour que le duc Min et le Bon Gouverneur ne soient pas entraînés dans le tourbillon de la guerre et qu'ils n'y perdent pas la vie.

Un soir, dans la seconde dizaine du huitième mois, la nuit était déjà tombée quand nous reçûmes de la part du duc de She une invitation pour nous rendre à sa résidence. Nous nous mîmes en route par les rues complètement désertes de Fuhan, le Maître au milieu et nous, Zilu, Zigong, Yanhui et moi, formant un cercle autour de lui. Tout en marchant, nous ne cessions de nous heurter à des groupes de soldats venant de la direction opposée et il fallait alors attendre, parfois assez longtemps au bord de la route, pour les laisser passer. Le ciel était dégagé et magnifiquement étoilé.

Quand nous nous présentâmes à la résidence du gouverneur, le duc de She nous accueillit armé de pied en cap.

« Nous partons en expédition sur-le-champ. Veuillez m'excuser de vous avoir fait venir ici à une heure pareille sans attendre qu'il fasse jour », dit-il en nous saluant.

Puis :

« Wu est en train de concentrer ses troupes au sud de la capitale de Chen, dans la région de Daming, le long du fleuve Ying. Daming est à environ deux jours de marche de Chengfu où sont retranchées les forces du roi Zhao. Qu'on le veuille ou non, les deux armées devraient entrer en contact d'ici quelques jours. »

Et il ajouta :

« Moi qui vous parle, j'ai reçu pour mission de renforcer les arrières. Mais, arrière ou avant, un guerrier ne peut jamais être sûr du lendemain. C'est pourquoi, et à tout hasard, j'ai tenu à prendre congé de vous avant mon départ et vous ai envoyé un messager en pleine nuit. »

Puis :

« La région de Fuhan elle-même, aujourd'hui à l'arrière, pourrait demain se situer en première ligne. Prenez vos dispositions selon les circonstances et restez en contact avec le poste de contrôle. Sachez que vous êtes libres de demeurer aussi longtemps que vous le souhaiterez comme de partir à n'importe quel moment.

– Nous ne savons, dit le Maître, comment vous remercier pour ces paroles bienveillantes et pour votre sollicitude. »

Il inclina la tête.

« C'est dans l'espoir de rencontrer le roi Zhao que nous sommes venus de si loin dans la ville de

Fuhan où, durant notre séjour, nous avons tant abusé de votre hospitalité. Nous souhaiterions en profiter encore dans l'attente de l'occasion qui nous permettra de rencontrer le roi. Je voudrais le questionner sur ses vues concernant notre époque en proie au chaos et les hommes obligés de vivre au milieu de ces troubles. »

Puis :

« Cependant, pour votre pays cet automne est un moment crucial, un moment où il met toutes ses forces dans la balance afin d'affronter l'État de Wu. Selon le déroulement des opérations, nous pourrions à notre tour être contraints à quitter Fuhan sans prendre congé de vous. Veuillez nous en excuser par avance. »

Et regardant le duc de She droit dans les yeux :

« Que la fortune vous soit seconde ! C'est le vœu que je forme du fond de mon cœur. »

Après avoir prononcé ces mots, le Maître s'inclina profondément et se leva, imité par les disciples.

Dans les jours qui suivirent, la ville ordinairement tranquille de Fuhan se fit soudain plus bruyante. On commença à voir des paysans de Chu, venus manifestement d'autres régions en quête de refuge. Les troupes plus ou moins nombreuses qui traversaient la ville de part en part et dans tous les sens, mais sans qu'on sût jamais leur provenance ni leur destination, créaient une atmosphère oppressante.

De temps à autre, des cavaliers venus on ne sait

d'où accouraient pliés en deux sur leur monture pour s'engouffrer comme aspirés dans les bâtiments du poste de contrôle qui ne tardait pas à les recracher par ses portes.

Une dizaine de jours après le départ du duc de She, cette fois encore en pleine nuit, un messager se présenta de la part du duc apparemment rentré du front, et nous appela au palais.

Maître et disciples, serrés en un groupe compact, nous prîmes le chemin de la résidence du duc de She. La nuit, contrairement à la fois précédente, était sombre, sans une étoile.

Lorsque nous pénétrâmes dans la résidence, nous vîmes plusieurs feux allumés à un bout de la cour de droite. Le reste était enveloppé par l'obscurité, mais il semblait qu'elle fût couverte d'hommes en armes.

Notre groupe, le Maître en tête, fut conduit dans la cour de gauche, près d'un feu de camp, et l'on nous demanda de patienter là. Cette cour, à part nous, était déserte.

Quelques instants plus tard, nous vîmes apparaître le duc de She en armes qui nous dit sans s'asseoir :

« Le 12 de ce mois, le roi Zhao a quitté avec son armée le camp retranché de Chengfu. Du 13 au 14, les armées de Chu et de Wu se sont affrontées dans la région de Daming, sans qu'il y ait eu de victoire décisive. Le matin du 16, afin de préparer les prochaines opérations, le roi Zhao a quitté le champ de bataille avec un détachement armé et s'en est revenu à Chengfu. Mais le soir, il a été pris de malaise et il est mort. »

Personne d'entre nous, à commencer par le Maître, ne dit mot. Nous gardions le silence, la tête profondément inclinée.

« Le roi Hui, continua le duc de She, doit succéder au roi Zhao. La dépouille royale a quitté Chengfu pour Ying, la capitale, cependant que la mort du roi est tenue secrète. Elle est en route actuellement et doit incessamment traverser Fuhan. »

Puis :

« Je dois accueillir ici la dépouille du roi et l'escorter jusqu'à la capitale. C'est à la capitale que la mort du roi sera rendue publique et que ses funérailles seront célébrées.

« C'est donc en vain que vous avez entrepris le lointain voyage jusqu'à Fuhan et que vous y êtes restés dans l'attente d'une entrevue avec le roi Zhao. Le roi Zhao, lui aussi, en aura eu bien du regret. Sa dépouille va traverser la ville d'un moment à l'autre. Veuillez lui rendre un dernier hommage. »

Et il s'en alla précipitamment.

Aussitôt se présenta un fonctionnaire du poste de contrôle que nous avions déjà rencontré.

« Veuillez me suivre », nous dit-il, et il nous mena hors de la résidence à un endroit assez distant de là sur le bord de la grande route. Plusieurs groupes de gens venus rendre leur dernier hommage à la dépouille royale s'y étaient déjà rassemblés. Tous gardaient le silence.

Bientôt passa devant nous un détachement monté d'une centaine de cavaliers, puis une compagnie de fantassins. Pendant qu'ils défilaient, nous

nous tenions tête baissée comme tous ceux qui étaient avec nous au bord de la route. Le cercueil contenant la dépouille mortelle du roi Zhao devait se trouver quelque part au milieu de ces fantassins. Un nouveau détachement de cavalerie fermait la marche, sans doute les cavaliers de la garde personnelle du roi.

Le soir, quand nous rentrâmes dans notre résidence, il devait être bien après minuit. Serrés les uns contre les autres, nous nous assîmes sur un coin de la véranda d'où l'on apercevait le ciel nocturne.

Ce soir-là tous, Zilu aussi bien que Zigong et Yanhui, semblaient conscients qu'il y avait une question dont ils devaient débattre avec le Maître. Je crois que je partageais, moi aussi, ce sentiment.

Avec la mort du roi Zhao disparaissait la principale raison qui rendait indispensable notre séjour à Fuhan. Pour autant, aucun de nous n'osait aborder en présence du Maître la question de notre départ et de la direction que nous pourrions prendre, que nous devrions prendre une fois que nous aurions quitté le pays de Chu.

Nous ne le sûmes que plus tard en reparlant de ces événements mais, en cette nuit exceptionnelle, nous avions tous éprouvé le besoin de sonder les intentions du Maître et c'est ainsi que nous nous étions en quelque sorte spontanément réunis sur la véranda sans en être convenus à l'avance. Ce serait du moins la façon la plus exacte de rendre compte des événements de cette nuit.

Le Maître se montra alors sur la véranda parmi nous et se mit à parler avant même d'avoir rejoint sa place.

« A cet instant, une pensée me remplit le cœur. Elle est née en moi sur le chemin du retour, après que nous eûmes vu passer la dépouille mortelle du ro Zhao, elle a ensuite grossi et la voilà qui déborde de mon cœur. Je vais vous la dire. »

Ayant parlé ainsi, le Maître leva les yeux vers le ciel nocturne et resta quelques instants dans cette attitude comme s'il mettait de l'ordre dans ses pensées. Puis il prononça :

Rentrerons-nous au pays? Rentrerons-nous au [pays?
Les jouvenceaux de chez nous ont de grands projets
Ils tissent une étoffe aux motifs admirables
Mais ils ne savent pas la tailler[1].

Il répéta une seconde fois ces paroles, puis les rendit lui-même dans la langue de tous les jours :

« Eh bien, rentrons! Rentrons sur-le-champ! Les jeunes gens que nous avons laissés au pays de Lu rêvent tous de grands exploits et font d'ambitieux projets. Les voilà qui ont tissé une étoffe aux motifs admirables, mais ils ne savent pas comment l'achever. »

Et il ajouta :

« Ils ont tous besoin de moi. Rentrons! Rentrons sur-le-champ! Il faut leur montrer le chemin où ils doivent marcher! »

Aucun des disciples n'avait ouvert la bouche pendant tout le temps que le Maître parlait. Tous restaient silencieux, ne sachant que dire.

1. *Entretiens*, V, 22.

Le Maître s'adressa alors à Zigong :

« Je pense, dit-il, quitter au plus vite la ville de Fuhan et reprendre la route de la capitale de Chen. S'il est possible d'entrer dans la capitale de Chen sans danger, nous y entrerons et, après avoir salué qui il faut, nous nous dirigerons vers la capitale de Wei. Sans doute n'y serons-nous qu'à la fin de l'année, mais, encore une fois, je voudrais que nous ne tardions pas trop. Pour l'instant, pourriez-vous vous occuper des préparatifs pour notre départ de Fuhan ? »

Même après que le Maître eut fini de parler, Zilu, Zigong et Yanhui continuaient à garder le silence. Ils ne parvenaient pas à croire à un changement si subit et demeuraient stupides.

Cette fois-ci encore, nous nous aperçûmes tout à coup que le Maître n'était plus parmi nous et qu'il s'était retiré dans ses appartements. Zilu, qui s'en avisa le premier, prononça dans un demi-cri :

« Rentrerons-nous ? Rentrerons-nous ? »

Puis il ajouta :

« Ah ! Quelle jeunesse ! Qui pourrait égaler le Maître ? »

Alors Zigong :

« Rentrerons-nous ? Rentrerons-nous ? »

Puis :

« Ah ! Quelle acuité ! Qui pourrait égaler le Maître ?

– Rentrerons-nous ? Rentrerons-nous ? dit Yanhui à son tour.

Puis :

« Ah ! Quelle sollicitude ! Cette nuit, alors qu'il marchait dans l'obscurité à travers la ville, comme morte, de Fuhan, le Maître fut saisi du désir soudain de rentrer au pays de Lu et de revoir ses anciens élèves », ajouta-t-il bien dans sa manière.

Je ne dis rien à cette occasion, mais si l'on avait sollicité mon avis :

« Cette nuit, aurais-je dit, le Maître a parlé pour Zilu, Zigong et Yanhui. Les mots qu'il a prononcés étaient ceux qu'ils souhaitaient plus que tout prononcer eux-mêmes sans avoir su le faire. »

Voilà comment je crois que j'aurais parlé.

« Rentrerons-nous ? Rentrerons-nous ? » Il ne fait pas de doute que le Maître avait parlé au nom de ses disciples et dans leur intérêt. Certes, la mort soudaine du roi Zhao devait avoir eu quelque part à son sentiment, mais personne ne pouvait savoir laquelle.

Lorsque avant d'entreprendre son voyage dans la Plaine du Milieu, le Maître était venu jusqu'aux rives du Fleuve Jaune afin de rencontrer le dirigeant du pays de Jin et qu'ayant appris le bouleversement politique survenu dans son pays il renonça à la traversée, il aurait dit :

« *Comme le fleuve est large et beau ! Que je ne puisse le traverser, n'est-ce pas la volonté du Ciel ?* »

Ces mots m'avaient frappé quand Zigong me les avait rapportés. Cette fois encore, si après trois années d'attente au cours desquelles il avait souhaité rencontrer le roi Zhao, le Maître en voyait l'occasion lui échapper à jamais, ne fallait-il pas mettre cet échec au compte de la « volonté du Ciel » ?

Il est possible que ce genre de considération ait

aussi joué un rôle lorsque le Maître prononça son « Rentrerons-nous ? Rentrerons-nous ? ».

C'est au milieu du dixième mois que le duc de She revint à Fuhan après avoir célébré les funérailles du roi Zhao.

Le jour de son retour, le Maître et ses disciples se présentèrent à sa résidence pour prendre congé de lui, et au sortir de l'entrevue prirent directement la route de la capitale de Chen.

Jusqu'à Cai-la-Neuve, nous suivîmes le même chemin qu'à l'aller mais, de là, au lieu de prendre par les berges du fleuve Ru, nous sortîmes tout de suite sur le plateau qui s'étend à l'est du fleuve et le traversâmes vers le nord. Il n'y avait pas de route, mais des sentiers reliaient entre eux les villages, ce qui nous permit de remonter le plateau au prix, il est vrai, de quelques difficultés. L'un des trois hommes de peine qui nous accompagnaient était familier de la région et nous suivions ses indications.

La guerre contre Wu ne se faisait pas sentir ici et on avait peine à croire que ce fût toujours le même pays de Chu au milieu de ces étendues de terres cultivées, paisibles et prospères.

Dans les villages, le Maître s'enquérait souvent de l'histoire de la région, de ses chansons et de ses ballades, ainsi que des contes que racontaient les anciens. Il lui arriva même d'exprimer le désir de rester sur place quelque deux ou trois jours.

Dans ces cas, Zilu ne manquait pas d'entonner : « Rentrerons-nous ? Rentrerons-nous ? » tout en exécutant une danse de sa façon.

Dans l'un de ces villages, Zilu rencontra un vieux

solitaire. Il avait pour quelque affaire devancé le groupe d'une demi-journée de marche et avait reçu l'hospitalité dans la demeure de cet homme qui lui avait même présenté ses deux fils. Quand j'entendis le récit de Zilu, il me sembla qu'il s'agissait cette fois d'un authentique ermite.

« Leurs quatre membres ne travaillent pas. Les cinq céréales, ils ne se soucient pas de les cultiver [1]. » Tels furent les termes dont usa cet homme pour nous critiquer, termes qui au demeurant revenaient souvent dans nos conversations. Il était vrai que nous ne faisions pas travailler nos membres, que nous ne cultivions pas de céréales. C'était bien là notre point faible et nous ne pouvions en vouloir à ceux qui nous le reprochaient.

A la fin du dixième mois nous parvînmes aux abords de la capitale de Chen. La famille royale et les organes supérieurs du gouvernement ne s'y trouvaient plus et la ville n'exerçait plus guère ses fonctions de capitale.

Le Maître semblait désireux de se rendre compte de son état, et il s'exprima plusieurs fois dans ce sens, mais Zilu entonnant son : « Rentrerons-nous ? Rentrerons-nous ? » lui fit changer d'avis.

Nous sûmes plus tard qu'en entrant dans la capitale, nous courions le risque d'être pris dans les combats de rues qui éclatèrent en plusieurs endroits de la ville ce jour-là.

« Rentrerons-nous ? Rentrerons-nous ? »

Comme entraînés par le rythme de ces paroles,

1. *Entretiens*, XVIII, 7.

nous tournâmes le dos à la capitale de Chen et prîmes la route de celle de Wei.

Une grande surprise fut la dévastation que nous vîmes dans de nombreux villages parsemant la vaste plaine au sud du Fleuve Jaune.

Nous en traversâmes plusieurs vidés de tous leurs habitants. L'exode n'était pas provisoire : ces villages avaient été complètement abandonnés par la population. Sans doute y avait-il quelque facteur rendant la vie insoutenable dans la région, mais en l'absence de tout habitant il nous était impossible de nous en assurer.

Au début du onzième mois, alors que nous n'étions plus qu'à trois ou quatre jours de marche de la capitale de Wei, le Maître voulut s'arrêter dans un petit village au bord du Fleuve Jaune et y attendre Zigong qui avait pris du retard sur le reste du groupe. En attendant qu'il nous ait rejoints, le Maître, guidé par un vieillard du lieu, alla visiter l'ancien champ de bataille où s'affrontèrent jadis les États de Jin et de Chu.

« Rentrerons-nous ? Rentrerons-nous ? » pressait Zilu qui avait hâte d'arriver à la capitale de Wei, mais le Maître, prenant prétexte du retard de Zigong, ne voulut rien savoir. Il semblait éprouver un grand intérêt pour l'antique champ de bataille de cette région.

Nous accompagnâmes le Maître dans l'une de ses visites et nous nous tînmes sur un bout de ce champ de bataille, au bord du fleuve. La digue nous en dissimulait le cours, mais nous savions qu'au-delà s'allongeait l'immense ruban du Fleuve Jaune.

Après être restés quelques jours dans ce village, nous reprîmes la direction de la capitale de Wei que le Maître, Zilu, Zigong et Yanhui avaient quitté trois ou quatre ans auparavant. J'étais le seul à mettre pour la première fois le pied dans le pays de Wei, mais de toute façon j'étais désormais prêt à suivre le Maître partout où il irait.

La veille de notre entrée à la capitale de Wei, nous parcourions notre dernière étape à travers les champs qui s'étendent le long du Fleuve Jaune. Je songeai alors que cette année, l'an 6 du duc Ai de Lu, avait été d'une exceptionnelle longueur.

Voilà. Si vous le voulez bien, j'interromprai là aujourd'hui le récit de mes premiers contacts avec le Maître. Sans doute ai-je été maladroit et reste-t-il encore bien des points à éclaircir. J'essaierai d'y remédier à une autre occasion.

Mais laissez-moi, afin de conclure le long récit que je vous ai fait aujourd'hui, vous raconter encore ce dernier épisode.

Il ne s'agit de rien d'autre que de cet ancien champ de bataille au bord du Fleuve Jaune qui provoqua un tel intérêt chez le Maître, alors qu'il parvenait à la fin de sa longue errance de quatre ans à travers la Plaine du Milieu.

En réalité, plus de quarante années se sont écoulées depuis lors, mais j'ai connu récemment un homme qui étudiait l'histoire de l'État de Chu et il m'a raconté ce qu'avait été cette bataille décisive, où les deux États de Jin et de Chu avaient jeté toutes leurs forces et qui mit fin à la guerre.

Le site au bord du Fleuve Jaune où s'était rendu le Maître était le lieu où cent ans auparavant, en l'an 12 du règne du duc Xuan de Lu, le roi Zhuang de Chu détruisit la grande armée de Jin. La retraite des débris de l'armée de Jin dura toute la nuit et on dit que les eaux du Fleuve Jaune avaient pris une teinte rouge.

Cette nuit-là, dans le camp du vainqueur, un général soumit la proposition suivante au roi Zhuang :

« Ne conviendrait-il pas d'établir sur ce lieu une garnison et de réunir là tous les cadavres de l'armée de Jin afin de perpétuer le souvenir de notre exploit dans les générations à venir ? »

Le roi Zhuang répliqua :

« Le caractère " militaire " 武 signifie " arrêter 止 la lance " 戈 . Le guerrier que je suis n'estime pas avoir satisfait aux exigences de son code pour avoir seulement entassé des montagnes de cadavres, amis ou ennemis. »

Et le lendemain il sacrifia à la divinité du Fleuve Jaune souillée par le carnage et, se retirant du champ de bataille, il reprit la route de Chu, son pays.

A y repenser aujourd'hui, le Maître ne pouvait ignorer cette histoire au sujet du roi Zhuang et je ne puis m'empêcher de penser qu'il avait désiré nous la redire sur le site même de l'ancienne bataille. S'il choisit de n'en rien faire ce jour-là, aurait-ce été qu'il préférait nous laisser réfléchir et trouver ce qu'était ce site par nous-mêmes ?

Deuxième Partie

1

Soyez les bienvenus dans ces lointaines contrées ! Il y en a parmi vous que j'ai déjà vus ici, mais vous êtes nombreux, me semble-t-il, à venir pour la première fois. Comme vous voyez, c'est dans cet humble chalet de montagne que j'habite et j'y mène l'existence isolée d'un ermite. Aussi ne saurai-je vous y recevoir dignement. Veuillez m'en excuser par avance.

Tout ce que je vous dirai se rapporte pour l'essentiel à un passé fort lointain et je ne sais dans quelle mesure je pourrai satisfaire votre curiosité. Trente-trois ans se sont écoulés depuis le départ du Maître pour l'autre monde. Et puis qui suis-je ? Pas même un disciple du Maître, tout au plus un homme qui fut à son service. Sur beaucoup de points, je serai incapable de vous répondre. Là encore, veuillez en convenir dès l'abord.

La dernière fois, vous étiez venus au début de l'été. Depuis, l'automne est arrivé. C'est la meilleure saison de l'année, même dans ce village de montagne qui n'a pourtant pas grand-chose pour le recommander. Aujourd'hui, un grand vol d'oiseaux migrateurs d'une espèce qui m'est inconnue a survolé en direction de l'est la vallée qui s'étend à quelque distance d'ici.

Voilà trente ans que je suis installé dans ces montagnes. Les quatre ou cinq premières années, à l'arrivée de chaque automne, des nuées d'oiseaux migrateurs traversaient le ciel, mais elles ont disparu par la suite. Fallait-il que j'en aperçoive à nouveau aujourd'hui, pour la première fois depuis tant d'années !

Les journées d'automne sont courtes. Eh bien, comme la dernière fois, choisissez librement les questions que vous aimeriez voir traiter et je serai heureux de vous répondre.

Fort bien. Mais avant d'aborder ces matières, laissez-moi un peu de temps pour vous transmettre certaines informations qui me sont parvenues récemment à propos de Cai, mon pays natal. Je vous ai retracé la dernière fois l'histoire mouvementée de cet État et vous ai parlé du vide laissé par le départ de la plus grande partie de la population pour Zhoulai. Je vous ai aussi parlé de la nouvelle ville de Fuhan créée par Chu pour y installer les débris de la nation Cai. Il ne me reste donc qu'à vous raconter ce que j'ai appris récemment concernant les populations emmenées à Zhoulai.

Quand je dis récemment, cela s'est passé en fait une dizaine de jours tout au plus après votre première visite. Un groupe de marchands itinérants traversa le village, une vingtaine d'hommes avec, à leur tête, un négociant de Song. C'est à cette occasion que j'appris de ces hommes le sort final de Cai, mon pays natal.

« D'où viens-tu ? me demanda l'un d'eux.

– De Cai, répondis-je.

– L'État de Cai n'existe plus. Chu l'a anéanti l'automne dernier et il a disparu de la surface de la terre. »

Voilà. Je savais désormais à quoi m'en tenir. Je vis alors un homme se détacher du groupe. Il se trouvait à Zhoulai pendant les événements et avait assisté à la chute de Cai. Je ne parvins pas à deviner son origine exacte, mais il me dit que c'étaient ses parents qui s'étaient installés à Zhoulai et il s'adressa à moi dans la langue de Cai, qu'il parlait avec un accent.

« L'histoire de Cai après le transfert de la capitale à Zhoulai ne fut qu'une suite de malheurs et de désastres. En dépit de cela ils ont réussi à sauver les apparences pendant plus de quarante ans. Aussitôt après le transfert, le duc Zhao fut assassiné par un de ses ministres. Les ducs Cheng, Sheng, Yuan se succédèrent sur le trône; tous cependant souffraient d'une santé précaire et régnèrent peu longtemps. Ce fut enfin le tour du prince Qi, fils du duc Yuan, de monter sur le trône. Mais après quatre ans de règne, il fut attaqué par le roi Hui de Chu, le palais fut rasé, lui-même emmené en captivité. Cela s'est passé l'an dernier. »

Je pus entendre ce récit sans trop d'émotion. J'avais vingt-quatre ans lorsque l'État de Cai avait transféré sa capitale à Zhoulai, sur le territoire de Wu, la grande puissance du moment dont il espérait en échange obtenir la protection. Ce sacrifice immense s'était donc révélé inutile. Il n'avait pas empêché l'an dernier [1], soit quarante ans plus tard, la destruction complète de Cai par Chu, son ennemi de toujours.

Je n'avais jamais mis les pieds dans l'État de Cai qui s'était reconstitué à Zhoulai, et ne pouvais par conséquent me sentir directement concerné par sa destruction. La plupart des membres de ma famille s'y étaient cependant rendus. Quelle était désormais leur existence ?

Ah bon ? Vous étiez informés de la destruction de Cai ? Voilà qui est étonnant ! Est-il pire chose pour un homme que d'ignorer la perte de son propre pays ?

En tout cas, c'est ainsi : l'État de Cai a été rayé de la carte. Moi qui vous parle et qui y suis né, je ne suis plus que le citoyen d'un pays disparu, un débris de la nation Cai.

Les États disparaissent l'un après l'autre. L'État de Cao fut détruit par Song son voisin quand le Maître se trouvait encore à Wei, dans la dernière période de son exil et de sa mission d'enseignement. L'État de Chen, qui nous servit de refuge pendant quatre ans, fut annexé par Chu dans l'année même qui suivit la mort du Maître. En comparaison, Cai, mon pays natal, a su durer un peu plus longtemps.

L'État de Cai avait fini par transférer sa capitale à Zhoulai, parce qu'il entendait se placer sous la protection d'une grande puissance, Wu. Personne

1. En 447 avant J.-C. *(N.d.A.)*

ne pouvait alors, même en songe, envisager le déclin précipité de cette puissance tutélaire après la défaite qui lui fut infligée par Chu.

Si l'on prend en compte toutes ces données, on appréciera sans doute l'exploit accompli par Cai en se maintenant par ses propres forces pendant plus de vingt ans dans ce siècle troublé, après la défaite de son protecteur Wu, et l'on se persuadera alors que cet exploit tient à proprement parler du prodige.

En tout cas cet État de Cai où je suis né et qui, depuis sa fondation, ne comptait plus les incursions de Chu, son ennemi de toujours, finit par passer corps et biens sous la tutelle de celui-ci.

Les États disparaissent les uns après les autres. Sans doute le désir du Maître était-il de venir en aide aux peuples de Cao, Chen et Cai et de les délivrer des malheurs qu'entraînait pour eux la ruine de leurs États. Mais, en cet âge troublé, la tâche se révéla impossible.

Indépendamment même de la ruine ou de la survie des États, malheurs et malheureux abondent sur terre. Quand j'y pense aujourd'hui, je me dis que c'est avec le sentiment désespéré qu'il était de son devoir de porter secours ne serait-ce qu'à un seul de ces pauvres gens que le Maître entreprit son voyage dans la Plaine du Milieu.

Cependant, ce n'est pas une mince affaire que de remédier aux malheurs, de porter secours aux malheureux qui abondent sur cette terre. En dernier ressort, il n'est d'autre recours que la puissance d'un dirigeant, qu'il soit ami ou ennemi. C'est sans doute la conclusion à laquelle le Maître parvint peu avant d'entreprendre son voyage dans la Plaine du Milieu. Telle était du moins l'hypothèse que se hasardaient à formuler à ce sujet ses disciples Zilu, Zigong et Yanhui.

Je crois l'avoir mentionné au passage lors de notre entretien précédent, le Maître fit deux séjours de trois à quatre ans chacun dans la capitale de l'État de Wei. Lors du premier séjour, il avait souhaité rencontrer l'homme fort de Jin, et avait dans cette intention fait le chemin jusqu'à l'embarcadère sur le Fleuve Jaune. Là, il apprit le retournement politique survenu à Jin et il renonça à son voyage. Mais le même projet de rencontrer un dirigeant influent se retrouve à l'origine de ce qu'on appelle le voyage de Chen et de Cai.

En fin de compte, si le Maître séjourna pendant quatre ans à la capitale de Chen et s'il n'hésita pas à accomplir le long voyage de Fuhan, ce fut dans le but de rencontrer le roi Zhao de Chu. Hélas, la mort du roi devait faire échouer cette entreprise. C'est à cette époque que je fis la rencontre du Maître. Dès lors je m'attachai à lui pour le reste de ma vie que je consacrai tout entière à son service.

Mais, si vous le voulez bien, en voilà assez sur Cai, mon pays natal. Vous avez maintenant la parole.

Vous avez posé beaucoup de questions. En voici quatre, qui l'ont été à l'instant par quatre d'entre vous :

« Qu'est-ce qui faisait le charme de la personnalité de Confucius ? »

« Qu'en est-il du " Ciel " ? »

« Ai-je moi-même entendu le Maître prononcer l'expression " volonté céleste " ? »

« Qu'en est-il de mon nom ? »

Les trois premières concernent Confucius, mon Maître, et il faudra d'abord réfléchir à l'ordre dans lequel nous devrons les traiter. La dernière, elle, porte sur mon nom et je crois qu'il est de mon devoir d'y répondre. Aussi vous demanderai-je la permission de commencer par celle-ci.

Mon nom usuel est *Yanjiang*, ce qui signifie « Vieux Gingembre », « Gingembre desséché ». On ne peut pas dire que ce soit un nom particulièrement distingué.

Je n'éprouve pourtant aucun déplaisir ni aucune gêne à me faire appeler ainsi. Bien entendu, je possède un autre nom mais quand, jeune homme, je fus amené à accompagner le Maître dans son voyage dans la Plaine du Milieu, chacun eut vite pris l'habitude de m'appeler ainsi. Je ne fus pas sans éprouver un peu de dépit dans les premiers temps, mais je m'y habituai à la longue et finis par m'en accommoder au point de perdre l'usage du nom que m'ont donné mes parents. Peut-être est-ce là le trait d'un homme né pour perdre sa patrie, de cette épave que je suis, détaché d'un débris de nation.

Après le voyage à Chen et à Cai, je servis le Maître pendant quatre ans dans la capitale de Wei, puis nous nous installâmes dans la capitale de Lu, la patrie du Maître. Partout je passais sous le nom de Yanjiang. Il en va de même depuis que j'habite ces montagnes : les villageois ne m'appellent pas autrement.

Qui m'a donné ce nom ? me demandez-vous. C'est ce que je voudrais savoir plus que quiconque d'entre vous. Qui, en effet ?

Je vous ai parlé la dernière fois des deux hommes à l'allure de solitaires que nous avons rencontrés sur les rives du Huai en train de travailler dans les champs. On leur attribua aussitôt des surnoms ; à l'un *Jieni,* à l'autre *Changju. Jieni* signifie « Noyé et mis en croix », *Changju,* « Dégingandé et maculé de boue ». Surnoms plutôt cinglants et bien ajustés.

Au cours du même voyage, nous passâmes une nuit dans un bourg nommé Xi, au bord d'un affluent du Huai. C'est là que nous fîmes la rencontre de ce railleur, qui s'approcha du bâtiment où logeait le Maître et lui cria : « O phénix ! Phénix ! D'où vient que ta vertu est tant diminuée ? » Celui-là fut *Jieyu,* « porteur de chaise ». C'était là encore un surnom bien trouvé, puisque l'homme s'était effectivement approché du côté où étaient rangées les chaises.

Qui inventait ces surnoms ? En fait, ils apparaissaient spontanément peu de temps après l'incident et entraient tout naturellement dans l'usage commun, sans qu'on sût d'où ils venaient.

Jieni, Changju, Jieyu, tous ces surnoms apparaissent dans les documents que vous avez rassemblés ? Voilà qui est stupéfiant !

Ce serait donc à vous de me renseigner sur

l'auteur de ces appellations! Zilu, Zigong, Yanhui sont chacun de probables candidats. Mais peut-être convient-il d'ajouter le nom du Maître à cette liste? Il me semble qu'il y avait quelque chose en lui qui le poussait à ce genre de plaisanteries.

Encore un candidat, dites-vous? Moi? Vous n'y pensez pas! Il faudrait que je sois aussi l'inventeur de mon propre surnom, Vieux Gingembre! Ce serait un développement inattendu!

Mais brisons là, si vous voulez bien. Je ne vois pas d'inconvénient à ce qu'on laisse cette question à la sagacité de la nouvelle génération de spécialistes des études relatives à Confucius, notre Maître.

Restent donc trois questions. Je réserve pour la fin celles qui touchent à la « volonté du Ciel » et j'évoquerai pour commencer ce que vous appelez le charme de l'homme Confucius, en m'efforçant de rester au plus près de la réalité. A propos, c'est la première fois que je suis amené à traiter ce sujet et je ne suis pas sûr que Vieux Gingembre s'en tire sans commettre quelque bévue.

Lors de notre première rencontre, l'un de vous m'avait signalé que les paroles suivantes figuraient dans votre recueil. « *De tous ceux qui m'accompagnaient à Chen et à Cai, pas un n'a obtenu de promotion.* » C'est-à-dire : aucun de ceux qui partagèrent avec moi les dangers du voyage à Chen et à Cai n'était destiné à faire carrière. Depuis ce voyage, quarante-trois ou quarante-quatre ans se sont écoulés, un espace à peine concevable. Le Maître avait alors soixante-trois ans, j'en avais vingt-huit, Zilu cinquante-quatre, Zigong trente-deux, Yanhui trente-trois.

Nous étions tous jeunes. Pourtant, quand je songe à ce lointain passé, je ne puis m'empêcher de penser que le Maître l'était plus que nous tous.

Autour de ce Maître qui donnait l'impression d'être le plus jeune et le plus vivant de nous tous, et entraînés par lui, nous partageâmes pendant près de quatre ans un logement commun à la capitale de Chen puis, l'ombre de la guerre se rapprochant, nous partîmes de là emmenant notre académie itinérante à travers les landes de Chen et de Cai. Ce sont, je crois, les termes les plus appropriés pour décrire l'expérience que nous avons vécue.

Lorsque à la fin de sa vie, il voyait partir et débuter dans le monde tant de disciples de son académie de la capitale de Lu, le Maître, toujours si bon, devait penser avec tristesse à Zilu et Yanhui, ses disciples morts avant lui, à qui il n'avait donné que de la peine sans rien faire pour leur avancement dans la société. C'était là un trait de l'incomparable bonté du Maître.

Avec le recul, je me dis qu'au cours de notre séjour à la capitale de Chen, comme au cours du voyage à travers les landes de Chen et de Cai jusqu'à Fuhan, Zilu, Zigong, Yanhui et moi-même, qui avais fini par être admis dans cette compagnie, disposions du Maître pour nous seuls. Jamais aucune académie itinérante ne fut aussi somptueusement pourvue.

« *Si tu apprends le matin que la Voie est pratiquée, tu peux mourir le soir même*[1]. »

C'était la conviction profonde du Maître. S'il apprenait un beau matin la naissance d'une société idéale où régnerait la vertu, il était prêt à mourir le soir même. Aucun des disciples entourant le Maître ne mettait en doute cette résolution. Qui plus est, chacun de nous était disposé à suivre le Maître et à mourir à tout moment lui aussi, pourvu qu'une telle société vînt à voir le jour.

Quand on y pense aujourd'hui, force est d'admettre que nous formions un groupe bien singulier. Mais sur le moment nous n'avions pas conscience de cette singularité. Nous avions le Maître avec nous et sa présence avait la propriété de mettre parfaitement à l'aise tous ceux qui l'approchaient.

Une pareille faculté suppose une grande jeunesse du corps et de l'esprit. A soixante-trois ans, le Maître réagissait avec une extrême acuité au bien comme au mal, à la joie comme à la tristesse. Quant à nous, les disciples qui l'entourions, on pourrait dire que notre sensibilité était soumise à un exercice de tous les instants.

Je crois vous avoir déjà rapporté, la dernière fois, les paroles par lesquelles le Maître a décrit cet aspect de sa personnalité : « *S'emportant, il en oublie de manger. Dans sa joie, il en oublie les malheurs. Il ignore les progrès de l'âge.* »

Le Maître les prononça le jour même où, au terme d'un long et pénible voyage que nous avions

1. *Entretiens*, IV, 8.

accompli avec lui, nous atteignîmes enfin la ville de Fuhan, par une nuit étoilée que la grandeur de ces propos devait nous rendre à jamais mémorable.

En quoi pouvait donc consister le charme qui émanait de la personne du Maître ? Quelle particularité de son caractère me paraissait la plus remarquable ? On m'a déjà souvent posé ces questions. Chaque fois que cela se produit, Vieux Gingembre a le sentiment de se tenir au bord d'un précipice, tant il est embarrassé de sa réponse. C'est que je suis incapable d'en fournir une de nature à convaincre et à satisfaire mes nombreux interlocuteurs.

Je suis persuadé qu'il n'est pas un seul parmi vous ici présents qui n'en sache probablement bien plus que moi sur Confucius, notre Maître.

Laissez-moi pourtant vous exposer tranquillement mes vues personnelles. Vous voudrez bien ensuite corriger les points erronés, et poser d'autres questions au cas où mes explications seraient insuffisantes.

Je vais donc vous parler de Confucius, notre Maître. Pour moi, tel que je le ressentais, le charme émanant de sa personne tenait à son amour pour les hommes, sa passion pour la justice, sa volonté obstinée de réduire, ne serait-ce que d'une unité, le nombre des malheureux.

Il y avait aussi ce souci, étendard constamment brandi, pourrait-on dire, par le groupe qu'il avait constitué autour de lui, de former des gens qui œuvreraient de tout leur cœur à la construction d'une société où les hommes pourraient se féliciter d'être venus au monde.

Oui, quand on y pense aujourd'hui, les disciples de Confucius étaient en vérité somptueusement pourvus et l'académie itinérante qu'ils constituaient était vraiment du plus haut niveau. Pendant les quatorze ans que dura l'exil du Maître, on y continua au milieu des tribulations à débattre de l'humanité et des rites, et je doute qu'il y ait jamais eu errance plus somptueuse.

Il suffisait, semble-t-il, à un dirigeant ou à un responsable politique de s'asseoir en face du Maître pour se sentir aussitôt sur la défensive. Le Maître faisait preuve ici d'une habileté souveraine, mais il n'avait guère besoin de se forcer pour y parvenir.

Je me rappelle ce qu'avait coutume de dire Yanhui au sujet du Maître. Il avait composé pour lui une sorte de panégyrique, bien à sa manière, des paroles d'une grande pénétration de cœur et d'esprit qu'aucun autre que lui n'aurait pu prononcer. Les voici dans la version de Vieux Gingembre :

« Plus je lève la tête et plus il me paraît élevé. Je me jette à corps perdu contre lui mais, plus j'attaque, plus il résiste, et je ne trouve aucune faille par où introduire le fer. Je le croyais devant, le voilà qui me surprend par-derrière. Mes semblables, le Maître les guide avec bienveillance et douceur. Il leur donne une culture étendue, leur faire lire les écrivains et les historiens du passé. Il affermit leurs connaissances et les leur fait assimiler par la pratique des rites. Je voudrais m'arrêter, mais je ne le puis. J'épuise toutes mes ressources, je suis vidé, à bout; le Maître n'a pas changé, il n'a pas quitté les hauteurs où il se tient. J'aspire à le rejoindre, mais j'ignore le moyen de l'approcher [1]. »

On voit, dans ces mots, me semble-t-il, toute la vénération que Yanhui portait au Maître. Il mourut pourtant à l'âge de quarante et un ans, trois ans après la fin du voyage dans la Plaine du Milieu et le retour du Maître à Lu. Cet homme de génie d'une probité rare mourut jeune et pauvre.

«Ah! Le Ciel m'a anéanti! Le Ciel m'a anéanti [2]! »

On connaît bien, je crois, ces mots prononcés par le Maître à la mort de Yanhui. Dans ces paroles violentes s'exprime toute la douleur ressentie par le Maître à cette occasion. Je les trouve précieuses, car elles nous révèlent l'espèce de trouble intérieur et extérieur qui s'empara alors du Maître.

Je me rappelle à ce propos une entrevue que j'eus, il y a des années, à la capitale de Lu avec un jeune homme effectuant des recherches sur le Maître. Ces paroles, disait-il, n'étaient pas de lui. Le Maître ne pouvait pas avoir utilisé une expression aussi véhémente que « *le Ciel m'a anéanti* » à cause d'un simple disciple, fût-il son disciple favori, soutenait le jeune homme avec la plus grande véhémence.

L'exclamation : « *Le Ciel m'a anéanti!* » trahit, il est vrai, un sentiment dont on ne saurait gommer l'âpreté. Il en est sans doute parmi vous qui seront de l'avis de mon jeune homme.

Quant à moi, Vieux Gingembre, il me semble

1. *Entretiens*, IX, 11.
2. *Entretiens*, XI, 9.

retrouver la véritable personne du Maître dans ces paroles violentes et qui disent le désarroi.

Je ne sache pas que le Maître ait usé de la même formule à la mort de quiconque, pas même à celle de Zilu ni d'aucun de ses disciples préférés. Ce furent là ses paroles d'adieu pour le seul Yanhui, car elles seules pouvaient rendre ce qui se passait alors au fond de son cœur.

Je voudrais par la suite entendre vos opinions sur ce point. Il nous faudra de toute façon y revenir lorsque nous aborderons le problème du « Ciel » et de la « volonté céleste » dont nous avons remis la discussion à plus tard.

Je compte alors sur vous tous qui avez formé l'entreprise de recenser les paroles du Maître pour dire très franchement votre avis.

Tandis que je vous parle, je ne puis m'empêcher d'être frappé par l'idée que les dernières années du Maître, les quelque cinq ans qu'il passa à la capitale de Lu après son retour d'exil, furent sans doute la période la plus solitaire de toute sa vie.

Le Maître avait soixante-huit ans en l'an 1 du duc Ai de Lu [1], quand il quitta le pays de Wei et vint s'installer à la capitale de Lu, treize ou quatorze ans après l'avoir quittée.

A peine son existence dans cette ville, dont il était resté si longtemps absent, se fut-elle organisée autour des activités de l'académie qu'il y fonda, qu'une suite de malheurs s'abattit sur lui : son fils

1. 484 avant J.-C. *(N.d.A.)*

Li (Boyu), sur lequel il reportait toutes ses espérances, meurt; deux ans plus tard meurt Yanhui, suivi un an après par Zilu. La mort du Maître lui-même, un an après celle de Zilu, semble venir mettre un terme à cette période infortunée.

Il est, je pense, inutile de redire que l'œuvre accomplie par le Maître trouve son couronnement dans l'académie qu'il fonda à son retour à Lu, après les quelque quatorze années que durèrent son exil et sa mission d'enseignement. On affirme et à bon droit, je crois, que tous les plus brillants fonctionnaires et savants qui devaient accéder aux responsabilités à la génération suivante sortirent de cet établissement.

Mais, si l'on change de point de vue et qu'on prenne du recul, on pourra dire que cette œuvre immense, que rien ne viendra jamais effacer, prit sa source dans ce qui fut la période la plus désolée, la plus solitaire de la vie du Maître. Qu'en d'autres termes, ce qui le soutint tout au long de cette époque fut la mort de son fils Boyu, celle de son disciple bien-aimé Yanhui, puis celle de Zilu, qui se succédèrent l'une à la suite de l'autre.

Mais je laisse à une autre occasion l'évocation de l'œuvre accomplie par le Maître dans la capitale de Lu, tout comme celle de ces dernières années, assombries par une suite de malheurs. N'est-il pas au demeurant préférable d'examiner ces tristes événements au moment où nous aborderons le thème de la « volonté céleste » ?

C'est pourquoi je me limiterai maintenant à évoquer la mort de Zilu, et j'en profiterai pour réfléchir aux rapports de ce dernier avec le Maître. J'ai parlé tout à l'heure de ce cri de détresse : «*Ah! Le Ciel m'a anéanti!*» lâché par le Maître à la mort de Yanhui. Pouvait-il ne rien dire à la mort de son disciple bien-aimé Zilu ?

En réalité, le Maître avait prédit la fin de Zilu. Et il s'agit, à mon sens, d'une marque de la grande affection qu'il nourrissait pour le plus ancien de ses disciples, une marque dont il y a peu d'exemples et pour le moins équivalente à l'exclamation « le Ciel m'a anéanti » par laquelle il avait salué la mort de Yanhui.

A la mort de Yanhui, Zilu se trouvait dans l'État de Wei. Il exerçait les fonctions de préfet dans un modeste village situé dans le fief du ministre Kongli. Il était en quelque sorte le chef de ce village. Cette fonction allait à merveille à son caractère insouciant et je suis persuadé qu'il y coulait des jours heureux.

Cependant Kongli, le suzerain de Zilu, fut entraîné dans les troubles civils qui déchiraient alors l'État de Wei. Il se fit ravir son château par Kuaikui, un dirigeant exilé de la capitale qui l'enferma dans une pièce de sa propre demeure. Quand Zilu apprit ce qui s'était passé, il se mit en route pour délivrer Kongli. Son entourage tenta vainement de le retenir.

« Le salarié ne doit pas fuir, dit-on, les périls attachés à son poste. Je suis pensionné par Kongli. Quand Kongli est dans le malheur, je ne puis faire autrement que de me porter à son secours. »

Il fit ouvrir le portail déjà clos du château et engagea des pourparlers avec les envahisseurs, à l'issue desquels il tira l'épée et fit face aux soldats qui l'assaillaient de toute part.

« Attendez! fit-il. Même quand il meurt, un honnête homme ne retire pas sa coiffure. »

Et il renoua le cordon de sa toque, avant de s'écrouler sous les coups de sabre de l'adversaire. Ce fut une fin magnifique, digne de lui.

Avant même d'apprendre la mort de Zilu, le Maître avait eu vent des troubles qui avaient éclaté dans Wei. Aussitôt ses pensées allèrent vers ses deux disciples qui s'y trouvaient. Le premier était Zilu, le second, Zigao, qui à l'instar de Zilu servait comme préfet dans un village du fief de Kongli. On rapporte les paroles suivantes prononcées par le Maître à cette occasion :

« *Chai (Zigao) va revenir; You (Zilu) va mourir*[1]. »

La prédiction du Maître devait se réaliser. Zigao revint sain et sauf sans même passer par le château de Kongli.

Terrible parole! Elle n'a pu être dite que par un homme qui n'ignorait rien de la personnalité de Zilu. En cet instant où je vous les rapporte, elles me font sentir toute l'étendue du chagrin que le Maître devait ressentir en les prononçant.

J'imagine aussi la joie que Zilu, mort frappé au moment où il renouait le cordon de sa toque, dut éprouver sous terre quand il entendit le Maître. « Voir cela, dit le dicton, et fermer les yeux. » Je suis sûr que Zilu ferma les yeux en pensant qu'il n'avait pas offert en vain son existence à un Maître qui le connaissait si bien.

1. Cet épisode est rapporté dans ses *Biographies* par l'historien Si ma qien.

On me demande quel est le souvenir le plus marquant que je conserve des longues années passées au service du Maître ? Voilà encore une question décidément délicate.

Après Yanhui, moururent Zilu, puis le Maître. Ces trois pertes, les plus douloureuses que j'ai faites, se sont succédé en l'espace de trois ans. Trois années qui furent pour moi une période difficile.

Me voilà seul, désormais ! Ces mots résument parfaitement ce que je ressentis le jour où furent célébrées les funérailles du Maître.

Il ne me reste plus, me disais-je en parcourant les rues de la capitale, puis les champs des villages environnants, qu'à m'installer auprès de sa tombe et à prendre le deuil.

Je m'aperçus soudain que la nuit allait tomber. Le soleil couchant rougissait la plaine. Je me remis à marcher au hasard sans me préoccuper de savoir où j'allais. J'entrais dans un village, j'en ressortais et m'avançais à nouveau au milieu de la plaine. Je marchais sans but. J'étais seul.

Quand je revins à nouveau à moi, les alentours étaient presque entièrement sombres ; j'étais assis sur la digue d'une assez large rivière.

Le Maître avait dit un jour : « *Ah ! S'écouler ainsi ! Jour et nuit, sans qu'il y ait de cesse*[1]. »

Ces mots, je ne les avais pas entendus directement de sa bouche, mais je les avais appris de celles de Zilu, Zigong, ainsi que Yanhui. Ils devaient

1. *Entretiens*, X, 17.

parler au cœur de chacun, car il n'y avait guère de disciple qui ne les sût par cœur.

Je ne sais si le Maître les a prononcés pendant son errance à travers Chen et Cai ou si ce fut plutôt lors de son séjour à Wei. Mais ils expriment une de ces fortes émotions comme le Maître savait en éprouver, qui l'envahit tandis qu'il se tenait près d'un fleuve au cours puissant.

Pendant le seul voyage à travers Chen et Cai, le Maître avait rencontré sur sa route plusieurs grands fleuves célèbres : le Fleuve Jaune d'abord, mais aussi le Ying, le Ru, le Zhun et bien d'autres. C'est au bord de l'un de ces grands fleuves qu'il a dû éprouver l'émotion exprimée par les mots : «*Ah! S'écouler ainsi!* »

Le jour où furent célébrées les funérailles du Maître, je marchai comme un somnambule, sans savoir où j'allais, et je me retrouvai assis sur la digue, non pas certes d'un grand fleuve, mais d'une rivière assez large, dont on apercevait le cours sur une longue distance. Je compris plus tard qu'il s'agissait du cours supérieur du fleuve Si qui traverse les faubourgs du nord de la capitale de Lu, offrant des perspectives particulièrement étendues.

Perdu dans mes pensées, je restai à contempler le cours de la rivière et, toujours rêvant, je me rappelai ces magnifiques paroles du Maître. «*Ah! S'écouler ainsi! Jour et nuit, sans qu'il y ait de cesse.* » C'est alors que je pris la décision de continuer à vivre, mais à ma propre façon, en évitant la souillure et en usant de mes propres bras et de mes propres jambes.

Quand j'y pense maintenant, j'avais connu alors

en très peu de temps la séparation avec tous ceux que je considérais respectivement comme mon père et mes frères aînés. J'avais été séparé de Yanhui, j'avais été séparé de Zilu, et pour finir, je venais d'être séparé de Confucius, mon Maître.

Enfant, j'avais été séparé de mon père et de ma mère; puis, lors du déplacement de la capitale à Zhoulai, de nombreux membres de ma famille. Dès mon plus jeune âge, j'ai été habitué aux séparations, mais celles, répétées et immenses, pourrais-je dire, qui m'avaient frappé à la capitale de l'État de Lu me laissaient le corps et le cœur brisé. *«Ah! S'écouler ainsi!»* Ces paroles du Maître me permirent ce jour-là, à ce moment de mon existence, de me reprendre; elles me redonnèrent des forces, elles m'insufflèrent le courage nécessaire pour continuer à marcher d'un pas ferme sur la route de la vie.

Aussi bien Yanhui que Zilu, mais aussi Zigong et les nombreux disciples du Maître dont je fis la connaissance à la capitale de l'État de Wei les interprétaient sans doute chacun à sa façon. Tous s'accordaient cependant pour y lire une lamentation sur la vie de l'homme.

Ce jour-là, je découvris en elles quelque chose de tout à fait différent. En un mot, j'y trouvai la force de vivre.

J'avais l'intention d'interroger chacun d'entre vous sur ce que vous pensez de ces paroles du Maître avant de vous faire part de ma propre interprétation mais, puisque j'ai déjà abordé ce sujet, je vous dirai maintenant en quelques mots le fond de ma pensée.

Le cours de la vie humaine est semblable à celui d'un fleuve. Heure après heure, instant après instant, celui-ci ne cesse de couler et de s'écouler. Tout au long de son trajet, il traverse les paysages les plus variés. Mais ne se jette-t-il pas, en fin de compte, dans l'immensité de la mer ?

Il en va de même de la vie humaine. La succession des générations, des parents aux enfants et aux petits-enfants, est, elle aussi, semblable au cours d'un fleuve. Surviennent des périodes de troubles, les catastrophes naturelles font parfois des ravages. Mais ainsi que le cours d'un fleuve, le cours de la vie, grossi par l'apport des affluents qui se jettent en lui, s'élargit toujours et tend invariablement vers l'immensité de la mer.

Ce jour-là, assis sur la digue, je retournai en tous sens ces paroles du Maître et finis par me lever dans la disposition d'esprit la plus sereine.

Mon interprétation de l'émotion éprouvée par le Maître au bord d'un grand fleuve était, de toutes celles que j'avais entendues, celle qui lui accordait le plus d'optimisme et de ressort.

Ah, me dis-je, si Yanhui était là ! si Zilu était là ! Et surtout si Confucius, mon Maître était là !

De même que le cours d'un fleuve aspire à l'immensité de la mer, de même le cours de la vie humaine, celui de l'humanité entière tendent vers l'immensité marine, aspirent à la réalisation d'une grande société.

Je compte revenir plus tard sur ces questions. Sans doute aurez-vous plus d'une objection à mon interprétation qui vous paraîtra arbitraire. Je tiens beaucoup à les entendre.

Maintenant, veuillez me laisser quelques intants de repos afin que je puisse préparer mes réponses aux questions suivantes, celles portant sur le « Ciel » et la « volonté céleste ».

N'est-ce pas un vol d'oiseaux qui vient de faire entendre ces battements d'aile ? Des oiseaux migrateurs peut-être ? Quand on mène un genre de vie comme le mien, on acquiert tout naturellement une sensibilité aiguë aux battements d'aile des oiseaux, aux cris des insectes.

2

Excusez-moi.

« Ah ! S'écouler ainsi ! Jour et nuit, sans qu'il y ait de cesse. »

Avant la pause, j'évoquai ces paroles du Maître, sans pourtant, il me semble, vous avoir entièrement convaincus par mes propos. Permettez-moi donc de revenir sur ce sujet et pardonnez-moi si je n'évite pas entièrement les répétitions.

Quel sentiment s'exprimait donc dans ces mots du Maître : *« Ah ! S'écouler ainsi » ?*

Eh bien, réfléchissons.

Le Maître semble avoir assigné une grande mission à ses disciples et il avait peut-être l'intention de leur en parler un jour. C'est alors qu'il fut inopinément précédé dans la mort par Yanhui et Zilu. Lui-même devait mourir peu après, comme s'il s'était hâté de les rejoindre dans la tombe.

N'avait-il pas cependant prononcé avant de mourir un certain nombre de paroles semblables à celles-ci, qui exigent de nous un effort d'imagination si nous voulons deviner sa disposition d'esprit au moment où il les prononçait ? Ce sont de ces paroles que chacun peut aborder à sa façon, qui appellent des débats animés où chacun puisse faire part des réflexions personnelles qu'elles suscitent en lui.

Pour cette raison, quand Zilu et les autres disciples prenaient ces paroles du Maître *«Ah! S'écouler ainsi!»* pour thème de leur discussion, on les sentait généralement mal à l'aise, soucieux de ne pas prononcer une incongruité et souvent le débat s'étiolait.

Lorsque furent terminées les cérémonies funéraires en l'honneur du Maître, je passai jeter un coup d'œil à l'ermitage où j'avais décidé de m'enfermer le soir même, puis j'en ressortis immédiatement et me mis à marcher tel un somnambule, sans savoir où j'allais.

Je vous ai raconté à l'instant comment je sortis de la capitale et me retrouvai dans les faubourgs, comment j'errai dans les champs, traversai des villages et comment je parvins sur les berges d'une rivière qui coulait à travers la plaine, baignée de la lumière du crépuscule. Mais c'est seulement après coup que je pris garde à tous ces détails.

A vrai dire, j'étais bien conscient d'être sorti de la ville, mais je ne me souviens presque pas du reste, sinon d'avoir marché au milieu d'une plaine rougie par les rayons du soleil couchant. Quand je repris mes esprits, je me retrouvai je ne savais où, assis au bord d'une grande rivière, sur une longue digue qu'allait gagner la pénombre.

Et tandis que je contemplais le cours de ce fleuve qui allait se perdre à l'horizon, les paroles du Maître : *«Ah! S'écouler ainsi!»* me revinrent spontanément à l'esprit et je passai un long moment à les méditer, sans vraiment me rendre compte de mes pensées.

«Ah! S'écouler ainsi! Jour et nuit, sans qu'il y ait de cesse.»

Sans y prendre garde, j'avais pénétré dans la disposition d'esprit qui devait être celle du Maître au moment où il avait prononcé ces mots. Cette rivière était l'image de tout ce qui avait pour destinée de passer. Jour et nuit elle coulait sans connaître de cesse. La vie d'un homme, l'espace d'une époque, l'histoire humaine passaient encore et toujours, passaient et passaient sans jamais s'arrêter.

Une indicible mélancolie se dégageait du spectacle de ce flux incessant. Pourtant, la rivière qui coulait et coulait toujours, n'allait-elle pas en direction de l'océan ? De même, le cours de l'histoire, cette histoire que faisaient les hommes, conduirait-il un jour à la société pacifique dont l'homme rêvait de toute antiquité. Comment en serait-il autrement ?

Voilà, pouvait-on penser, le sentiment qui était à l'origine de ces mots : *«Ah! S'écouler ainsi!»* Et je restai plongé dans mes méditations au sujet du Maître.

Bon, me dis-je à la fin, je suivrai la voie tracée par le Maître, mais ce sera à ma façon.

Et je décidai de m'engager à mon tour, mais à mon rythme à moi, dans la voie qu'il avait suivie, qu'avaient suivie Yanhui et Zilu, que devait toujours suivre Zigong.

Avec cette pensée, je me relevai et je me tins debout sur la digue. La pénombre s'épaississait au-dessus de moi et enveloppait entièrement la vaste plaine.

Je ne répondrais jamais à l'attente du Maître. Contrairement aux disciples de premier plan, à Zilu, Zigong et Yanhui, doués chacun d'une forte personnalité, je n'étais, moi, qu'un homme ordinaire. Vieux Gingembre, le bien-nommé, rien de plus. Mais une existence qui aurait mérité les paroles protectrices et empreintes de bonté du Maître : « Pour toi, c'est bien ainsi », une existence pareille était à ma portée. Me réfugier dans les montagnes, cultiver un lopin de terre et vivre à l'écart de la souillure : voilà ce qui me restait à faire. S'il ne s'agissait que de secourir et réconforter les malheureux qui tomberaient sur mon chemin, de donner des conseils à de faméliques réfugiés que je rencontrerais, je croyais en être capable.

En ce jour, en cette heure, j'arrêtai la manière dont j'allais vivre en ce siècle troublé, lorsque je m'y retrouverais dans la plus absolue solitude, à la fin des trois années de deuil auprès de la tombe du Maître, qui commenceraient le soir même.

En tout cas, les mots : *« Ah ! S'écouler ainsi ! »* furent, quelque temps après la mort du Maître, considérés par de nombreux disciples et étudiants de son académie comme représentatifs de sa pensée et de son enseignement sur l'homme et l'on exagérerait à peine en disant que cette façon de voir a marqué toute une époque. C'est en tout cas ainsi que les choses apparaissaient à l'observateur que j'étais. La période en question correspond, je crois, aux deux années suivant le deuil de trois ans que je respectai après la mort du Maître. Cette phrase avait, pour je ne sais quelle raison, attiré l'attention sur elle et on s'y intéressait beaucoup.

Je questionnai alors toutes sortes de gens à son sujet, mais l'interprétation dominante y voyait en quelque sorte la déploration par le Maître de sa propre décrépitude, un constat désolé de l'impuissance qui aurait finalement été la sienne.

L'intérêt si vif porté à ces paroles était sans doute dû à la conviction qu'elles nous révélaient l'intimité même de l'homme Confucius :

« On y voit exprimées toute la déréliction, toute la tristesse du Maître. » Quand j'entends de tels propos, je crois voir devant moi le visage du Maître exprimant le plus grand embarras.

Non sans doute que cette interprétation soit à exclure. Une marge suffisante a été laissée par le Maître pour faire entrer dans ces paroles les intentions les plus diverses.

Je ne saurais dire si le Maître l'a fait exprès, mais pour peu qu'on envisage ces mots de points de vue différents, on peut y voir tour à tour aussi bien une lamentation sur la vie humaine qu'une pressante exhortation. Ou encore comme un long rouleau peint représentant un cours d'eau magnifique qui coule toujours et sans cesse, sans jamais s'épuiser.

Il y a quelques années, vingt-sept ou vingt-huit ans après le départ du Maître dans l'autre monde, je rencontrai un groupe de gens qui voyaient dans ces mots un sévère avertissement. La vie de l'homme est brève. Elle passe en un instant. En cela elle est semblable au courant d'un fleuve. Dans le bref espace de leur existence, les hommes doivent apprendre, s'exercer, peiner, se perfectionner sans un seul instant de relâche. Tous les membres de ce groupe étaient persuadés que c'était la seule interprétation possible.

Il s'agit sans nul doute d'une grande parole. Comme la mer, elle comprend tout, absorbe tout. On peut y voir une lamentation du Maître sur sa propre existence et une expression de sa tristesse ou la comprendre comme une évocation de la solitude qui est au fond de toute condition humaine. Il n'est pas non plus impossible d'y lire un sévère avertissement. Quelque usage qu'on en fasse, elle s'y prête sans difficulté et le Maître lui-même n'y aurait, je crois, rien trouvé à redire.

Voilà, sans suite ni raison, ce que je pense de cette parole du Maître.

Tandis que je vous parle, je me souviens avec nostalgie des débats que Zilu, Zigong et Yanhui eurent à son sujet du vivant du Maître.

J'écoutais avec admiration leurs propos si pleins de charme, si accessibles, même à un homme aussi ignorant que moi. N'aurais-je pas dû alors me demander au moins quel était le nom du fleuve auprès duquel le Maître avait ressenti cette émotion ? Il fallait bien sûr interroger Zilu ou Yanhui et m'assurer de cette information. Voilà bien le caractère de Vieux Gingembre et son manque de décision !

Il n'est plus possible désormais de savoir sur les berges de quel fleuve de la Plaine du Milieu se tenait le Maître lorsqu'il prononça ces mots. Certains disent sans hésiter que c'est le Fleuve Jaune. Il n'est pas impossible que ce soit le Fleuve Jaune, mais pas nécessairement. Je plaiderais bien pour le Ru, le grand fleuve de Cai, mon pays natal désormais détruit, mais rien ne m'y autorise non plus. A la fin de son fameux voyage à travers Chen et Cai, le Maître mit plusieurs jours pour remonter le cours du Ru, mais plus que l'émotion à la vue d'un grand fleuve, c'est la désolation d'un pays dont il traversait l'un après l'autre les villages abandonnés qui l'avait sans doute frappé à cette occasion.

Cela faisait très longtemps que je n'avais pas eu l'occasion d'évoquer à loisir ces magnifiques paroles du Maître :

« Ah ! S'écouler ainsi ! Jour et nuit, sans qu'il y ait de cesse. »

Il me suffit de les réciter à haute voix, comme je le fais maintenant, pour que j'en sente dans mon cœur toute la grandeur et que j'entende toute la clarté du son qu'elles rendent : la grandeur et la clarté du cœur même du Maître. La grandeur d'âme et la personnalité lumineuse du Maître, confiant dans l'homme, confiant dans l'histoire que faisaient les hommes.

Et quand j'entends dire qu'il y entre une part de lamentation, un sentiment de détresse du Maître face à sa propre vieillesse, je crois voir le sourire malicieux avec lequel il aurait certainement accueilli de semblables propos : « Ah bon ? Eh bien, pourquoi pas ? »

Trente-quatre ans, une éternité, se sont écoulés depuis le jour des obsèques du Maître. Dans cette retraite de montagne, grâce à ces magnifiques paroles du Maître : *« Ah ! S'écouler ainsi ! »*, je crois parfois me tenir sur les berges d'un grand fleuve qui ne cesse de couler toujours et sans cesse et d'aller se perdre dans le lointain.

Je me dis alors avec force que la pensée du Maître, celle de Zilu, Zigong, Yanhui et de tant d'autres disciples, a été recueillie par les jeunes générations, par vous tous qui vous êtes rassemblés ici aujourd'hui ; que, petit à petit, tel un fleuve elle s'élargit et, continuant à couler, commence à tendre vers l'immensité de la mer.

C'est pourquoi aujourd'hui est un jour magnifique. L'enseignement du Maître a trouvé à la capitale de Lu en vous tous qui êtes venus ici aujourd'hui des continuateurs et des gardiens. Des assemblées pour l'étude des paroles du Maître et de leur signification se tiennent comme aujourd'hui jusque dans les villages de montagne les plus reculés.

Votre voyage jusqu'à ce lieu écarté ne vous aura peut-être pas été d'une grande utilité ; pour moi, en tout cas, il fait de cette journée un moment d'une plénitude et d'une félicité rares. Je viens seulement d'apprendre, et c'est une grande négligence de ma part, que Zigong, qui aurait eu près de soixante-quinze ans aujourd'hui, est mort il y a quelque dix ans de cela dans l'État de Qi. Tous ceux qui ont souffert les affres de la faim dans les landes de Chen et de Cai nous ont quittés; pour ma honte, je suis le seul à vieillir inutilement dans cette retraite de montagne.

Passons maintenant au chapitre de la « volonté céleste » sur lequel plusieurs d'entre vous m'ont interrogé. Les termes de « Ciel » ou de « volonté céleste » soulèvent, à mon avis, des problèmes particulièrement épineux.

Mais comment pourrais-je y répondre, moi, pour qui les paroles : «*Ah! S'écouler ainsi!* » présentaient déjà de redoutables difficultés ? Parmi les nombreuses questions que vous m'avez posées, il y en avait une très concrète, à savoir si j'avais entendu personnellement le Maître prononcer les mots « volonté céleste ». Je commencerai donc par là et entrerai par ce biais dans le vif du sujet.

J'ai en effet entendu le Maître, à la fin de sa vie, affirmer devant la multitude de ses disciples, dans les bâtiments de son académie de la capitale de Lu, qu'il avait connu la volonté du Ciel à l'âge de cinquante ans[1]. Cependant, le Maître n'a fourni aucune explication concernant le terme « volonté du Ciel ». Sans doute souhaitait-il que chacun y réfléchît par lui-même. Cependant, je ne l'ai jamais entendu prononcer les mots « volonté du Ciel » en dehors des cours, dans sa conversation. J'aurais

1. *Entretiens*, I, 4.

pourtant bien aimé l'entendre, ne serait-ce qu'une fois, mais cela n'est jamais arrivé.

Je vous l'ai déjà dit, l'année qui précéda son errance à travers Chen et Cai, alors qu'il se trouvait encore à Wei, le Maître entreprit un voyage à Jin, la grande puissance du Nord. Il avait certainement un projet lié à ce déplacement. Bien entendu, Zilu, Zigong et Yanhui l'accompagnaient et prirent avec lui la route de l'embarcadère situé sur le Fleuve Jaune.

Cependant, arrivés à l'embarcadère, ils apprirent qu'il venait de se produire un renversement politique à Jin et que deux sages ministres y avaient trouvé la mort. Le Maître, renonçant alors à son expédition, prononça les mots suivants :

« *Comme le fleuve est large et beau! Que je ne puisse le traverser, n'est-ce pas la volonté du Ciel?* »

Zigong était alors au côté du Maître et il me l'a raconté de nombreuses fois.

A cette époque, chaque fois que j'entendais mentionner le Fleuve Jaune, je me rappelais ces mots du Maître : « *Que je ne puisse le traverser, n'est-ce pas la volonté du Ciel?* »

« *La volonté du Ciel!* » Ces mots convenaient parfaitement au Maître et nul autre que lui n'aurait pu les prononcer avec tant de facilité. Désireux de traverser le Fleuve Jaune, il était venu jusqu'à l'embarcadère et si en définitive il n'avait pas pu effectuer la traversée, c'est que le destin ou la volonté du Ciel s'en étaient mêlés.

Une seule fois par la suite il m'est arrivé de voir le Maître dans une situation telle qu'il ne lui restait plus qu'à s'écrier : c'est la volonté du Ciel!

Ce fut cette nuit à Fuhan, dont je vous ai parlé la dernière fois, où il attendit au bord de la route, puis accompagna du regard la dépouille mortelle du roi Zhao.

Quand j'y pense aujourd'hui, ce fut une rude nuit pour le Maître, une nuit comme il ne doit guère y en avoir plus d'une au cours de toute une existence. Les quatre ans qu'il avait passés à la capitale de Chen, le voyage qu'il avait fait jusqu'à Fuhan au mépris de la distance, tout cela n'avait d'autre but que d'obtenir une entrevue avec le roi Zhao dans les conditions les naturelles possible. Cela m'est devenu parfaitement clair aujourd'hui.

Cependant, dans la nuit de ce pays étranger (et Fuhan, en territoire Chu, devait être pour le Maître le pays étranger par excellence), où il s'était rendu en dépit des mille lieues qui l'en séparaient, les patients efforts de nombreuses années se trouvèrent soudain réduits en poussière quand il se trouva confronté à la mort du roi Zhao.

Sur le bord du Fleuve Jaune, dans la nuit de Fuhan, par deux fois depuis le début de son exil et de sa mission d'enseignement, le Maître rencontrait sur son chemin la volonté intransigeante du Ciel.

Lui qui avait résolu de consacrer sa vie à la mission dont il était investi par le Ciel et qui avançait avec constance, pas après pas, dans la voie qu'il s'était tracée, le voilà à deux reprises confronté à une situation où il ne peut que s'écrier : « *N'est-ce pas la volonté du Ciel?* » C'est cela, la volonté du Ciel, l'étonnante volonté du Ciel!

Si l'on me demandait de citer un lieu sur terre où j'aimerais aller et pour lequel j'accepterais de quitter mon ermitage de montagne, je nommerais la ville de Fuhan où je me suis rendu jadis en compagnie du Maître. C'est le seul lieu où j'aimerais encore retourner. Je le sens très clairement au moment même où je vous parle.

La première fois que je visitai Fuhan, ce fut en l'an 6 du duc Ai de Lu, année inoubliable pour moi à cause de nos errances dans les landes des régions frontalières de Chen et de Cai; depuis ce temps, quelque quarante-trois ans sont passés.

Qu'est-il advenu de Fuhan aujourd'hui ? Le nom même existe-t-il ? Mêlés aux habitants des villages voisins, ses habitants, qu'ils soient originaires de Chu ou de Cai, n'ont-ils pas fini par perdre tout sentiment de leur identité... ?

Je ne verrais rien d'étonnant à cela. Connus ou inconnus, des dizaines, des centaines d'États-cités de la Plaine du Milieu ont été détruits et continuent à l'être aujourd'hui encore. La destruction de Fuhan ne serait donc aucunement un événement exceptionnel.

J'aimerais pourtant m'y rendre et marcher encore une fois à travers la nuit de cette ville enveloppée dans l'obscurité si épaisse de la grande plaine qui s'étend au nord du fleuve Huai. L'été d'il y a quarante-trois ans, nous parcourions les rues sombres de la ville. Quoique je dise nous, Zilu, Zigong et Yanhui, tous ceux qui entouraient alors le Maître sont morts aujourd'hui. De ceux qui ont connu cette nuit, je suis le seul à être encore en vie.

Cette nuit fut, à n'en pas douter, une nuit à part,

comme il n'en existe que rarement en ce monde. Les dispositions intérieures du Maître et de ses disciples s'étaient inexplicablement accordées au cours de la marche à travers les rues sombres de cette étonnante cité de Fuhan placée sous le commandement du duc de She. On sentait quelque chose d'artificiel dans cette ville qui était en même temps un exemple de sage gouvernement : « *Quand tout autour on se réjouit, de loin on accourt.* »

Je voudrais marcher encore une fois, seul cette fois-ci, dans la nuit ténébreuse de Fuhan. Il est vrai que je n'ai guère d'autre choix que de le faire seul.

En cette nuit, dans l'obscurité d'un pays lointain, il y a quarante-trois ans, le Ciel jetait en travers de la route du Maître l'événement imprévu qu'était la mort du roi Zhao. Le Maître accusa le coup tranquillement ; il alla attendre le cercueil du roi et lui rendit hommage, puis s'en retourna sans rien dire dans sa résidence.

J'allai me mettre alors à côté du Maître, sur sa gauche. Jamais auparavant ni jamais plus par la suite, je ne l'avais escorté de si près. Seulement cette nuit-là. J'étais en proie à l'idée que, tout en marchant, le Maître pouvait s'effondrer à tout moment. Cette pensée s'était emparée de moi dès l'instant où le duc de She lui avait transmis la nouvelle de la mort du roi et j'allai me placer tout près de lui.

L'heure était fort avancée. La nuit était noire, sans une étoile.

« N'est-ce pas la volonté du Ciel, si je n'ai pu

obtenir une audience avec le roi Zhao ? » devait penser le Maître qui gardait le silence. Revenu dans sa résidence, il s'installa à un bout de la véranda d'où l'on pouvait contempler le ciel. Et quand il nous vit assemblés :

« *Rentrerons-nous ? Rentrerons-nous ?* » dit-il, abordant pour la première fois la question de notre conduite ultérieure. Ces paroles nous firent l'effet d'un roulement de tambour ou encore d'un cri de guerre assez puissant pour ébranler l'axe de la terre. Alors le Maître donna l'ordre à Zigong de s'occuper des préparatifs du départ. Je pense aujourd'hui qu'il était surtout soucieux de ne pas nous laisser dans le découragement.

Je vous ai déjà parlé des événements de cette nuit. Si j'y reviens, c'est que je voudrais réfléchir avec vous encore une fois sur ce qu'elle a pu représenter pour le Maître.

Dix ans auparavant, ce dernier avait quitté la capitale de Lu, les montagnes et les fleuves de son pays natal, la foule de ses élèves, la position éminente d'homme politique et de pédagogue qu'il y avait acquise, pour s'aventurer, avec trois ou quatre disciples en tout et pour tout, dans le creuset de la Plaine du Milieu où régnaient la guerre et le chaos.

J'ignore quelles étaient les intentions du Maître en ce temps-là. Sans doute avait-il renoncé à conduire la réforme dans son propre État de Lu et s'était-il dit qu'à défaut il pouvait du moins se rendre dans la Plaine du Milieu afin d'y affronter directement le danger. C'est ainsi qu'il alla s'installer dans l'État de Wei, où il demeura pendant quatre ans. N'ayant pas été le témoin de sa vie à

Wei, je ne saurais vous dire quelle était sa disposition d'esprit à cette époque.

Pourtant, de ce que son séjour de quatre ans à Chen fut motivé par son désir d'obtenir une audience avec le roi Zhao, je conclus que le séjour à Wei devait, lui aussi, répondre à une nécessité et à un but précis. Avant de tenter de se rendre dans l'État de Jin, n'avait-il pas, dans un recoin de son cœur, mis son espérance dans quelque autre dirigeant ? Déçu, il se serait tourné en désespoir de cause vers l'État de Jin. Mais un coup du destin le fit à nouveau renoncer à ses projets. C'est alors qu'il jeta son dévolu sur le roi Zhao de Chu, considéré alors comme l'homme fort de la Plaine du Milieu.

Reportant tous ses espoirs sur le roi Zhao, le Maître entreprit son errance à travers la Plaine du Milieu, pour voir tous ses projets s'écrouler une nouvelle fois à la suite de la mort du souverain. Cette nuit où il attendit le cercueil du roi et lui rendit un dernier hommage fut sans doute celle de la première grande épreuve que rencontra et dont sortit victorieuse sa ténacité.

Mettant fin résolument à son exil et à sa mission d'enseignement de quatorze ans, il rentra à Lu dans le but de renouer avec son ancienne activité d'éducateur. Il y a quelque chose d'inimitable dans l'étonnante rapidité de son revirement.

Celui-ci se produisit dans le court laps de temps entre le passage du cercueil du roi et notre retour à la résidence.

Un combat avec le destin ! Voilà le terme qui me vient à l'esprit quand je pense aux événements de cette nuit. Pas la moindre plainte ne sortit des lèvres du Maître. Ce fut une nuit cruelle, une nuit dramatique, une nuit qui aurait pu amener tout autre que le Maître au suicide.

Mais ce n'est pas en vaincu qu'il marchait cette nuit-là à travers les ténèbres couleur d'encre des rues de Fuhan. Il faisait face au destin. Et devant l'inévitable : « *Rentrerons-nous? Rentrerons-nous?* » lança-t-il comme s'il sonnait le rappel de ses troupes.

Si je souhaite parcourir encore une fois la nuit noire de la ville de Fuhan, c'est qu'à l'instar du Maître, je voudrais y réfléchir aux notions de « Ciel » et de « volonté céleste ».

Je voudrais reprendre à cette occasion les paroles du Maître que je médite depuis tant d'années déjà, que je crois comprendre par moments avant de retomber dans le doute un instant plus tard :

« *Que dit le Ciel? Les quatre saisons se succèdent, les cent créatures accèdent à l'existence. Le Ciel, lui, que dit-il?* »

Et encore :

« *La voie est-elle pratiquée? Cela dépend du destin. Est-elle méprisée? Cela dépend encore du destin.* »

Au centre de ces mêmes ténèbres dans lesquelles le Maître a réfléchi à ce qu'était la volonté céleste, je voudrais moi aussi méditer sur le Ciel et sur sa volonté.

Voilà pourquoi j'aimerais visiter une nouvelle fois la ville de Fuhan et marcher dans la nuit noire à travers les rues de cette ville.

C'est aussi pour cette raison que j'ai prétexté l'étendue et la difficulté du problème pour repousser ma réponse à plus tard, lorsque vous m'avez interrogé sur ce sujet.

J'y ai bien réfléchi depuis, sans parvenir à échapper aux arguments déjà tant de fois ressassés au cours des années passées dans cet ermitage. Il ne me reste qu'à vous demander de patienter jusqu'au jour où je serai allé y réfléchir dans la nuit noire de Fuhan.

Mais sait-on quand cela se pourra faire ? Tout en réservant ma réponse définitive, je vous ferai donc part dès aujourd'hui des réflexions que j'ai faites jusqu'à présent.

Je vous ai dit auparavant que j'avais entendu le Maître expliquer dans ses dernières années devant une assistance nombreuse qu'il avait connu la volonté du Ciel à cinquante ans. Voici comment je comprends ces propos.

A cinquante ans le Maître prit clairement conscience que le projet conçu par lui d'améliorer, ne serait-ce que de peu et en commençant par son entourage, le monde enfoncé dans le chaos, était une mission qui lui était expressément confiée par le Ciel. Il forma alors une nouvelle résolution de mener cette tâche jusqu'au bout. Personne ne le lui avait demandé ou ordonné. Il en était venu à la conclusion qu'il n'y avait pour lui rien d'autre à faire en ce monde.

Mais s'il attribuait une origine céleste à la

mission dont il se sentait investi, je ne pense pas que le Maître ait cru pour autant que le Ciel en garantirait le succès. Des obstacles imprévus se rencontreraient, il pouvait succomber à mi-chemin. C'était l'œuvre d'un chétif mortel vivant au sein de l'immense nature. Pourquoi s'étonner dans ces conditions si des empêchements inattendus surgissaient aux moments où il s'y attendait le moins ? En revanche, il ne fallait ménager aucun effort dans l'exécution de la mission qui lui était confiée par le Ciel. Si infirmes que fussent les forces des chétifs mortels, elles s'accumuleraient et finiraient par instaurer un âge heureux et pacifique. Telle était, je crois, la pensée du Maître.

C'était donc cela qu'il entendait par l'expression « connaître la volonté du Ciel ». Premièrement : prendre conscience de la tâche qu'on a entreprise comme d'une grande mission dont on a été investi par le Ciel. En même temps : bien comprendre que cette tâche s'intègre au mouvement spontané et incessant du Ciel, qu'il ne faut donc pas s'attendre à des progrès continus, mais se dire au contraire qu'on sera probablement exposé à des difficultés au moment où l'on s'y attendra le moins. Accéder à la « connaissance de la volonté céleste » revient à accepter cette double réalité.

Si juste, si magnifique que soit la tâche entreprise, nous n'avons aucune assurance concernant le lendemain. Il n'est pas d'obstacle ou de difficulté imprévus qui ne puissent surgir à tout instant. Chance ou malchance, succès ou échec semblent sans rapport avec la justice ou l'injustice du but poursuivi. S'abandonner sans réserve à la grande Providence céleste, s'en remettre entièrement à elle pour l'issue du combat, mais persévérer cependant dans le chemin qu'on croit être le bon : quelle conduite admirable ! Qui d'autre que le Maître aura montré à la fois autant de fermeté et de lucidité ?

Tout au long des quatorze années que durèrent son exil et sa mission d'enseignement, le Maître connut de nombreuses tribulations et, dans l'adversité, on l'entendait dire : Il y a un Ciel, comment pourrions-nous mourir de faim ? qui voudrait nous faire périr ? Je l'ai moi-même entendu s'exprimer de la sorte à une occasion.

Je crois qu'il parlait ainsi pour encourager ses compagnons. Peut-être même le faisait-il pour se donner courage à lui-même. Mais au fond il savait, j'en suis sûr, qu'il risquait en effet de mourir de faim ou d'être tué. Il ne devait pas s'attendre non plus que le chemin où il s'était engagé fût à ce point facile.

Comme dans cette occasion je m'écartai un peu de lui et observai l'expression de son visage, je crus sentir résonner en moi la tristesse qui devait résonner au fond de son cœur.

Un des présidents de séance me propose de prendre un temps de repos. Je suivrai son conseil, mais que ceux d'entre vous qui désireraient intervenir sur la « volonté céleste » veuillent bien se réunir dans la salle voisine afin que nous puissions nous concerter. La question est délicate et le temps nous est compté. Aussi serait-il bon, je crois, que nous nous mettions d'accord pour ramener à quelques points principaux les problèmes que nous allons aborder.

3

Eh bien, mettons fin à cette pause un peu trop longue et revenons au sujet qui nous occupait tout à l'heure : la volonté céleste.

Auparavant, j'ai quelque chose à vous demander. Vous voilà réunis ici, des jeunes gens en majorité. Une dizaine d'habitants des villages avoisinants se sont rassemblés dans ce chalet et vous demandent de les laisser assister à vos débats. Certains d'entre eux ont même déjà assisté, sans en référer à personne, à ce qui s'est dit avant la pause. Je vous prie de bien vouloir les excuser.

Il y a parmi eux un homme qui a connu le Maître de son vivant et un autre, je crois, qui a écouté ses conférences à l'académie de la capitale de Lu. Au demeurant, là est tout leur mérite. L'un comme l'autre sont sourds, leurs jambes flageolent. Pourtant ils ont approché le Maître et, aux réunions de village, on leur réserve toujours une place d'honneur.

La plupart de ces villageois sont d'âge moyen ou avancé, à l'exception de deux ou trois jeunes gens. Si vous en avez l'occasion, je vous serai reconnaissant de bien vouloir les associer à vos conversations. Cela laisse prévoir en tout cas une certaine animation pour cet après-midi.

Reprenons donc le problème de la volonté céleste et consacrons le temps qui nous reste jusqu'à la tombée de la nuit à en débattre et à échanger nos vues à ce sujet.

Tout à l'heure, pendant la pause, j'ai pu entendre de nombreuses considérations et opinions sur les paroles par lesquelles le Maître affirme avoir connu la volonté céleste à cinquante ans. Certaines interventions ont été d'un grand intérêt, mais le débat s'est quelque peu embrouillé et enlisé, si bien que je vais maintenant le reprendre et tenter de mettre de l'ordre dans ce qui s'est dit.

Le Maître a donc fixé à la cinquantaine l'âge où il sut ce qu'était la volonté du Ciel. Lorsque, à la fin de sa vie, il se penchait sur le chemin parcouru, il lui apparaissait qu'à cinquante ans, ou du moins à un âge qui n'en était pas trop éloigné, il avait compris pour la première fois ce que « volonté du Ciel » voulait dire.

Lorsque, à cinquante-cinq ans, il quitta, à moitié contraint, l'État de Lu et se dirigea vers l'État de Wei, première étape de son exil et de sa mission d'enseignement, il n'était encore jamais sorti de son pays natal, à l'exception d'un voyage de jeunesse dans l'État de Qi.

Quelle existence pouvait-il donc mener à Lu

autour de l'âge de cinquante ans, période qui nous occupe actuellement? Vous avez, les uns et les autres, conduit des recherches sur cette tranche de sa vie et j'ai entendu le Maître l'évoquer lui-même à plusieurs reprises. En rassemblant tous ces éléments et en essayant d'y mettre un peu d'ordre, on arrive en gros au résultat suivant.

En l'an 9 du duc Ding de Lu [1], le Maître a cinquante et un ans. Sa réputation d'éducateur commence enfin à se répandre et le nombre de ses disciples croît rapidement. Cette année, le Maître entre pour la première fois dans la fonction publique et il est nommé Intendant à Zhongdou.

L'année suivante, an 10 du duc Ding, le Maître a cinquante-deux ans. D'Intendant à Zhongdou, il est promu Premier Fonctionnaire au Département des Travaux. La même année, au début de l'été, les États de Lu et de Qi tiennent une conférence de paix dans la vallée de Jia et le Maître se rend à l'étranger pour y assister en qualité de Conseiller du duc Ding. Résistant à la pression de la grande puissance qu'était l'État de Qi, il conduit les pourparlers à l'avantage de Lu et récupère les territoires perdus. L'habileté souveraine dont il fait preuve dans le domaine diplomatique à la conférence de la vallée de Jia lui vaut un grand renom dans toute la Plaine du Milieu.

Bien entendu, je n'ai pas connu directement la vie du Maître à cette époque, mais j'ai plusieurs fois entendu évoquer sa prodigieuse habileté dans la négociation qui l'opposa à une grande puissance

1. 501 avant J.-C. *(N.d.A.)*

à la conférence de Jia. Chaque fois que j'entends ces éloges, je me dis du plus profond de mon cœur qu'ils doivent être mérités. Même dans l'arène internationale, il ne devait pas y avoir tant d'hommes capables de résister aux raisonnements implacables et parfaitement impartiaux développés par le Maître!

La même année, après la conférence de Jia, le Maître est promu garde des Sceaux, ce qui le met en charge de la Justice et de la police de l'État de Lu.

Quelle était donc à cette époque la situation de cet État où le Maître s'apprêtait à déployer son activité ?

C'est vers vous autres, jeunes chercheurs dont les équipes étudient l'histoire politique de l'État de Lu à cette période, c'est-à-dire il y a cinquante ans, qu'il me faudrait me tourner pour répondre à cette question. Je me bornerai pour l'heure à rappeler dans leurs grandes lignes les faits les plus connus.

A cette époque, la plus grande plaie dont souffrait à l'intérieur l'État de Lu était la puissance à laquelle étaient parvenues les trois familles princières de Ji, Shu et Meng, descendant toutes trois du duc Huan de Qi. La conséquence directe en était la décadence où était entré l'État de Lu lui-même, que ces familles étaient pourtant censées protéger. L'État se retrouvait sans force et sans défense, tandis que les Trois Familles se taillaient d'immenses fiefs, fortifiaient leurs châteaux, levaient des armées privées et constituaient un véritable fléau pour le pays.

Le Maître s'opposa résolument à l'oligarchie des

Trois Familles et voulut rendre à la Cour ses prérogatives anciennes. A cette fin il prit un certain nombre de mesures énergiques et fit raser en l'an 12 du duc Ding deux châteaux appartenant aux Trois Familles.

Dans un premier temps, les mesures politiques adoptées par le Maître semblèrent insuffler un vent de réforme et de renouveau dans tous les organes de l'État, mais les forces de la réaction contre-attaquèrent et réduisirent à néant tous ses efforts. Le Maître dut renoncer à toute activité politique et administrative.

En l'an 13 du duc Ding de Lu, le Maître a cinquante-cinq ans. Il quitte Lu, son pays natal, qu'il est presque contraint de fuir et se dirige vers Wei. Zilu, Zigong, Yanhui et Ranqiu l'accompagnent. Commencent l'exil et la mission d'enseignement du Maître qui devaient durer quatorze ans.

C'est ainsi que, très schématiquement parlant, l'activité politique du Maître dans l'État de Lu parut d'abord rencontrer le succès, avant de connaître un échec retentissant à la suite de la contre-attaque des puissances établies, qui l'acculèrent à l'exil.

En l'an 11 du duc Ai de Lu, le Maître met un terme à son exil et à sa mission d'enseignement de quatorze ans et revient enfin à Lu. Il a alors soixante-huit ans. Se retournant vers le passé :

« A cinquante ans, dit-il, *j'ai connu la volonté du Ciel. »*

Ce qui pose problème, c'est le contenu des deux mots « volonté » et « Ciel » qui composent l'expression « volonté céleste ». Qu'a pu ressentir le Maître quand il atteignit l'âge de cinquante ans et qu'a-t-il compris ?

A vous entendre, parmi les recherches actuellement engagées concernant le Maître, celles qui portent sur la question de la « volonté céleste » sont les plus nombreuses et constituent le chapitre principal. Cela n'est pas étonnant, car ce doit être un sujet d'étude très attrayant.

Qu'il ait tendance à occuper une place toujours plus grande, s'explique aussi par le fait que c'est sans doute le point crucial de toute recherche concernant Confucius. Telle est du moins mon impression.

Voilà trente ans que je vis retiré dans ces montagnes. Plusieurs fois par an, l'homme ordinaire que je suis réfléchit à ces questions et s'interroge sur ce que sont le Ciel et la volonté céleste. Il m'arrive alors de veiller tard dans la nuit, à l'endroit et dans l'attitude où vous me voyez assis maintenant.

Le Maître fixe à cinquante ans l'âge où il connut la volonté du Ciel. Or nous savons maintenant ce que fut pour lui ce palier : une période difficile où il s'opposa aux Trois Familles et tenta de leur résister, mais perdit finalement la partie et se réfugia à l'étranger. On ne peut guère réfléchir à la « volonté céleste » de Confucius en faisant abstraction de ces circonstances.

Je sais bien que les interprétations les plus différentes ont été proposées, mais durant la pause nous sommes tous tombés d'accord sur un certain nombre de points. Passons-les en revue.

Lorsque, à la fin de sa vie, il revint à la capitale de Lu, le Maître dit, en pensant à sa cinquantaine, qu'il connut alors la volonté céleste. Qu'entendait-il par les termes « Ciel » et « volonté céleste » ? On considère généralement que deux interprétations sont possibles.

Selon l'une, le Maître aurait pris conscience de ce que la tâche qu'il avait entreprise était une mission du Ciel à l'accomplissement de laquelle il était appelé.

Cette tâche qui lui est alors apparue comme une mission céleste était celle que nous avons déjà évoquée, en vérité fort caractéristique du Maître, de réformer peu à peu et en commençant par son environnement immédiat le monde en proie au chaos. Aussi voulut-il sauver du chaos et redresser l'État de Lu où il était né, où il avait été élevé et où il exerçait alors des responsabilités politiques. Prenant au sérieux la mission qu'il avait reçue du Ciel, il s'en prit de front aux pouvoirs établis de Lu.

Mais il eut beau entreprendre cette tâche comme une mission du Ciel, les résultats furent désastreux et il fut contraint de s'exiler et d'errer à travers la Plaine du Milieu. La défaite était complète.

Après un exil de quatorze ans, lorsqu'il rentra enfin dans son pays et se rappela son passé :

« A cinquante ans, dit-il, *j'ai connu la volonté du Ciel. »*

On peut concevoir toutes sortes d'hypothèses sur les pensées qui traversaient alors l'esprit du Maître. « Avec quelle superbe confiance j'entrepris cette tâche, me sachant investi d'une mission par le Ciel ! » devait-il se dire non sans nostalgie au souvenir de cette époque. Mais il devait en même temps déplorer l'échec passé : « Pourtant la fortune n'a cessé de m'être contraire et me conduisit inéluctablement à l'échec. Le Ciel refusa de me venir en aide ! » Lui seul pourrait nous dire ce qui s'est passé en lui à cette époque-là.

Il n'est donc pas étonnant que selon les exégètes ces mots puissent recevoir une coloration, une nuance souvent très différentes.

Si à ce point de notre conversation, chacun de ceux qui sont réunis ici acceptait d'exposer brièvement ses vues sur la volonté du Ciel telle que l'a vécue le Maître ou telle qu'ils en ont fait personnellement l'expérience, cela donnerait un brillant séminaire sur ce thème. S'il était encore de ce monde, le Maître écouterait en souriant, silencieux et attentif, hochant la tête à chaque intervention.

Cependant, malgré mes objurgations, non seulement les jeunes gens ici présents, mais les autres, ceux qui ont déjà vécu plusieurs dizaines d'années au milieu de ce siècle troublé, refusent de prendre la parole en séance plénière. Pendant l'interruption nous avons pu entendre toute une série de vues sur la volonté du Ciel, mais pas un seul des auteurs n'accepte de venir les exposer en public.

J'ai retenu pourtant un certain nombre de ces propos. Avec la permission de leurs auteurs je voudrais vous en présenter les grandes lignes.

Je viens de recevoir les blancs-seings de plusieurs d'entre eux. Voici donc « Quelques vues sur la volonté céleste ». Je tairai les noms des auteurs.

*

Connaître la volonté du Ciel signifie reconnaître la mission dont nous avons été investis par le Ciel. Découvrir ce que nous devons faire durant notre vie d'être humain. Le Maître a découvert cela à cinquante ans et c'est ce qu'il entend par ces mots :

« *A cinquante ans, j'ai connu la volonté du Ciel.* »

Chacun de nous doit chercher à découvrir la volonté céleste en ce qui le concerne dans la situation où il se trouve, c'est-à-dire la mission qui lui a été impartie par le Ciel. L'âge auquel on y parvient varie selon la personne. Il est des jeunes gens qui entreprennent de grandes tâches, avant même d'avoir la moindre idée de ce que peut être la volonté céleste. Il est aussi des gens qui attendent la vieillesse pour songer à ce que pourrait être la mission que leur réserve le Ciel.

Confucius a connu la volonté céleste à cinquante ans et je souhaite, moi aussi, la connaître à un âge qui ne soit pas trop avancé. J'ignore encore pour l'instant ce qu'est la volonté du Ciel à mon sujet. Quand je l'aurai connue, quand je saurai à quelle tâche m'a appelé le Ciel, j'entends consacrer tout le restant de mes jours à son accomplissement. Il arrive qu'on échoue en dépit de tous ses efforts. Dans ce cas, il n'y a qu'à s'incliner devant l'arrêt du Ciel. Je crois que je saurai m'incliner moi aussi s'il le faut, mais je préfère ne pas y penser à présent.

*

Je n'ai pas pour ma part la trempe d'un homme supérieur, d'un de ceux qui se sentent investis d'une mission céleste. Chance ou malchance, je m'en repose entièrement sur le Ciel et sur les autres. Je fais ce que je peux et vis comme je peux. Échec ou succès, quoi qu'il arrive, je ne m'en prends jamais au Ciel, je n'en veux jamais aux hommes.

Cependant, chaque matin je prie le Ciel. Je me tourne vers lui, la tête inclinée. Ce n'est pas que j'en attende ou que je lui demande quoi que ce soit. Seulement je sais que le Ciel est étendu au-dessus de ma tête et je lui adresse un salut chaque matin. A le saluer ainsi, je me sens mieux qu'à ne pas le saluer. Quant à savoir pourquoi, c'est une autre affaire.

*

Confucius affirme avoir connu la volonté céleste à cinquante ans. La question est de savoir ce qu'il entendait par « volonté céleste ». Problème ô combien redoutable et intimidant !

Tout au long de l'année je n'ai cessé de réfléchir à ce qu'était pour moi la volonté céleste et je viens de parvenir à une conclusion. Le Ciel se contente de nous regarder d'en haut. Quant aux hommes ils n'ont qu'à se consacrer à toute tâche qu'ils pourront trouver conforme à la justice. Parler de volonté céleste ne fait que compliquer l'affaire. Rends ton cœur droit et avec ce cœur droit entreprends une tâche que tu pourras considérer comme juste.

Ni toi ni personne ne savez si tu réussiras ou non. Mais, même si tu échoues, même si tu dois souffrir, tu trouveras une consolation parce que tu accompliras ce qui est juste.

Cependant, disent certains, personne n'en saura rien. Stupidité! Même si personne n'en sait rien, le Ciel, lui, ne te voit-il pas? Cependant, rétorquent-ils encore, le Ciel ne se contente-t-il pas de nous voir? Les imbéciles! Le Ciel ne se contente pas de te voir, il a beau se taire, il t'approuve!

*

Se fier au Ciel et accomplir ce qui est humainement possible ou accomplir ce qui est humainement possible et attendre l'arrêt du Ciel. Je me demande chaque jour laquelle de ces deux attitudes est la meilleure. Y a-t-il personne qui pourrait me l'enseigner?

*

– Accepter avec équanimité les succès et les échecs que nous envoie le Ciel.

– S'en remettre au Ciel en toute affaire de ce monde, qu'il s'agisse de vie ou de mort, de richesse ou de pauvreté, de succès ou d'échec. Et ne pas relâcher ses efforts.

– Se satisfaire de la volonté céleste.

– La vie est un combat où l'issue, heureuse ou malheureuse, n'entre pas en considération.

En ces quatre points tient la règle de vie idéale pour l'homme. Je le vois bien. Mais comment la mettre en pratique?

*

Voici donc ce que pensent plusieurs d'entre vous au sujet la volonté céleste. Au moment où j'achève cette présentation, un des villageois qui se sont joints à nous s'adresse à moi avec la demande suivante : que je laisse de côté maintenant les opinions des autres et qu'au lieu de cela je raconte s'il m'est arrivé au cours de ma vie de m'écrier du fond du cœur : « C'est le destin ! »

Cette exigence m'embarrasse. En somme, que je ne parle plus seulement de l'expérience des autres, mais de la mienne propre ? Pourtant, maintenant qu'elle est posée, je ne me sens pas en droit de laisser cette question sans réponse. Je ne sais si je saurai dire rien qui vaille, mais en plus de soixante-dix ans de vie dans ce monde troublé, j'ai eu l'occasion de rencontrer la « volonté céleste » sous bien des aspects.

En me penchant aujourd'hui sur ma vie passée, j'y discerne deux tournants, deux nœuds, devrais-je dire peut-être, en tout cas deux moments clés qui ont décidé du cours ultérieur de mon existence.

Le premier remonte à cette nuit au cours de mon premier voyage en compagnie du Maître : tandis que le tonnerre grondait, que les éclairs zébraient le ciel, je restai à contempler le Maître assis à même le sol dans une vaste maison de paysan à l'abandon, avec derrière lui, un peu en retrait, le groupe de ses disciples. Après cette nuit, je ne pourrais plus jamais me séparer de lui.

Le second tournant date du jour des funérailles

du Maître lorsque, errant sans but, tel un somnambule, à travers les faubourgs de la capitale de Lu, je me souvins sur les berges d'une rivière des paroles du Maître : *« Ah ! S'écouler ainsi ! Jour et nuit, sans qu'il y ait de cesse ! »* et que je réfléchis à la vie que j'allais mener dès lors, après la disparition du Maître. C'est à la suite de ces réflexions que je décidai de venir passer le restant de mes jours en reclus au fin fond de ces montagnes.

Je dis « le restant de mes jours », mais j'avais quarante-deux ans lorsque je me suis installé dans ce village de montagne, ce qui est encore jeune pour quitter le monde. Trois longues décennies se sont écoulées depuis ce temps-là.

De nombreux événements ont été emportés dans le flot de ces trente années. Ai-je jamais ressenti entre-temps, dans toute sa violence et sa gravité, le sentiment que j'étais confronté au destin ?

Je suis, j'en ai bien peur, contraint de répondre par l'affirmative : oui, j'ai connu une expérience de ce genre. Je vous ferai brièvement le récit de cette rencontre que j'ai eue moi, Vieux Gingembre, avec la « volonté céleste ». Ainsi accomplirai-je mon devoir de président d'une séance consacrée tout entière au thème de la volonté céleste.

Si, il y a bien longtemps de cela, je suis venu m'installer dans ce village au fin fond des montagnes, c'est que je connaissais un homme qui en était originaire. Lui et sa famille me vinrent en aide et mirent à ma disposition aussi bien la maison où j'habite encore aujourd'hui que les champs attenants.

Cette homme était un excellent spécialiste de l'irrigation, avec lequel j'avais travaillé un temps dans ma jeunesse à la capitale de Song et que j'avais retrouvé à la capitale de Lu après la mort du Maître. Quand il apprit l'intention que j'avais de m'installer dans les montagnes, il m'envoya prendre sa place auprès de ses parents, dans son village natal.

Ainsi, lorsque je vins ici, je fus entièrement pris en charge par sa famille. On m'enseigna la culture des champs, on me confia des travaux d'irrigation. Grâce à ces gens, je fus capable d'assurer ma subsistance et devins un membre à part entière de la communauté villageoise.

L'événement que je vais raconter maintenant est survenu dans la maison de cet homme que je considère comme mon grand bienfaiteur, ou plutôt dans celle de ses parents.

Comme je vous l'ai déjà dit, cela fait plus de trente ans que je me suis installé dans ce village et pendant tout ce temps j'ai conservé des rapports très étroits, presque familiaux, avec la parentèle de l'homme qui me fit venir ici.

Entre-temps, bien entendu, les occupants de la maison ont changé. Les propriétaires actuels appartiennent à une génération plus jeune. Le chef de la famille, un cousin du spécialiste en irrigation, est un homme d'une grande droiture. Avec son excellente épouse, il s'occupe de l'importante exploitation qu'il a reçue en héritage. Ce sont des gens d'âge moyen, très serviables, qui veillent sur moi comme le feraient des parents.

Cela s'est passé il y a environ sept ans. Le couple venait d'avoir son premier enfant, une fille. Un an après la naissance de celle-ci, une fois passé le cap de son premier anniversaire, la mère prit l'habitude de venir me voir régulièrement une fois par jour en compagnie de sa fille.

Elle faisait le ménage, préparait le repas, m'aidait dans tous les travaux domestiques. A part cela, elle semblait également goûter un secret plaisir à me montrer ainsi chaque jour son bébé.

C'était une bien jolie petite fille, qui pouvait à bon droit faire la fierté de sa mère. Cependant elle ne quittait guère les bras de celle-ci et refusait obstinément de s'approcher de moi.

Pourtant, comme s'achevait la deuxième année de sa venue au monde, le jour de son second anniversaire, le visage de la jeune visiteuse, lorsqu'elle vint chez moi, s'illumina, je ne sais pourquoi, d'un large sourire, radieux comme l'éclosion d'une fleur. Se détachant de sa mère, elle s'élança vers moi les deux bras tendus.

Pour la première fois de sa vie je la soulevai de terre et la remis aussitôt à sa mère. Je découvris ce jour-là qu'il n'existait rien au monde qui pût se comparer à la beauté et à la douceur d'un jeune enfant.

Je sortis de la maison par la porte de derrière, allai cueillir des fleurs des champs et, les mettant dans un petit vase, je les offris à l'enfant. Ce fut mon présent d'anniversaire. C'était la première journée de douceur que je connaissais en soixante ans d'existence dans ce monde troublé.

La suite est pénible à raconter. Rentrée chez elle,

l'enfant fut prise le soir même d'un accès de fièvre. Après plusieurs jours de maladie, lorsque la fièvre baissa, elle était devenue méconnaissable. Elle ne pouvait mouvoir ni les bras ni les jambes, son regard trouble ne s'arrêtait sur aucun objet. Quel châtiment du Ciel pouvait donc avoir frappé cet être jeune et innocent, le jour même où pour la première fois de sa vie il venait de témoigner de l'amitié à un étranger !

Elle resta environ un mois prostrée dans cet état, puis elle mourut. Comme si de rien n'était, le jour continue à se lever sur ce village, le soir vient, puis la nuit. Le père de la petite morte est toujours vivant, tout comme sa mère. Le vieillard que je suis est lui aussi toujours en vie.

Pourtant il s'est passé quelque chose sous le Ciel. Un jeune être, plein de beauté, s'était épanoui telle une fleur, il avait ri, s'était confié, puis, comme si on l'avait puni pour tout cela, il était tombé malade et il était mort.

Depuis cinq ans sont passés.

N'est-ce pas la volonté du Ciel?

Plusieurs fois dans l'année, je reste tard dans la nuit près du feu et les yeux tournés vers le ciel, ou au contraire fixés sur le sol, je me dis en moi-même :

N'est-ce pas la volonté du Ciel?

4

Excusez-moi ! Nos débats devaient continuer sans interruption jusqu'à la fin de la séance, mais tandis que j'évoquais ma rencontre personnelle avec la volonté céleste, mon esprit s'est soudain brouillé et, ne sachant comment poursuivre, j'ai dû m'arrêter. Je vous prie de m'excuser pour ce contretemps.

Nous ne sommes encore qu'au début de l'automne, mais dans ces montagnes l'air fraîchit vite quand le soir s'apprête à tomber. Des jeunes gens du village viennent de faire du feu dans l'entrée. S'il en est parmi vous qui ont froid, veuillez descendre vous installer près du foyer.

Je reprends donc, sans m'interrompre cette fois-ci, mes explications sur ce que représente pour moi la « volonté céleste ».

C'était il y a cinq ans. La fille de ce fermier que je considérais comme un membre de ma famille, cette enfant pleine de charme qui venait seulement d'achever sa deuxième année d'existence, avait, je ne sais pourquoi, souri ce jour-là en entrant chez moi, d'un sourire aussi radieux que l'éclosion d'une fleur. Se détachant des bras de sa mère, elle s'était élancée en avant et, d'elle-même, pour la première fois, les mains tendues, elle s'était laissé prendre dans mes bras. Ainsi que je vous l'ai dit tout à l'heure, j'avais beau avoir vécu plus de soixante ans en ce monde troublé, c'est seulement ce jour-là que je découvris l'existence d'un être d'une telle beauté et d'une telle douceur.

Mais, rentrée chez elle, ce jour même elle fut saisie par un brusque accès de fièvre. Elle resta malade pendant plusieurs jours et, quand la fièvre la quitta, elle était devenue méconnaissable. Elle ne pouvait mouvoir ni ses bras ni ses jambes, ni fixer son regard sur aucun objet. Elle resta environ un mois prostrée dans cet état, puis elle mourut.

Pourquoi avait-il fallu que cet être jeune, beau et plein de douceur se vît infliger par le Ciel un châtiment si cruel et mourût de maladie le jour même où, la première fois de sa vie, il avait témoigné de la bonté à un étranger ? C'est là, je crois, que j'ai dû m'arrêter tout à l'heure. Fâcheux contretemps !

Le châtiment céleste ne toucha pas seulement l'enfant. Après sa mort, la mère devint taciturne, cessa de sourire, on aurait dit une autre femme. Lorsqu'elle venait chez moi, il lui arrivait souvent de s'arrêter devant la fenêtre et de rester le regard perdu dans le vide, abîmée dans ses rêveries. Sans doute, me disais-je, pense-t-elle à son enfant morte.

Qui pouvait être visé par le châtiment du Ciel ? Était-ce l'enfant ? Ou bien sa mère ? Moi, peut-être ?

Cinq ans se sont écoulés depuis cet événement.

Pendant tout ce temps je me suis souvent souvenu de la petite morte. Assis tard dans la nuit à cette place où vous me voyez, je me perds parfois dans mes méditations, répétant toujours : *N'est-ce pas la volonté du Ciel?* tandis qu'un affreux sentiment de solitude m'étreint.

L'an dernier, cette mère qui avait perdu son unique enfant apprit l'existence de jeunes orphelins parmi les réfugiés venus d'autres États qui traversaient depuis environ deux ans notre village. Elle en parla aux villageois et décida de les prendre chez elle et de les élever. Elle en a déjà recueilli dix.

Le mari passe ses journées aux champs, tandis qu'elle reste à la maison pour s'occuper de ses nombreux enfants. A mes moments de loisir, je viens, moi aussi, prendre part à leur éducation. Tous ont perdu un père ou une mère, parfois les deux, pauvres enfants, produit des temps troublés des Royaumes Combattants, qui n'ont qu'une vague idée du pays où ils sont nés. Tous ont trouvé refuge dans ce village de montagne situé aux frontières de l'État de Lu et grandissent à vue d'œil sous la protection de cette femme de cœur.

Une maladie infectieuse vint un jour frapper l'un après l'autre certains d'entre eux, qui eurent des accès de fièvre. Cette mère aimante se rendit alors au sanctuaire situé au sommet d'une falaise au-dessus d'une vallée assez éloignée de notre village, afin de prier pour leur heureux rétablissement.

Il avait neigé ce jour-là et il était dangereux de laisser une femme seule s'aventurer parmi les rochers, si bien que je décidai de l'accompagner. Je n'oubliais certes pas les paroles du Maître :

« *Respecter les démons et les dieux, mais garder ses distances envers eux*[1]. »

Mais il me semblait que le Maître, loin d'en tenir rigueur à cette femme mère de nombreux enfants, ou à ce Vieux Gingembre qui l'accompagnait, élevait plutôt sa voix pour nous avertir de prendre garde à l'endroit où nous posions nos pas.

Pour en revenir à mon sujet, la mort de la petite fille ne fut pas la première circonstance où je m'écriai : « *N'est-ce pas la volonté du Ciel?* » Voilà trente ans que je suis installé dans cette retraite de montagne et pendant ce temps j'ai eu mainte occasion de pousser cette exclamation, à voix haute ou au fond de mon cœur. Comment faire autrement lorsqu'on vit à l'époque troublée des Royaumes Combattants ?

Parmi ces occasions il y en a une qui me revient toujours à l'esprit ou, plutôt, à laquelle je ne puis m'empêcher de penser chaque fois que je parle de la volonté céleste. Laissez-moi vous la raconter brièvement.

Ce village où j'ai passé trente années a beau être éloigné de la capitale, il n'en a pas moins été plusieurs fois touché au cours de cette période par les vagues de la guerre civile. Partie intégrante du territoire de Lu, il ne risque guère, il est vrai, d'être investi par des troupes étrangères. Mais il est sur la

1. *Entretiens*, VI, 22.

route d'innombrables réfugiés contraints de fuir leur patrie.

Grossièrement parlant, ces mouvements de réfugiés remontant vers le nord culminèrent il y a environ dix ans, durant quelque trois années, autour de l'an 8 du duc Dao de Lu.

Du printemps à la fin de l'été, vingt à trente groupes de réfugiés, en provenance de petits États dont personne ne connaissait même le nom et dont tout le territoire se réduisait souvent à un bourg fortifié, traversaient quotidiennement la région en direction du nord vers une destination inconnue.

C'étaient, pour la plupart, des familles comme on en voit à la campagne, constituées autour d'un couple d'adultes accompagnés d'enfants et de vieillards, une dizaine d'individus en tout. Mais on rencontrait aussi de grandes maisonnées de plus de trente personnes.

Ces gens manquaient, évidemment, de tout et montraient les signes d'un profond épuisement. Jeunes et vieux semblaient à peine tenir sur leurs jambes.

C'était l'été, l'époque du plus grand afflux des réfugiés remontant vers le Nord. Un villageois finit par dire qu'il ne pourrait pas supporter plus longtemps ce spectacle. Une dizaine de volontaires saisirent l'occasion pour se mettre d'accord et, ayant acquis et réparé deux ou trois maisons abandonnées à l'orée du village, ils les équipèrent de literie, de vaisselle et d'ustensiles de cuisine, et en firent des centres provisoires pour l'hébergement de ces réfugiés.

Pendant tout l'été, on y distribuait de la nourriture, on y logeait les vieillards et les malades à qui on rendait toutes sortes de soins afin qu'ils puissent reprendre leur route vers le nord dès qu'ils auraient recouvré quelques forces.

Je pris part, moi aussi, à ces opérations de secours, y consacrant plusieurs journées durant l'été quand venait mon tour de garde. Parfois il fallait travailler d'arrache-pied pendant toute la journée sans prendre un instant de repos.

Au déclin de l'été, le nombre des réfugiés se dirigeant vers le nord diminua, un seul pavillon faisait désormais l'affaire. Enfin, lorsque le vent d'automne se mit à souffler, il fut possible de fermer le dernier bâtiment. La saison des réfugiés touchait à sa fin.

Nous étions aux premiers jours du dixième mois. Tous les membres de l'équipe de secours se retrouvèrent pour la clôture du centre et je vins moi aussi au rendez-vous.

Après une journée entière de travail, quand tout, jusqu'au moindre détail, fut en ordre et que, le soir venu, nous nous apprêtions à nous retirer, la pluie se mit à tomber à grosses gouttes et des grondements de tonnerre se firent entendre dans le lointain.

On décida que les trois femmes et moi-même, l'aîné du groupe, nous rentrerions avant les autres. Endossant donc nos manteaux de pluie, nous nous éloignâmes du bâtiment. Trois hommes restèrent sur les lieux. Au moment de notre départ ils achevaient le nettoyage de la maison en balayant l'entrée.

Les trois femmes et moi nous hâtions sur le

chemin du retour, à moitié trempés, quand l'orage se fit plus violent, et nous fûmes contraints de nous abriter de la foudre et de la pluie dans une cabane en bois au bord du chemin. Nous y attendîmes que l'averse s'apaisât, puis chacun rentra chez lui, à une heure avancée de la nuit.

Les trois hommes, restés dans le centre d'hébergement, achevèrent de balayer l'entrée et fermèrent soigneusement la porte. Ils durent ensuite attendre la fin de l'orage avant de quitter le bâtiment. Que se passa-t-il alors ? Le lendemain on découvrit, gisant sur la place devant le centre, les restes lamentables de ces trois hommes, frappés par la foudre.

Ces hommes avaient passé l'été à travailler de toutes leurs forces, afin de soulager dans la mesure de leurs faibles moyens les souffrances d'une foule de réfugiés venus de l'étranger. L'été fini, ils étaient retournés au centre pour le fermer. A l'issue d'une journée de travail ils avaient réussi à tout mettre en ordre et achevé les préparatifs pour la réouverture l'année suivante. Le soir, ils avaient quitté le centre pour rentrer chez eux. Mais à peine eurent-ils franchi le seuil que, sur cette même place où ils s'étaient affairés pendant tout l'été, ils eurent rendez-vous avec la foudre.

Est-ce cela, la volonté céleste ?

Reprenons encore une fois. Ces hommes avaient travaillé en alternance pendant tout l'été pour venir en aide à des inconnus, des réfugiés venus de l'extérieur. L'été fini, quand on n'en vit plus, ils étaient retournés au centre d'hébergement pour le fermer et avaient achevé les travaux de nettoyage. Le soir, alors qu'ils devaient rentrer chez eux, à peine avaient-ils quitté le centre, ils furent frappés par la foudre.

Ils passent l'été à soulager dans la mesure du possible des réfugiés venus d'autres États et à la fin de l'été le Ciel leur envoie la mort. On ne leur a laissé le temps ni de protester contre le Ciel ni d'en appeler à lui. Foudroyés, ils gisaient à terre, l'un à la renverse, les deux autres face contre terre.

Cependant, les trois femmes et moi-même, qui formions avec eux une même équipe, étions partis quelques instants plus tôt et pour cette seule raison nous avions eu la vie sauve.

Si la mort des trois hommes est le fait du Ciel, notre salut à nous le serait-il donc aussi ? Que serait en ce cas la volonté céleste ?

C'est sans doute le moment de revenir encore une fois aux paroles du Maître : «*A cinquante ans, j'ai connu la volonté du Ciel*», et de réfléchir à leur signification.

– A cinquante ans, je pris conscience de ce que mon travail constituait une haute mission qui m'était confiée par le Ciel.

C'est l'interprétation habituelle et ici même, vous le savez, nous l'avons reconnue tout à l'heure comme incontestable.

A cinquante ans, le Maître eut le sentiment que la tâche qu'il avait entreprise était une mission dont il était investi par le Ciel. Il s'agissait pour lui concrètement de faire reculer, si peu que ce soit et en commençant par son entourage immédiat, le mal qui abondait sur terre. Telle fut en effet la pensée qui le soutint tout au long de son existence. A cinquante ans, il prit clairement conscience de l'origine céleste de ce projet et il y consacra dès lors toute sa vie.

A côté de cette première interprétation, il en est une autre.

Dans toute œuvre humaine et pour la seule raison qu'elle est humaine, l'issue est incertaine et balance entre le succès et l'échec. Qu'on soit ou non soutenu par le sentiment d'accomplir une mission, du Ciel n'y change rien. On peut réussir comme on peut échouer. Il n'y a qu'à s'en remettre au Ciel pour le résultat.

Un tel sentiment n'est-il pas également compris dans la parole du Maître : « *A cinquante ans, j'ai connu la volonté du Ciel* » ? Là encore la totalité des opinions exprimées par vous tout à l'heure s'accordaient pour répondre par l'affirmative.

Ainsi donc, nous pouvons comprendre ces mots du Maître de deux façons. Premièrement : j'ai compris que ce que je tentais de faire était une mission dont j'étais investi par le Ciel. Deuxièmement : me sentant appelé par le Ciel, je ferai bien entendu tout mon possible, mais j'ai beau me sentir appelé et j'ai beau me donner de la peine, le résultat de mon travail n'est en aucune manière garanti. Peut-être réussirai-je. Peut-être encore, des obstacles imprévus se lèveront-ils sur ma route et entraîneront-ils la ruine de tous mes efforts. Je ne puis là-dessus que m'en remettre au jugement du Ciel.

Voilà, je crois, ce que le Maître voulait dire en prononçant ses mots et vous en êtes vous-même convenus à l'unanimité tout à l'heure.

Pour dire la même chose avec plus de simplicité, la tâche à laquelle nous nous consacrons peut être juste et admirable, c'est au Ciel que nous devons laisser le soin de décider du résultat. Nous ne savons pas, lorsque nous nous lançons dans une entreprise, quel encouragement, quel secours nous devons attendre du Ciel, ou par quels obstacles et difficultés il saura nous tenir en échec. Ces matières-là relèvent du jugement supérieur du Ciel et nos faibles intelligences ne peuvent pas prétendre les pénétrer.

C'est aussi pourquoi nous devons nous efforcer de vivre selon la justice. Nous n'avons aucun moyen de savoir si le Ciel nous aidera ou s'il contrera nos efforts. Il ne nous reste donc qu'à prendre la décision de nous conformer à la justice et de ne pas ménager nos efforts. Le Ciel ne manquera pas alors d'approuver notre conduite.

N'est-ce donc pas assez pour nous autres hommes que l'approbation du Ciel ? Peut-on, au demeurant, lui en demander davantage ? Sur cette terre située au-dessous du Ciel, les saisons se succèdent, les dix mille créatures naissent. L'alternance des saisons ne connaît pas de retard, les dix mille créatures naissent et grandissent les unes à la suite des autres.

Le Ciel a bien trop à faire. Peut-on lui en demander davantage ? Quelles que soient nos attentes, quels que soient les espoirs que nous mettons en lui, ils resteront toujours vains.

Je vous l'ai déjà dit, c'est de retour à la capitale de Lu, après quatorze longues années d'errance à travers la Plaine du Milieu, que le Maître, se souvenant de la période agitée et difficile qu'il avait connue autour de sa cinquantième année, déclara :

«A cinquante ans, j'ai connu la volonté du Ciel.»

J'étais alors dans ma cinquantaine, jeune encore. J'avais compris que la tâche que je m'étais fixée était une mission sacrée dont m'avait investi le Ciel et j'employai tous mes efforts afin de la mener à bien dans le cadre de l'administration politique de mon pays. Mais la réalité n'a pas répondu à mes espoirs et mes tentatives se soldèrent par un échec. Quasiment chassé de Lu, j'ai dû m'exiler et entreprendre ma mission d'enseignement dans la Plaine du Milieu.

Je comprends aujourd'hui ce qui dépassait alors mon entendement : le Ciel possède ses propres vues bien à lui : il ne daigna pas réaliser les espérances de l'homme que j'étais.

Voilà les sentiments que le Maître devait éprouver quand il se revoyait à l'âge de cinquante ans. Il ressentait sûrement aussi une émotion intense à se voir de retour à la capitale de Lu après avoir mis un terme à quatorze ans d'exil et de mission d'enseignement dans la Plaine du Milieu.

Qu'a donc été pour moi, devait-il se demander, ce long voyage de quatorze ans ? Ce fut comme une longue, très longue scène tournante où se jouait un combat à mort entre la volonté céleste et moi.

Les paroles du Maître au retour de sa longue errance à la capitale de Lu comprennent, à mon avis, toutes ces diverses pensées. Elles n'ont pas été prononcées à la légère !

En ce sens, c'est le Maître tout entier, au cours des dix années ou plus allant de sa cinquantaine à sa soixantaine, qui s'y trouve exprimé. Ses colères, ses joies, le violent défi qu'il avait lancé à la face du Ciel, ou encore sa tristesse qu'il ne montrait à personne, tout cela semble y avoir pris place.

Telle est la signification de cette grande parole où le Maître s'est mis tout entier.

Si l'on me demandait d'en choisir une parmi toutes celles qu'a laissées le Maître, sans doute est-ce celle-ci que je retiendrais pour le son particulièrement vibrant qu'elle rend, un son que j'entends à nouveau chaque fois que je la récite.

« *Connaître la volonté du Ciel.* » Voilà certes qui n'est pas aisé, voilà qui n'est pas à la portée d'un homme ordinaire. C'est pourtant le devoir et en même temps l'aspiration de tout être humain que le choix, non seulement d'une vie juste, mais encore d'une occupation dans laquelle il puisse reconnaître la mission que le Ciel lui a confiée.

Nous aurons beau, pourtant, faire le choix d'une telle occupation, le Ciel peut fort bien nous retirer son aide. Il n'y a rien à faire contre cela, rien sinon en prendre son parti dès le départ.

Toutes sortes d'obstacles et d'embûches peuvent en outre nous barrer la route. Là encore il convient d'être prêt à toute éventualité.

Mais cela exige d'un homme un courage dont fort peu sont capables. Je l'ai dit à l'instant, le Ciel nous approuvera à coup sûr. Seulement le Ciel reste invisible et sa voix ne se fait pas entendre.

Un jeune chercheur de la capitale de Lu vient de poser une nouvelle question. Les documents qu'il a réunis font mention d'un homme nommé Boniu. Le Maître se rendit chez lui lorsqu'il était malade et dit : « *C'est le destin! Qu'un tel homme soit si mal en point*[1] *!* » Il voudrait savoir si j'ai connu ce Boniu et, dans l'affirmative, qui fut cet homme et quelles furent ses relations avec le Maître.

Pour ce que j'en sais, Boniu fut un des principaux disciples du Maître, connu pour sa très haute vertu à l'égal de Yanhui et de Min Ziqian. De son vrai nom il s'appelait Ran Geng, Boniu était son surnom. Je me rappelle aussi qu'il était de sept à huit ans plus jeune que le Maître.

Au retour de son voyage dans la Plaine du Milieu, le Maître avait soixante-huit ans et Boniu devait, lui aussi, avoir dépassé la soixantaine.

Venu lui rendre visite quand il était malade, le Maître dit :

« *C'est le destin! Qu'un tel homme soit si mal en point! Qu'un tel homme soit si mal en point!* »

J'ai, moi aussi, entendu rapporter, je ne sais plus ni par qui ni à quelle occasion, cette parole du Maître. Si Boniu était en mesure de l'entendre, elle dut l'ébranler jusqu'aux larmes, pensai-je alors et

1. *Entretiens*, VI, 10.

c'est ce que je pense encore aujourd'hui. Après avoir entendu l'expression : « *un tel homme* » que le Maître employait pour parler de lui, il dut se dire qu'il pouvait mourir sans regret. C'était en effet un éloge suprême dans la bouche du Maître et il ne l'aurait jamais employée par simple politesse.

Boniu aurait pleuré, ai-je dit, s'il avait entendu cette parole. J'ajouterai, puisque aussi bien j'ai prononcé ce mot, que le premier à pleurer fut certainement le Maître. « *Un tel homme* », dit-il, et il pleura ; « *qu'il soit si mal en point* », ajouta-t-il, et il pleura derechef. Voilà quelle sorte d'homme était notre Maître !

La même personne me demande encore si ces mots furent prononcés au chevet du malade, pendant la visite où à quelque autre occasion après le retour du Maître chez lui.

A vrai dire je n'en sais rien. Si le Maître avait été accompagné lors de sa visite à Boniu, nous saurions exactement ce qui s'est passé. Mais Boniu souffrait d'un mal contagieux et le Maître était toujours seul quand il allait le voir.

Boniu était vieux et gravement malade et sans doute le Maître voulait-il aussi lui épargner les regards indiscrets. Il devait penser en outre qu'à moins d'avoir eu des relations particulières avec le malade, il était inutile de s'exposer.

Nous voyons ici un exemple de la bonté incomparable du Maître, désireux apparemment de ménager aussi bien Boniu, le malade qu'il visitait, qu'un éventuel compagnon de visite. Cet aspect de la personnalité du Maître relevait du prodige et il n'y avait personne comme lui pour faire attention jusqu'aux plus infimes détails.

Pour ce qui est de ses mots : « *C'est le destin ! Qu'un tel homme soit si mal en point ! Qu'un tel homme soit si mal en point !* », ils traduisent sans conteste l'émotion ressentie par lui lorsqu'il se rendit chez Boniu et prit la main du malade dans la sienne, mais cette émotion dut rester longtemps cachée au fond de son cœur.

Quelques jours ou quelques dizaines de jours plus tard, alors qu'il était assis en face d'un interlocuteur quelconque et s'entretenait avec lui, la conversation sera tombée sur Boniu, libérant soudain l'émotion enfermée au fond de son cœur. Celle-ci se sera alors, tout naturellement, coulée dans cette formule impeccable.

Nul doute que le Maître était alors en train de pleurer au fond de son cœur : « *C'est le destin ! Qu'un tel homme soit si mal en point ! Qu'un tel homme soit si mal en point !* » Et en effet la pénible maladie et la mort de Boniu étaient bien un coup du destin, de la volonté du Ciel. Je n'eus pas la chance de le rencontrer. J'aurais certes dû lui rendre visite sur son lit de maladie, mais la mort de Li, la mort de Yanhui, la nouvelle annonçant celle de Zilu et enfin le décès du Maître lui-même occupèrent entièrement mon temps à la capitale de Lu, si bien que je cessai de penser à lui.

Sans doute Boniu est-il mort depuis longtemps, mais j'ignore tout de ces dernières années. C'était, je crois, un homme de Lu et c'est plutôt à moi de demander aux jeunes gens que vous êtes de bien vouloir me communiquer éventuellement les informations que vous pourriez recueillir sur ses dernières années et sur sa mort. Votre intérêt m'encourage en tout cas à mettre un peu d'ordre dans mes souvenirs personnels concernant l'entourage de mon défunt Maître. Je serais heureux si je puis vous être de quelque utilité dans ce domaine.

Maintenant, c'est un homme du village qui lève la main. C'est sans doute le doyen de l'assemblée, car il doit avoir à peu près mon âge.

Il a entendu, après la mort du Maître, une conférence sur celui-ci donnée dans les bâtiments mêmes où le Maître avait enseigné, par son disciple Miancai et ses compagnons. C'était il y a vingt ans et il n'a aucune idée de ce que sont devenus depuis les orateurs de cette journée. Quoi qu'il en soit, l'un deux, qui parlait des dernières années du Maître, avait rapporté les paroles suivantes : «*A soixante ans je fus en mesure de tout entendre, à soixante-dix de me laisser aller au gré de mon cœur sans m'écarter du droit chemin* [1]. » Il voudrait savoir qui est l'auteur de ces mots ; s'il s'agit d'une parole prononcée par le Maître en personne ou par un de ses disciples évoquant le Maître dans ses dernières années.

Il a aussi une autre question, concernant le rapport de ces derniers mots avec ceux qui ont fait ici même l'objet d'un examen et d'un débat si minu-

1. *Entretiens* II, 4.

tieux : *«A cinquante ans, j'ai connu la volonté du Ciel.»*

Voilà, me semble-t-il, deux questions fort délicates. Heureusement qu'il y a parmi nous de jeunes spécialistes de la capitale de Lu engagés actuellement dans des recherches sur le Maître. Je voudrais maintenant entendre leur avis.

Un jeune spécialiste des études confucéennes vient d'intervenir. Voici ce qu'il dit.

C'est la première fois que ses amis et lui entendent citer ces dernières paroles. Ils ne peuvent donc émettre aucun avis, aucune réflexion à ce sujet et se bornent à signaler qu'il y a quelques années, des paroles analogues : *«A quinze ans je me tournai vers l'étude»*, avaient été rapportées comme étant du Maître et furent en vogue parmi la jeunesse. On ne sait rien cependant des circonstances dans lesquelles le Maître les aurait prononcées.

Voilà sa réponse. Je vous dirai aussi ce que j'en pense, non que je sois en possession de quelque certitude, mais en tant que président de séance et aussi comme un homme qui a été dans l'intimité du Maître depuis son errance à travers la Plaine du Milieu et jusqu'à sa mort.

«A soixante ans je fus en mesure de tout entendre, à soixante-dix de me laisser aller au gré de mon cœur sans m'écarter du droit chemin.» Ce sont de très belles paroles! La première signifie qu'à soixante ans le Maître avait appris à entendre sans sourciller les discours d'autrui. La seconde qu'à soixante-dix ans, même s'il s'abandonnait aux élans de son cœur, celui-ci ne le poussait plus hors

du droit chemin. Voilà qui témoigne d'une grande assurance !

Je ne crois pas beaucoup de gens capables de parler ainsi. Même si l'on cherche dans la longue suite des siècles qui va des temps anciens à nos jours, rares sont ceux qui ont eu assez de confiance en eux-mêmes pour tenir des propos pareils.

Je crois pouvoir affirmer que le Maître fut un de ces rares grands hommes qui « à soixante ans peuvent tout entendre » ; qu'il fut de cette poignée de saints qui « à soixante-dix ans peuvent se laisser aller au gré de leur cœur sans sortir du droit chemin ».

Il me semble que ces paroles expriment parfaitement tout ce que pouvait présenter d'exceptionnel la personnalité du Maître à soixante, puis à soixante-dix ans.

Le problème est d'identifier l'auteur de ces propos.

Pour moi, quand il s'agit de qualifier la personnalité absolument unique du Maître et de montrer son caractère exceptionnel, c'est à ces mots que je recours. A soixante comme à soixante-dix ans, et peut-être même plus tôt encore, le Maître ne s'écartait jamais de la juste voie dans ses actions et dans ses gestes. Quel que fût son interlocuteur, quels que fussent les propos qu'on lui tenait, il savait toujours, comme en témoignent les paroles dont nous discutons, accepter l'autre tel qu'il était.

Voilà l'être d'exception qu'était le Maître. Peut-on maintenant considérer ces paroles comme le[illegible]ennes propres ?

[illegible]i que j'ai servi, celui que j'ai si intimement [illegible]urait fort bien pu les proférer.

Je regrette que Zilu, Zigong et Yanhui ne soient pas là pour en débattre avec nous. Si l'un d'eux était ici, je suis sûr qu'il suffirait de lui faire entendre ces paroles pour que nous sachions aussitôt si elles ont été prononcées par le Maître ou s'il s'agit de l'éloge d'un disciple et, dans ce cas, duquel.

Eh bien, ne pouvons-nous reporter la conclusion de ce débat à la prochaine réunion ? Ainsi les jeunes savants de la capitale de Lu rentreront-ils chez eux avec un nouveau sujet de recherche.

Enfin, pour clore notre séance, voici cinq autres opinions au sujet de la volonté céleste que je ne vous avais pas encore communiquées.

Elles m'ont été remises tout à l'heure pendant l'interruption. Le contenu de ces déclarations est très riche et touche à de nombreuses questions.

Les auteurs en sont des habitants du village comme de jeunes spécialistes de la capitale de Lu. Toutes, je dois le dire, donnent des aperçus ou expriment des conceptions fort remarquables et laissent loin derrière les propos que je vous ai tenus.

On a beau faire tout son possible, pour quelque raison mystérieuse, il arrive que l'on soit déçu dans son attente. C'est l'œuvre du Ciel, autrement dit la volonté céleste. Il suffit de prêter attention pour reconnaître son action tout autour de nous. Nous baignons dans la volonté céleste. Notre vie se passe à nous battre contre elle.

(C'est l'avis d'un jeune homme.)

Vie et mort, richesse et pauvreté relèvent de la volonté céleste et les forces humaines n'y peuvent pas grand-chose. Il ne suffit pas de désirer une longue vie, les richesses ou la notoriété pour les obtenir. C'est d'elles-mêmes qu'elles nous viennent, quand elles viennent. Mais peut-être est-ce simplifier à l'excès. Disons plutôt qu'il ne suffit pas de désirer une longue vie, des richesses ou la notoriété pour qu'elles viennent, mais que lorsqu'elles viennent c'est toujours un présent que le Ciel nous envoie à notre insu. On ne saurait dire dans quels cas le Ciel nous fait ce cadeau. Peut-être agit-il par pur caprice. Telles sont en tout cas une longue vie, les richesses et la notoriété.

L'homme n'est homme que s'il tient à ses convictions et s'il lutte sans considération de succès ou d'échec, lesquels sont du ressort du Ciel. Je ne connais pas d'autre conception de l'homme. Succès ou insuccès doivent être laissés au soin du Ciel. L'être humain est effort, combat. Il doit passer sa vie à travailler et à lutter au service de ses convictions.

(Ce sont les opinions de deux villageois au seuil de la vieillesse.)

Pour peu que nos œuvres soient conformes à la Voie, le Ciel ne peut pas ne pas les approuver.

Ne demandons pas plus. Ne devons-nous pas nous satisfaire de cette seule approbation ? Pensons que le Ciel nous regarde et nous nous sentirons moins seuls. Je n'ai pour ma part ni parents, ni femme, ni enfants. Ou plutôt j'en ai eu, mais ils sont tous morts et je suis resté seul. Cependant, quand je pense que d'un recoin du Ciel on est en train d'observer attentivement mes pensées, je ne souffre plus de la solitude, je n'ai plus le sentiment d'être abandonné.

(Cette opinion est d'un habitant du village, un vieil homme qui a des difficultés à marcher.)

Si, parmi toutes les paroles du Maître que je connais, il me fallait en choisir une seule, je m'arrêterais à celle-ci : « *Que dit le Ciel? Les saisons se succèdent. Les cent créatures naissent. Que dit le Ciel?* » Puisque aussi bien nous sommes venus au monde, chacun de nous doit y poursuivre la tâche de son choix. Mais il doit le faire en silence, sans rien dire. Œuvrer silencieusement, sans récriminer. Le Ciel qui accomplit un travail immense ne garde-t-il pas toujours le silence, ne dit-il pas jamais rien ?

Gardant le silence, le Ciel observe les actions des hommes. Il contemple d'en haut, sans rien dire, l'homme qui fait en silence ce qu'il estime être juste. L'un comme l'autre restent silencieux. Cela suffit. Ou bien cela ne suffit-il pas ? J'en aissez dit, que pourrait-on ajouter de plus ?

Pourtant, les hommes stupides ne cessent partout de lutter, de combattre et de s'entre-tuer.

(Encore un habitant du village. Un vieillard.)

Troisième Partie

1

L'automne a bien avancé depuis votre dernière visite, mais hier soir (est-ce à l'occasion de votre venue ?) le froid s'est adouci et la journée s'annonce belle et ensoleillée comme rarement en cette fin de saison. Vous avez remonté la vallée pour venir ici : le spectacle du feuillage or et rouge des arbres de la forêt doit être magnifique !

Les arbres à feuilles jaunissantes, à commencer par les paulownias, étaient fort nombreux à Cai-la-Neuve, capitale de l'ancien État de Cai, et l'automne y était l'occasion d'un véritable embrasement. Je ne crois pas cependant que la vue en valait celle de nos montagnes avec leur épais brouillard.

Eh bien, je vais donc, comme à l'habitude, prendre en charge le déroulement de cette séance. La précédente, à laquelle avaient assisté quelques vieillards du village, fut consacrée à une longue discussion sur les termes de « Ciel » et de « volonté céleste ». Nous avons passé la journée tout entière à débattre de ces notions sans que j'aie l'impression que nous ayons le moins du monde épuisé le sujet. Peut-être partagez-vous mon sentiment.

Je vous propose, néanmoins, d'en rester là pour l'instant en ce qui concerne le « Ciel » et la « volonté céleste ». Nous y reviendrons par la suite à l'occasion, selon la nécessité du moment, en réponse à l'appel immédiat du Ciel précisément. Qu'en pensez-vous ?

S'il n'y a pas d'objections, je pense que nous pourrions aborder le chapitre des Grands Disciples de Confucius, un sujet moins aride que celui de la « volonté céleste », et qui fut proposé par l'un de vous pour la suite de nos débats à la fin de la dernière séance. Je laisse maintenant la parole à l'un de nos secrétaires.

– Ces trois ou quatre dernières années ont vu se multiplier les études concernant les plus anciens des Grands Disciples du Maître :

Yanhui : l'un des trois disciples qui suivirent le Maître dans son exil et sa mission d'enseignement de quatorze années dans la Plaine du Milieu et qui rentrèrent avec lui à la capitale de Lu. Il mourut avant son Maître Confucius.

Zilu : rentré lui aussi avec le Maître à la capitale de Lu, il en repartit aussitôt après pour se rendre au service de Kongli, ministre de Wei, qui l'avait invité auprès de lui. Impliqué dans les troubles internes de Wei, il y tomba victime du devoir.

Zigong : il se chargea spontanément de l'intendance du groupe constitué autour du Maître et, à la mort de Confucius, prit en charge toutes les cérémonies funèbres. Restant ensuite auprès de sa tombe, il observa un deuil de trois ans renouvelé pour une seconde période de trois ans : six années en tout.

Des données de toutes provenances concernant ces Grands Disciples ont été réunies et ce travail de collecte se poursuit toujours. Les recherches concernant l'école de Confucius et tout particulièrement ses disciples les plus importants sont actuellement considérées comme une priorité absolue. Nous sommes heureux de la bienveillante attention que nous témoigne le maître de ces lieux et nous le remercions de l'enseignement qu'il a bien voulu nous prodiguer. Maître Yanjiang, vous êtes familier avec l'histoire de l'école de Confucius dans ses moindres détails; vous en avez bien connu les principaux disciples pour avoir partagé de longues années d'épreuves avec eux. Aussi avons-nous constitué un groupe d'une vingtaine de personnes et sommes-nous revenus aujourd'hui pour vous entendre encore.

Nous voudrions que vous nous parliez de l'exil et de la mission d'enseignement du Maître dans la Plaine du Milieu, ainsi que des conférences qu'il donna à la fin de sa vie dans son académie de la capitale de Lu. En tout cas tous les membres de la Société d'études confucéennes de la capitale de Lu qui abusent aujourd'hui de votre hospitalité, désirent donner, grâce à votre aide, une impulsion nouvelle aux recherches sur l'école de Confucius.

Mais auparavant, pourriez-vous nous donner votre avis concernant chacun des trois Grands Disciples, Zilu, Zigong et Yanhui ? Nous n'avons pas de vœu plus cher depuis l'an dernier. A vrai dire, l'idée ne nous est venue qu'à l'instant, au cours d'une conversation entre les trois secrétaires de séance, que ce vœu pourrait être exaucé aujourd'hui même. Notre proposition vous paraîtra peut-être inattendue, mais nous nous sommes dit qu'il n'y avait pas de mal à vous la soumettre. Qu'en dites-vous ?

– Je vous remercie et je suis confus de ces aimables paroles. Je ne vois pas à quoi vous servirait l'opinion d'un homme qu'on ne peut même pas considérer comme un disciple à part entière de Confucius. Mais comment pourrais-je décliner une demande aussi pressante ?

Permettez donc que je me reporte en pensée loin, très loin en arrière et que j'évoque le souvenir de ces Grands Disciples. Je tenterai de me rappeler quelques anecdotes relatives à cette époque qui fourniront la matière de nos débats aujourd'hui.

L'un de vous n'a-t-il pas une question qui pourrait nous servir d'entrée en matière ?

– Dans ce cas, je me permettrais de vous en poser deux en même temps. Quel est de ces trois Grands Disciples, Zilu, Zigong et Yanhui, celui dont le Maître faisait le plus grand cas ? Quel est par ailleurs celui pour qui il avait l'affection la plus vive ?

– Je vous remercie d'avoir répondu si promptement à mon attente. Votre question est difficile. Mais elle est cruciale. Quel était de ses trois Grands Disciples celui dont Confucius, notre Maître, faisait le plus grand cas ? Était-ce Zilu ? ou Zigong ? ou Yanhui ?

Mais vous posez en même temps une seconde question. Pour lequel d'entre eux avait-il la plus vive affection ? C'est également un problème délicat, auquel on ne peut donner une réponse simple. L'une et l'autre question sont aussi importantes et aussi incontournables, à mon avis, pour quiconque veut étudier l'homme exceptionnel que fut Confucius et comprendre sa personnalité.

En ce qui me concerne, ces problèmes m'ont déjà effleuré plusieurs fois au cours de nos errances dans la Plaine du Milieu. Il m'est aussi arrivé d'y revenir par la suite, après le retour du Maître à la capitale de Lu, du vivant de Zilu et de Yanhui comme après leur mort.

Aujourd'hui encore, alors qu'à commencer par le Maître, aucun des intéressés n'est plus de ce monde, je ne peux pas dire que mon cœur soit tout à fait libre de cette préoccupation.

Il arrive que je me rappelle un lointain passé et que je me surprenne à hésiter et à me demander si c'est Zilu ou Yanhui que le Maître mettait au premier plan ou bien si ce n'était pas plutôt Zigong. J'exagérerais à peine en disant que, pour les disciples, la question de savoir sur lequel d'entre eux se poserait à chaque instant le regard impartial et impassible du Maître, ce regard semblable à celui du Ciel qui en toute circonstance discerne immanquablement le juste et l'injuste, était une question terrible, une question de vie ou de mort.

Aujourd'hui pourtant, trente-trois ans après le départ du Maître dans l'autre monde, je crois avoir trouvé une réponse à peu près définitive à mes interrogations. Il me semble deviner les intentions du Maître concernant ceux dont il aurait voulu ou dont il n'aurait pas voulu pour successeurs après son départ. N'aurai-je pas bientôt l'âge qu'il atteignit lui-même au moment de sa mort ?

Il me serait facile de vous communiquer dès maintenant mes hypothèses, mais peut-être vaut-il mieux attendre la fin de la séance ?

Au lieu de cela commençons par entendre l'opinion des jeunes gens rassemblés ici aujourd'hui, au sujet du Maître et de ses principaux disciples. Ils ne les ont pas connus personnellement, mais leurs avis, fondés, peut-on dire, sur les seuls documents historiques, ne seront peut-être pas les moins pertinents.

Quant à moi, j'adopterai pour l'instant le rôle d'un auditeur. Sentez-vous libres, je vous en prie, d'intervenir pour dire ce que vous pensez. Quel est de ces trois Grands Disciples, Zilu, Zigong et Yanhui, celui que le Maître mettait le plus haut ? Quel est celui pour qui il nourrissait l'affection la plus vive ? Ce sont, je crois, deux questions passionnantes, et cruciales pour notre connaissance de l'école de Confucius.

Plusieurs mains viennent de se lever. Je vous en prie, dans l'ordre qui vous plaira.

– Eh bien, alors, je parlerai le premier. Il y a deux ans environ, au sein de la Société d'études confucéennes de la capitale de Lu, s'est constitué un groupe d'une dizaine de personnes qui ont décidé de limiter leurs recherches au seul Yanhui et de consacrer tous leurs efforts à l'étude de ce personnage. Je suis moi-même membre de ce groupe et je voudrais me faire ici son porte-parole.

Je commencerai par la conclusion : Yanhui est le disciple que le Maître mettait au-dessus des autres. C'est aussi celui de tous pour lequel il avait l'affection la plus vive et dont il espérait le plus dans l'avenir. Je ne crois pas utile de citer ici à l'appui de mes dires toutes les paroles du Maître à son sujet, ses échanges avec le Maître, les différents éloges qu'on a faits de lui. Il s'agit certes de documents ou de matériaux importants pour notre connaissance de Yanhui. Mais on dit qu'en l'an 14 du duc Ai de Lu, à la mort de Yanhui, le Maître prononça les mots suivants : «*Ah! Le Ciel m'a anéanti! Le Ciel m'a anéanti!*» Je pense que ce seul trait éclaire tout.

«*Ah! Le Ciel m'a anéanti!*» Ces mots de déploration prononcées à la mort d'un homme et qu'on ne peut entendre sans un profond respect, nous font voir l'étendue de l'affection et de la confiance éprouvées par le Maître pour le défunt Yanhui et nous font comprendre à quel point la mort de celui-ci déchira cruellement son cœur.

«*Ah! Le Ciel m'a anéanti! Le Ciel m'a anéanti!*» Il est encore une anecdote, outre celle-ci, qui nous fait sentir d'une manière frappante la violence du chagrin éprouvé par le Maître aux derniers instants de Yanhui.

Lorsque celui-ci eut rendu l'esprit, le Maître, incapable de contenir son chagrin, éclata en sanglots. Un homme qui se tenait à ses côtés l'avertit qu'il pleurait à haute voix. Le Maître en prit alors conscience et dit : « Ah oui ? Je sanglotais donc ? Si je ne sanglotais pas pour un homme comme Yanhui, pour qui le ferais-je [1] ? » Ainsi parla le Maître selon cette anecdote dans laquelle son chagrin s'exprime aussi d'une manière très vivante.

N'est-ce pas assez pour nous persuader que l'affection et la confiance témoignées par le Maître à Yanhui surpassaient celles qu'il avait pour tout autre à un degré interdisant toute comparaison ? C'est aussi pourquoi nous sommes fermement persuadés que des trois principaux disciples, c'est sans aucun doute à Yanhui qu'allait la plus haute estime et la plus grande confiance du Maître.

Nous croyons naturellement avec la même fermeté que c'est Yanhui et nul autre que le Maître entoura de sa plus vive affection et que c'est lui dont il attendait le plus de succès dans l'avenir.

Les recherches concernant Yanhui n'en sont qu'à leur début et les zones d'ombre à explorer, concernant son enfance, sa jeunesse, ses circonstances familiales et sa position sociale aux différentes époques de sa vie, sont innombrables. Nous attendons beaucoup des indications que vous voudrez bien nous fournir.

– Je vous remercie. C'est avec une grande joie que j'apprends la création à la capitale de Lu d'un groupe d'études consacré à Yanhui. Je m'en réjouis, pour ma part, mais qu'en aurait pensé l'intéressé ? Je l'imagine dans l'autre monde, la tête enfouie dans sa poitrine et entourée de ses deux bras, se recroquevillant afin de se faire aussi petit que possible, repliant jusqu'aux mains et aux pieds

1. *Entretiens*, XI, 11.

et poussant par moments de grands « ah ! » de désespoir.

Je suis récemment parvenu à la conclusion que bien peu de gens au monde connaissaient la véritable pudeur. Sans doute, Yanhui était-il l'un de ces très rares spécimens. Silencieux, recroquevillé sur lui-même, bras et jambes repliés, quelle honte dut-il éprouver de la création d'un groupe d'études qui lui était consacré !

Quel choc aussi lorsqu'il aura appris les mots que le Maître prononça à sa mort : *« Ah ! Le Ciel m'a anéanti ! Le Ciel m'a anéanti ! »* Se rappelant le temps où il était au service du Maître, il dut se dire combien il était indigne de ces paroles. Je l'imagine dans le monde souterrain en train de regarder autour de lui comme s'il ne lui restait plus qu'à mourir une seconde fois.

Voilà quel était le Yanhui que j'ai connu : un homme d'une pureté immaculée, qu'aucune souillure ne venait entacher, un enfant du Ciel, un brillant génie qui était aussi un monstre de travail.

Eh bien, écoutons l'intervention suivante. Dans quelles directions vont se développer les recherches sur l'école de Confucius et ses Grands Disciples ? Cette journée constitue une sorte de coup d'envoi. N'hésitez pas à intervenir.

Je vois plusieurs mains qui se lèvent. Commençons par la droite.

– J'appartiens moi aussi à la Société d'études confucéennes de la capitale de Lu, dont je suis le doyen, le membre le plus âgé. C'est la première fois que je viens ici et que j'ai l'honneur de vous rencontrer, maître Yanjiang. On me dit que vous avez soixante-douze ans et j'admire votre air de bonne santé. Je suis moi-même un vieil homme quoique j'aie dix ans de moins que vous. Je ne saurais pourtant rivaliser en jeunesse avec le maître de ces lieux, ni pour la condition physique ni pour l'agilité intellectuelle. Il faut bien le dire, tous ceux qui ont suivi l'enseignement si juste de Confucius se distinguent par la trempe exceptionnelle de leur corps et de leur intelligence.

Mais j'ai demandé la parole et il faut que je dise quelque chose. Toute ma vie j'ai été un fonctionnaire subalterne; dans les études confucéennes je n'ai pas dépassé le stade de débutant. Que dirai-je d'intéressant ? A la dernière séance vous avez eu, je crois, un débat sur le « Ciel » et la « volonté céleste ». Là-dessus j'aurais encore dit quelque chose pour sauver la face, mais Yanhui est un sujet autrement difficile. Pourtant, parmi les dix et quelques « Grands Disciples » des deux premières périodes, c'est bien lui que je préfère.

Pourquoi Yanhui ? En premier lieu parce qu'il était de condition modeste et qu'il provenait d'un milieu pauvre. Pauvre, il n'a cessé de l'être au cours de toute son existence, pauvre encore il est mort, de mort prématurée. Voilà ce qui m'attire chez lui. Ce fut, dit-on, un grand travailleur, un homme supérieurement doué. Il est mort très tôt, dans la fleur de l'âge. Il fut, je crois, le véritable prodige de l'école de Confucius. Voilà ce que je voulais dire.

– C'est donc à mon tour de prendre la parole. Moi aussi, c'est sur Yanhui que j'arrêterais mon choix s'il me fallait choisir parmi les Grands Disciples de l'école de Confucius. Vous venez de rappeler que Yanhui provenait d'un milieu modeste et qu'il est resté pauvre jusqu'à la fin de ses jours. Mais ce n'est pas tout. Yanhui n'était pas seulement pauvre, il était encore d'origine humble. En outre il mourut jeune. On ne peut que déplorer sa mort prématurée à quarante et un ans.

Pourtant ce disciple qui arracha à Confucius l'exclamation : *«Ah! Le Ciel m'a anéanti!»* est incontestablement le plus grand de cette école qui ne s'éteindra jamais. Il y a encore beaucoup à découvrir à son sujet. Malgré mon peu de talent, j'ai l'intention de consacrer ma vie aux recherches sur Yanhui. Voilà. Je cède la parole à la personne suivante. Madame, je vous en prie.

– Permettez-moi de me présenter. J'ai moi aussi l'honneur d'avoir été admise dans la Société d'études confucéennes et d'assister en auditrice à tous ses travaux. Mon mari est mort l'an dernier, encore jeune, des suites d'une maladie. Il n'a cessé jusqu'à la fin de sa vie de recueillir les paroles attribuées à Confucius et d'enquêter parmi les proches du Maître pour en établir l'authenticité. Il lui arrivait de faire de grands déplacements pour rencontrer les gens dont il avait besoin : il avait pour travailler ses propres méthodes.

Depuis sa mort, je rends divers services à la Société d'études confucéennes de la capitale de Lu, en échange de quoi on me permet d'assister comme auditrice aux travaux du groupe. Étant femme, je ne prétends pas m'occuper d'enquêtes ou de recherches. Mais j'apprécie le fait de pouvoir suivre les débats. De tous les personnages dont j'entends parler, c'est à Yanhui que vont mes préférences, c'est de lui que je me sens le plus proche.

Mon mari m'a souvent récité l'éloge en forme de poème que Yanhui composa en l'honneur de son Maître Confucius et j'ai fini par l'apprendre par cœur à mon tour. Permettez-moi de le redire ici encore une fois. Que je le lise à haute voix ou que je le récite par cœur, il me suffit de le déclamer pour que je sente mon cœur purifié. J'ai l'impression de pénétrer dans l'esprit de Yanhui. Accordez-moi donc quelques instants.

« *J'ai beau lever les yeux, il me paraît toujours plus élevé. J'ai beau creuser, il résiste toujours plus. Je crois le voir devant moi, et voilà qu'il est soudain derrière. Notre Maître est habile à nous guider. Il nous élargit avec les livres, il nous resserre à l'aide des rites. Je voudrais m'arrêter, mais je ne le puis. Mon esprit est à bout de ressources et voilà que mon pied trouve prise et c'est comme si je me tenais sur les hauteurs. Je veux le suivre, mais je perds ma peine*[1]. »

« Le Maître se tient loin dans les hauteurs. Je voudrais me tenir à ses côtés, mais j'ignore le moyen de le rejoindre. » Voilà le sentiment exprimé par Yanhui dans son poème. Mon défunt mari le comparait au sentiment de celui qui voudrait

1. *Entretiens*, IX, 11.

monter au Ciel, mais devrait y renoncer faute d'échelle pour y parvenir. Je pense comme lui.

Voilà ce que je voulais dire. Excusez-moi d'avoir abusé de votre attention.

– Merci pour votre intervention pleine de cœur. Jusqu'à présent, tous les intervenants n'ont parlé que de Yanhui. Qu'en pensez-vous ? Quelqu'un ne pourrait-il nous parler maintenant de Zilu ou de Zigong ?

Il n'y a bien sûr aucun inconvénient à continuer à parler de Yanhui, mais tel que je l'ai connu, Yanhui était, je vous l'ai déjà dit, d'une grande timidité. A ne parler toujours que de lui, nous risquons de le remplir d'une confusion telle qu'il ne pourra plus redresser la tête.

Une main s'est levée dans le coin au fond. Je vous en prie.

– J'ai le plus grand respect pour Zilu et c'est lui que j'ai pris pour objet d'étude. Voilà cinq ans que j'ai rejoint la Société d'études confucéennes et, depuis, tous mes travaux sont consacrés au seul Zilu. Zilu est mort à soixante-trois ans et je voudrais moi aussi vivre jusqu'à cet âge. Cela me laisse une vingtaine d'années que je compte employer à travailler sur Zilu. Dans le monde troublé d'aujourd'hui, vivre ou mourir ne fait pas une grande différence. Mais je sais que je dois poursuivre mes recherches sur Zilu et cela me donne une raison impérieuse pour continuer à vivre.

Depuis tout à l'heure, nous discutons pour savoir qui des trois Grands Disciples devait, dans l'esprit du Maître, lui succéder. Il s'agit sans conteste de Zilu. Personne d'autre que lui n'aurait été à la hauteur d'une charge aussi importante. Tout le désigne : son âge, son expérience, son caractère comme son mode de vie.

Zilu n'était pas homme à mourir prématurément de maladie. Il était fait au contraire pour aller au bout de la vie qui lui était échue. A la vivre tout entière jusqu'à la dernière journée afin de servir son Maître Confucius et accomplir tout ce qui était en son pouvoir pour que le monde troublé où il vivait se conformât un peu plus aux vœux de son Maître. Pour cela il était prêt à se sacrifier à tout instant. Et, en effet, il sacrifia sa vie, renonçant à lui-même pour accomplir son devoir.

Pourtant, et quoi qu'il arrivât, ce n'est pas lui qui se serait permis de mourir de maladie en pleine jeunesse. Le Maître lui-même fut pris au dépourvu par la mort d'un Yanhui qui, l'air grave, quitta la vie autour de la quarantaine. Il devait être extrêmement embarrassé. C'est pourquoi il s'écria : *« Ah ! Le Ciel m'a anéanti ! »* Jamais un homme comme le Maître n'aurait autrement laissé échapper une exclamation d'une telle complaisance. Je crois que le Maître était sacrément embarrassé.

Il avait pourtant fondé des espérances sur son disciple et voilà que ce dernier, comme par malentendu, se hâtait de mourir à quarante ans, pétri de pauvreté. Il y avait bien de quoi lancer un cri de détresse !

– Je voudrais dire un mot comme président de la séance. Nous ne sommes pas ici pour discuter des mérites comparés de Zilu et de Yanhui. Veuillez, s'il vous plaît, limiter votre intervention aux recherches que vous avez menées ou que vous projetez de mener sur cet éminent disciple de l'école du Maître que fut Zilu.

– Excusez-moi. Je finis toujours par m'emporter quand je parle de Zilu. D'habitude, je me tiens sur mes gardes, mais aujourd'hui je me suis laissé aller de la manière la plus déplaisante. Veuillez me pardonner. Je dirai cependant encore un mot en faveur de Zilu.

Le même Maître qui affirme avoir connu la volonté du Ciel à cinquante ans aurait-il pu s'écrier : «*Ah! Le Ciel m'a anéanti!*» à l'occasion de la mort prématurée, à quarante ans, de son jeune disciple ? Ne serait-ce pas plutôt une exclamation qu'aurait mise dans sa bouche quelque admirateur de Yanhui ? J'en suis, pour ma part, convaincu.

Il y a aujourd'hui dans cette salle de nombreux – comment dire ? – partisans ou sectateurs de Yanhui. Ils sont en tout une quinzaine, jeunes et vieux. Ce qui ne veut pas dire qu'il n'y ait aucun partisan de Zilu ni aucun sectateur de Zigong. A ma connaissance, sept personnes au moins se rangent du côté de Zilu. Zigong, il est vrai, est moins suivi. Il a pourtant lui aussi des partisans; deux d'entre eux sont présents dans la salle aujourd'hui.

Je m'écarte encore de mon sujet, mais je souhaitais que maître Yanjiang, sur les conseils et l'enseignement duquel je compte beaucoup dans l'avenir, soit informé de la situation et du rapport des forces qui règnent aujourd'hui dans les cercles confucéens de la capitale de Lu.

Mais assez là-dessus et permettez-moi de dire un dernier mot à propos de mes recherches concernant Zilu. Il y a environ un mois, je me suis joint à un groupe de marchands itinérants pour me rendre dans la capitale de l'État de Wei. Dans les environs de la ville, à un bout de la grande plaine parsemée de chênaies, j'ai pu voir le petit château où Zilu mourut les armes à la main. Le château est entouré de murailles, excepté un endroit, au nord-est, où le mur fait place à un mamelon dit Plate-Forme du Conseil. Au pied de cette hauteur se trouve le bâtiment où fut abattu Zilu, où il s'offrit aux sabres ennemis après avoir rajusté le cordon de sa toque.

A la capitale de Wei, il existe aussi une Société d'études confucéennes, et un certain nombre de ses membres m'ont guidé à travers ces monuments liés au souvenir de Zilu. Outre le lieu où il est tombé, on peut visiter non loin de là le village où il résida pendant trois ans en qualité de préfet. Aussi, à la différence de ce qui se passe à la capitale de Lu, Zilu jouit-il d'un grand prestige à la capitale de Wei et c'est là que les recherches le concernant sont les plus actives.

Au centre de ces recherches est un point que l'on n'évoque que rarement chez nous : le fait qu'ayant appris les rumeurs de troubles civils en provenance de la capitale de Wei, le Maître ait prédit que Zigao rentrerait sans encombre, tandis que Zilu, lui, irait au-devant de la mort et ne rentrerait probablement pas. La prédiction du Maître devait se vérifier, ce qui démontre la profonde connaissance qu'il avait de son disciple Zilu. Il m'a semblé que celui-ci avait davantage de partisans dans l'État de Wei où s'acheva son impétueuse existence, que dans son pays natal de Lu où il est relativement peu apprécié.

Excusez-moi pour cette tonitruante intervention. J'en ai fini désormais et voudrais prendre l'initiative de céder la parole aux deux partisans de Zigong.

– Je vous parlerai en effet au nom du groupe qui, avec deux membres seulement, est le plus modestement représenté ici, celui de Zigong.

La question débattue aujourd'hui dans notre assemblée est celle de savoir auquel de ses disciples le Maître accordait la plus grande confiance et à qui, de Zilu, Zigong ou Yanhui, il entendait confier la succession de son école. Comme déjà à d'autres occasions une majorité semble se dégager pour classer ces trois noms dans l'ordre suivant : Yanhui, Zilu, Zigong.

Yanhui est le plus populaire des disciples, Zilu vient immédiatement après lui. L'un comme l'autre possèdent des personnalités brillantes et, selon le moment, l'un ou l'autre s'impose sans peine à la première place.

Le cas de Zigong est différent. Il ne possède pas les qualités des deux autres. Manquant de brillant, ou, faudrait-il dire, de relief, on se le représente toujours tranquillement assis dans un recoin de la salle à observer l'assistance, accordant à tous une attention égale, mais peu soucieux de communiquer aux autres ses convictions.

Quant à nous, ses deux seuls partisans à cette séance, nous nous séparons sur ce point de l'opinion du plus grand nombre. C'est en effet le personnage de Zigong, toujours tranquillement assis dans un coin, qui nous inspire la plus grande confiance. Sans doute reste-t-il là sans rien dire, mais c'est lui qui fait tout ce qu'il y a à faire. Il le fait sans bruit. En silence, avec exactitude, efficacité, il règle impeccablement tout ce qu'il peut y avoir à régler.

De plus, il ne réclame aucune aide. Il sait que cela ne lui servirait pas tant. Que lui seul fera les choses comme il faut. Qu'il n'y a pas d'autre que lui et qu'il n'est nul besoin d'un autre que lui.

Il peut être avantageux dans certains cas de recourir à l'aide d'autrui, mais, bien entendu, il vaut toujours mieux s'arranger seul, sans importuner les autres. Refusons dès l'abord toute aide, tout secours, n'acceptons rien. Voilà ce que pensait Zigong, voilà ce qui faisait sa force.

Que pourrai-je encore ajouter au sujet de Zigong ? Mais voici, tandis que je cherche, qu'il s'éloigne à grands pas.

Et quand j'y réfléchis maintenant en son absence, quelle immense besogne il doit être en train d'abattre ! C'est lui qui s'occupe de tout. Il ne dit ni « Je le ferai » ni « Je l'ai fait ». Puis il repart, ne laissant derrière lui que le travail achevé. Voilà Zigong.

Si le groupe entourant le Maître put errer pendant quatorze ans à travers toute la Plaine du Milieu, c'est grâce à la présence en son sein de Zigong. Si Zigong n'avait pas été là et que Zilu et Yanhui se soient retrouvés seuls, c'eût été le désastre.

Chassés très certainement de leur lieu de séjour, ils auraient erré sans but à travers les landes et souffert de la faim. Il est fort à parier en somme qu'ils ne seraient pas revenus sans encombre à la capitale de Lu. Privé de Zigong, le groupe constitué autour de Confucius n'était pas fait pour errer dans la Plaine du Milieu en proie aux troubles.

De tous les membres du groupe entourant le Maître, Zigong était toujours le plus occupé. Pendant que les autres erraient ici ou là, Zigong employait des gens pour faire du commerce. Il servait d'intermédiaire dans d'importantes transactions entre États. Que cela plût ou non, le commerce était le seul moyen permettant à ce groupe de nomades international de circuler à sa guise, quand et comme il le voulait, sans mourir de faim. On n'a pourtant conservé aucune déclaration du Maître à ce sujet.

Il est remarquable et même étonnant que ni Zigong ni Confucius, son Maître, n'aient prêté attention à cette particularité de son personnage. Le Maître étant le Maître, je ne crois pas qu'il ait ressenti à l'endroit de Zigong de véritable reconnaissance, même quand il avait tout lieu d'être satisfait des résultats de son travail et qu'il avait conscience des efforts qu'ils lui avaient coûtés, qu'ils lui coûtaient encore.

Il faut croire qu'en ce monde toute tâche importante, toute culture et toute civilisation sont produites le plus discrètement et le plus tranquillement du monde par des hommes comme ceux-là, grâce à la rencontre d'hommes comme ceux-là. Cette idée, dont je suis redevable à Zigong, m'occupe souvent ces derniers temps.

– Merci pour cette intervention si pénétrante et si riche. Je propose que nous nous reposions un instant maintenant. Prenons le temps de réfléchir à ce que nous venons d'entendre et préparons-nous pour le cours encore imprévisible que prendra la suite de notre discussion.

Vos interventions ont stimulé Vieux Gingembre et lui ont donné l'envie de braver le ridicule de son âge et de vous communiquer ses réflexions concernant Zilu, Zigong et Yanhui.

– Je vous remercie pour cet instant de repos. Je me suis rendu compte, pendant l'interruption, que toutes ces pauses ne servaient qu'à ménager les forces déclinantes d'un vieillard. Je présente mes excuses à tous les jeunes gens de cette assistance.

Eh bien, quelle direction allons-nous maintenant faire prendre à nos débats ? Plusieurs d'entre vous ont donné leur point de vue personnel sur les Grands Disciples de la première période. Il me semble que mon tour soit venu.

En ce qui me concerne, et si vous me pardonnez l'outrecuidance d'un terme qui ne tient aucun compte des différences de conditions, Zilu, Zigong et Yanhui sont pour moi comme trois condisciples, aujourd'hui disparus. Chacun d'eux, à sa manière, avec sa personnalité bien affirmée, fut un représentant typique de l'école du Maître à ses débuts. Voilà la formule à laquelle je me suis arrêté pour rendre compte du caractère exceptionnel de ces trois hommes.

Mais, avant de poursuivre mon propos, je

voudrais donner la parole à ceux d'entre vous qui souhaiteraient intervenir pour poser une question ou pour ajouter un complément. Je vous en prie.

Des mains se sont levées. A vous.

– Bien que je sois inscrit dans le groupe le mieux représenté dans cette salle, celui qui se consacre à Yanhui, mes recherches ne se limitent pas au seul Yanhui et s'étendent également à Zilu et à Zigong. Je travaille actuellement sur un projet consistant à dresser pour chacun d'eux une chronologie grossière, mais exacte. Je rencontre cependant des obstacles. Si nous connaissons bien les dates de la naissance et de la mort de Confucius, nous sommes dans un vague complet dès qu'il s'agit de ses disciples. Pour aucun d'entre eux nous ne possédons de données biographiques fiables.

Yanhui fut un homme aux talents exceptionnels, un travailleur acharné et d'une vertu irréprochable. Tous le disent, ceux qui l'ont connu comme les autres et l'on peut admettre qu'il en était effectivement ainsi.

Mais voilà qui pose problème. Une tradition rapporte qu'à force de lire, Yanhui eut les cheveux complètement blancs dès vingt-neuf ans. Certains témoins affirment qu'il avait en effet les cheveux blancs quand ils l'ont connu, mais d'autres disent que sa chevelure était exceptionnellement noire.

Si les avis divergent sur la couleur blanche ou noire de ses cheveux, combien plus difficile il est de retracer avec exactitude ses faits et gestes tout au long de sa vie. Qu'il soit né dans la partie basse de la capitale de Lu semble certain, mais les vingt-quatre années qui vont de sa naissance au moment où il apparaît aux côtés du Maître, dans la Plaine du Milieu, nous sont à peu près entièrement inconnues. On semble s'accorder sur la réalité des voyages à Qi et à Song qu'il aurait accomplis à sa majorité, mais l'on ignore tout des dates ou des buts de ces deux voyages.

Nous ignorons jusqu'à l'âge exact qu'avait Yanhui lorsqu'il mourut. Quarante, quarante et un, quarante-deux ans : on avance les trois chiffres, sans qu'il y ait aucun moyen de dire lequel est le bon.

Zilu est originaire de bourg de Bian, dans les environs de la capitale de Lu. C'est là qu'il naquit et qu'il fut élevé. C'est le plus âgé des disciples du Maître. Il servit comme fonctionnaire dans les deux États de Lu et de Wei. En l'an 15 du duc Ai, il fut mêlé au conflit qui opposait le dirigeant de Wei à son fils et mourut d'une mort violente loin de sa patrie. Tous ces faits sont avérés et, des trois Grands Disciples du Maître, c'est Zilu dont les exploits nous sont les mieux connus. On n'en attendait pas moins de Zilu ! me disais-je quand je les passais en revue au cours de mes recherches.

Ces deux dernières années on a fait circuler de nombreuses légendes ou traditions orales concernant Zilu. En voilà un exemple éloquent : selon certains, sa mère l'aurait conçu après avoir été fécondée par la semence du tonnerre. C'est à cette filiation que Zilu, devenu adulte, aurait dû la franchise qui le faisait agir sans détour et sans déguiser ni dissimuler ses intentions.

Enfin, Zigong. La biographie de ce dernier

comporte elle aussi de nombreuses lacunes. Sa vie est comme enveloppée dans un épais brouillard percé de quelques rares trouées. Zigong est un homme de Wei, mais on ignore le lieu exact de sa naissance. Il était de trente et un ans plus jeune que le Maître. Ce sont des faits qu'il a lui-même confiés à de nombreuses personnes et nous pouvons par conséquent les accepter sans autre examen. On dit qu'il fut d'une éloquence remarquable et il n'est pas douteux qu'il ait été un homme de génie, doué d'une intelligence supérieure. Il exerça à Lu, puis à Wei des fonctions qui lui valurent chaque fois une grande renommée, mais c'est surtout dans la diplomatie qu'il semble s'être illustré.

A ce propos, il convient de mentionner à part la maîtrise exceptionnelle qu'il possédait dans les questions financières, au point qu'on a pu dire à un moment que tout l'argent de l'univers passait entre ses mains. Il ne s'agit pas d'une simple rumeur, mais de la pure vérité, comme on a pu s'en rendre compte en interrogeant ses anciens collaborateurs très versés dans certains aspects de ses activités. Il semble bien qu'il ait couvert dans leur totalité les frais occasionnés par l'exil et la mission d'enseignement de Confucius dans la Plaine du Milieu. Il est probable, en outre, qu'il se chargea de toutes les dépenses occasionnées par les funérailles de Confucius ainsi que par le deuil de trois années qu'observèrent de très nombreux disciples, dépenses qui atteignent des sommes prodigieuses.

On ne connaît pas la date exacte de sa mort, mais il vécut encore une vingtaine d'années après le départ du Maître, sans jamais quitter l'État de Qi.

Les recherches concernant Zigong sont les moins avancées de toutes celles menées sur les Grands Disciples du Maître, mais il viendra, je crois, un temps où elles occuperont une place centrale dans les études consacrées à l'école de Confucius.

Excusez-moi d'avoir abusé de votre temps en vous parlant de mes recherches. Il était bon, je crois, qu'avant de prendre la parole, notre hôte et maître Yanjiang, témoin vivant des errances du Maître dans la Plaine du Milieu, fût informé de l'état d'esprit des chercheurs du rang qui travaillent sur Confucius ou son école et de leurs projets pour l'avenir. Quant à moi, pour me présenter en peu de mots, je suis justement un de ces chercheurs du rang, m'occupant avec les faibles moyens que je possède de diverses questions secondaires relatives à l'école de Confucius.

– Je vous remercie. J'ai été frappé, en vous écoutant, par la difficulté de la tâche que vous avez entreprise. L'intérêt que suscitent parmi vous les personnages de Yanhui, Zilu et Zigong, ce qu'ils pensaient dans leur intimité, ce qu'ils cherchaient à traduire par leurs actes, dépasse toutes mes espérances.

J'imagine Zilu, Zigong et Yanhui, assis bien droits, la tête inclinée, se demandant chacun à sa façon, avec son expression, avec ses gestes propres, quelle conduite adopter dans cette circonstance.

Moi qui ne suis pas à proprement parler un disciple du Maître et qui occupe dans cette compagnie la place la plus marginale, je suis pourtant le seul à être encore en vie. Je voudrais vous exprimer au nom de mes condisciples la plus profonde reconnaissance.

Merci de tout cœur. Qu'il me soit permis de tout dire avec ces simples mots.

Et maintenant, je parlerai des Grands Disciples du Maître, tels que je les ai observés, tels que je les ai connus au cours de huit ans de vie commune et de nos tribulations dans la Plaine du Milieu.

Tout Grands Disciples de Confucius qu'ils étaient, c'étaient des hommes et, comme tout être humain, ils possédaient des qualités et des défauts. Ces qualités pouvaient d'ailleurs se révéler à l'occasion des défauts et les défauts des qualités : il est malaisé de formuler un jugement définitif concernant un homme.

Je pense que, dans le cas de mes aînés, les Grands Disciples dont je m'apprête à vous parler, les défauts qu'ils possédaient dessinent bien leurs personnalités respectives. C'est donc de leurs défauts que je partirai pour tenter de cerner leur personnage. Tant pis si une pareille méthode peut sembler désobligeante. Veuillez en convenir par avance.

Vous me voyez très embarrassé, mais je voudrais vous demander auparavant la permission de m'absenter de la salle pour quelques instants. Si vous tendez l'oreille, vous entendrez des oiseaux migrateurs qui se dirigent actuellement vers le sud en survolant la maison. Ainsi, excusez-moi un instant.

Je vous parle de l'entrée. Plusieurs vols passent à l'instant au-dessus du village. L'un d'entre eux

vient de s'éloigner, mais plusieurs autres, me semble-t-il, s'apprêtent à traverser le ciel à sa suite.

Si vous le souhaitez, vous pouvez sortir par ici et aller vers la porte au fond du jardin. Il est rare d'observer des vols de cette importance.

Mais on peut les voir aussi de l'entrée. Venez donc par ici. Tenez, en voilà encore plusieurs qui apparaissent là-bas à l'horizon. Les voilà qui s'approchent à toute vitesse. Sont-ils sous la conduite d'un chef pour voler dans une formation aussi régulière ?

Les trois ou quatre premières années de mon séjour dans ce village, on pouvait voir chaque année, au printemps et en automne, des nuées d'oiseaux migrateurs, mais voici plus de vingt ans qu'ils avaient disparu. Cette année pourtant, au printemps comme en automne, des groupes importants ont à plusieurs reprises traversé le ciel. Quel merveilleux spectacle ! On n'en voit guère de pareils à la capitale de Lu, n'est-ce pas ?

Mais voilà que, pour avoir entendu les oiseaux, j'interromps notre discussion et que je sème le désordre dans notre assemblée si paisible !

Un ou deux vols, je pense, vont encore apparaître à l'horizon. Voyons-les passer et mettons fin à la distraction.

La première fois que j'ai observé ces déplacements d'oiseaux migrateurs volant par groupes disposés en formations parfaitement régulières, ce fut, je crois, sur les berges du fleuve Huai dans la Plaine du Milieu. C'était une migration d'une ampleur exceptionnelle, et tous, à commencer par le Maître, regardaient le Ciel avec une très grande émotion. Il nous fallut ensuite une torsion des deux mains pour que notre cou se remette en place. Zilu montra l'exemple, puis nous fîmes comme lui, d'abord le Maître, puis Yanhui, puis Zigong.

Plus de quarante ans se sont écoulés depuis ces instants, qui ont fini par reculer dans la nuit du temps. De tous ceux qui avaient observé les oiseaux ce jour-là, je suis le seul à être encore en vie et à contempler aujourd'hui ces vols immenses qui traversent le Ciel.

2

Je vous prie de m'excuser pour tout le bruit que j'ai fait autour de ces oiseaux. Je n'ai réussi qu'à détruire l'atmosphère de calme et de travail qui s'était instaurée parmi nous et dans laquelle se succédaient les interventions au sujet de Zilu, Yanhui et Zigong.

Permettez-moi maintenant de m'acquitter de ma promesse et de vous faire connaître ma pensée concernant Zilu, Yanhui et Zigong, les Grands Disciples de la première période.

En l'an 3 du duc Ai de Lu [1], je me joignis au groupe du Maître qui errait alors dans la Plaine du Milieu, et, associé aux disciples de son école, j'entrai pour toujours au service de sa personne. Je ne cessai de le servir même après son retour à la capitale de Lu et cela jusqu'à son départ pour l'autre monde.

Ainsi j'ai côtoyé pendant onze ans Yanhui qui mourut peu après notre retour à Lu et pendant

1. 492 avant J.-C. *(N.d.A.)*

douze ans Zilu, qui fit le sacrifice de sa vie à la capitale de Wei. Vous m'avez appris que Zigong était resté en vie pendant vingt et un ans après le départ du Maître, mais je ne l'ai plus revu après le deuil de trois ans que nous observâmes auprès du tombeau de celui-ci, si bien qu'au total je l'ai connu environ seize à dix-sept ans.

Je vous l'ai déjà dit, mes fonctions à l'académie du Maître étaient, pour parler concrètement, celles d'un factotum et j'ai quelque scrupule à me présenter comme un membre à part entière de son école. Mais il y a plus de trente ans que la mort m'a séparé de Zilu et de Yanhui. J'espère qu'ils se souviendront du passé avec affection et qu'ils ne prendront pas l'air courroucé si je parle d'eux en leur donnant les noms de condisciples et d'aînés.

Voici donc mon opinion franche et sincère sur Zilu, Yanhui et Zigong, que vous appelez « les Grands Disciples de la première période », mais que le Maître désignait comme « ceux qui m'ont suivi à Chen et à Cai », voulant rappeler par là les souffrances qu'ils avaient partagées avec lui dans les landes de Chen et de Cai.

J'évoquerai tout d'abord la figure de Yanhui. C'est lui qui compte le plus de partisans dans cette assemblée et je pense qu'il est naturel de commencer par lui.

Lorsque nous fîmes connaissance, Yanhui avait trente ans et moi vingt-cinq. Cinq années seulement nous séparaient, mais sa personnalité et son éducation semblaient mettre entre nous un océan infranchissable.

Pendant les onze ans qui vont de sa trentaine à sa mort à quarante et un ans, je n'ai cessé de l'approcher comme si je contemplais l'immensité d'un océan ou levais la tête vers le sommet d'une haute montagne.

Pour le dire en un mot, je crois que Yanhui possédait de naissance une intelligence hors du commun et un cœur droit et pur. C'était, si l'on peut dire, un véritable génie qui avait reçu du Ciel ces deux présents inestimables.

Yanhui vénérait le Maître à l'égal d'un père et le respectait du fond de son cœur. Pour se rapprocher un peu plus du Maître, il ne cessait d'étudier, de réfléchir, de s'exercer, y employant chaque instant de sa vie sans ménager ses efforts. Admirable attitude que nul ne saurait égaler !

Cette dévotion qui l'habitait, Yanhui l'introduisit dans l'éloge qu'il fit de son Maître. Vous l'avez lu ici tout à l'heure, Madame, mais je me permettrai de le relire à mon tour. Quand je prononce ces lignes, il me semble voir devant moi le beau visage de Yanhui, qu'animait une volonté inflexible qui ne se relâchait jamais :

« J'ai beau lever les yeux, il me paraît toujours plus élevé. J'ai beau creuser, il résiste toujours plus. Je crois le voir devant moi, et voilà qu'il est soudain derrière. Notre Maître est habile à nous guider. Il nous élargit avec les livres, il nous resserre à l'aide des rites. Je voudrais m'arrêter, mais je ne le puis. Mon esprit est à bout de ressources et voilà que mon pied trouve prise et c'est comme si je me tenais sur les hauteurs. Je veux le suivre, mais je perds ma peine. »

Quelle ardeur, quelle élévation d'âme chez ce prodige de l'école de Confucius. N'est-ce pas précisément cette disposition d'esprit que désigne l'expression « maintenir les yeux levés sur son maître » ?

Il me semble que Yanhui consacrait à l'effort chaque instant de son temps de veille. Il s'efforçait sans relâche de mettre en pratique l'enseignement du Maître. Au milieu des pires difficultés, il gardait un visage impassible et ne cessait de tendre vers l'idéal de droiture, de rigueur et de pureté qu'il s'était fixé.

Je sais, hélas, peu de chose sur le jugement que le Maître portait sur son disciple et sur ce qu'il a pu dire à son sujet.

Un seul épisode est resté gravé dans ma mémoire, encore est-il postérieur à la mort de l'intéressé. Le duc Ai de Lu avait demandé au Maître quel était parmi ses disciples celui qui avait le goût le plus vif pour l'étude. Voici la réponse du Maître, telle qu'on me l'a rapportée :

« Il fut un homme nommé Yanhui. Il aimait l'étude. Jamais il ne s'emportait, jamais il ne répétait son erreur. Par malheur, il mourut de mort prématurée et voilà qu'il n'est plus. Depuis, je n'ai pas encore entendu parler d'un homme qui aimât l'étude [1]. »

Yanhui peut reposer en paix.

Voilà encore ce que j'ai entendu de la bouche de Zilu, toujours après la mort de Yanhui. Un jour, tandis que Zilu et Yanhui se tenaient aux côtés du

1. *Entretiens*, VI, 3.

Maître, celui-ci leur demanda à chacun de lui dire quel était son plus grand désir. Zilu dit alors :

« Je voudrais pouvoir tout partager avec mes amis : voiture, chevaux, vêtements, fourrures, et ne ressentir aucune colère si l'un quelconque de ces objets se trouve abîmé ou hors d'usage. »

Yanhui prit la parole et dit :

« Je voudrais être capable de faire une bonne action sans en éprouver d'orgueil, ne plus ressentir le besoin d'étaler mes mérites. »

Comme s'il avait été satisfait de leurs réponses, le Maître prit la parole à son tour et exprima le désir suivant :

« Quant à moi je voudrais être un homme qui console les plus vieux, jouit de la confiance de ses amis, et de l'amour des plus jeunes [1]. »

Il y a encore une anecdote au sujet de Yanhui qui m'a frappé au plus haut point et que je vais vous raconter. Cela s'est passé avant que je ne rejoigne le groupe des disciples du Maître. Celui-ci se trouvait alors dans la région de Kuang où il fut attaqué par une foule en colère. A cette occasion, Yanhui se trouva séparé du groupe et on s'inquiétait déjà pour lui quand il finit par réapparaître. Le Maître lui dit alors :

« Yanhui ! Je te comptais déjà parmi les morts et voilà qu'il m'est donné de te revoir ! »

Yanhui lui répondit :

« Tant que le Maître est vivant, comment Hui pourrait-il mourir [2] ? »

1. *Entretiens,* V, 26.
2. *Entretiens,* XI, 23.

Chaque fois que je pense à cet épisode, j'imagine sans difficulté le face à face du Maître et de son disciple, chacun anxieux de s'assurer de la bonne santé de l'autre. Un maître et son disciple, en effet, ou plutôt un père et son fils. Les deux personnages échangent des propos si sublimes qu'on dirait des êtres d'un autre monde.

A l'instant encore, tandis que je parle, je crois apercevoir devant moi leurs deux silhouettes. Ah! Comme j'aurais voulu assister en personne à cette scène et les entendre échanger des propos d'une beauté aussi rare.

Il me semble qu'il s'agit d'un événement dont il est peu d'exemples en ce monde, tel que le seul spectacle de ces deux silhouettes suffit pour qu'on se dise : j'ai bien fait de venir en ce monde!

Je vous citerai encore une parole que le Maître prononça au sujet de Yanhui et qui produisit sur moi une forte impression.

Ce fut après la mort de Yanhui, à l'issue des funérailles qui avaient été magnifiques. Se tournant vers celui qui se tenait près de lui, le Maître lui dit :

« Yanhui me considérait comme un père et moi, je n'ai su l'ensevelir comme un fils : sobrement, sans attirer les regards [1]. »

Voilà quelles furent les paroles du Maître et on y sent la tristesse poignante, mais silencieuse qui l'envahit à la mort de son disciple bien-aimé.

Il souhaitait sans doute accompagner Yanhui à son dernier séjour à la manière d'un véritable père,

1. *Entretiens*, XI, 11.

discrètement, tranquillement, en silence, comme le demandait aussi la condition de son disciple dont la famille était du rang le plus modeste.

Cet épisode, qui m'a été raconté par un tiers, illustre d'une manière particulièrement sensible la beauté des rapports qui unissaient le Maître et son disciple Yanhui.

Cependant, quoi qu'on puisse dire de ces rapports, que le Maître ait ou non estimé Yanhui au-dessus des autres est une autre question. Quant à savoir s'il projetait d'en faire son successeur après sa mort, c'est encore une question différente et extrêmement délicate.

Voilà pourtant ce que le Maître aurait sans doute répondu à qui l'aurait interrogé là-dessus :

« Bien sûr que j'ai une très haute estime pour Yanhui. Cet homme est d'un génie rare, comme il n'en paraît que peu au cours d'une même époque. Mais savoir à qui confier ma succession après ma mort est un autre problème. Yanhui est excessif en tout. Il est intelligent à l'excès, pur à l'excès, zélé à l'excès, studieux à l'excès. Aussi n'est-il pas l'homme à qui confier ma succession. Il doit plutôt se frayer en solitaire son propre chemin, que nul n'a foulé avant lui. »

Si le Maître dit à la mort de Yanhui : *« Le Ciel m'a anéanti ! »*, ces paroles n'étaient pas l'expression de sa déception ou de son chagrin devant la perte de son successeur. Le Maître ne pouvait pas voir sans désespoir la disparition prématurée d'un pédagogue, d'un penseur, d'un philosophe d'exception qui, mieux que lui, quand il ne serait plus là, était capable de ramener l'ordre dans le monde chaotique où nous vivons.

Voilà qui était Yanhui. Mais comment apparaissait-il à des yeux autres que ceux du Maître?

En dehors de ses heures de sommeil, Yanhui ne cessait de lutter, d'étudier, de s'escrimer de toutes les façons. Aussi pouvait-il paraître forcé, laborieux, rigide même. On ne sentait guère chez lui le naturel, l'insouciance, la légèreté qui faisaient l'attrait de Zilu.

Il m'était beaucoup plus facile, et je suis loin d'être le seul dans ce cas, de témoigner de l'affection à ce dernier, plus sociable et plus accueillant. Il n'y avait là rien que de naturel.

Vingt ans séparaient Yanhui de Zilu, une différence importante qui devrait interdire toute tentative de comparaison. Mais Zilu faisait oublier son âge à ses interlocuteurs et l'on n'avait jamais conscience d'avoir affaire au plus ancien des disciples du Maître. Il y avait une aisance admirable dans toutes ses manières.

Je crois, et ceci est une remarque tout à fait personnelle, que Yanhui ne montra jamais à personne un visage irrité, si grand que fût son déplaisir. Attitude admirable sans conteste, mais que Zilu dans son for intérieur n'a jamais dû vraiment approuver.

Pour autant que je sache, il est vrai, à aucune occasion Zilu ne s'est permis la moindre allusion qui laissât deviner sa réprobation. C'est tout à son honneur, mais il y avait aussi en Yanhui une résolution qui explique la retenue de Zilu.

Un secrétaire de séance vient à l'instant de m'adresser un message. Plusieurs partisans de Yanhui, membres du Cercle d'études qui lui est consacré ou, serais-je tenté de dire, de sa chapelle, voudraient me poser un certain nombre de questions à son sujet. Je serai heureux de leur répondre, mais je préfère remettre les questions à plus tard et vous communiquer d'abord, comme convenu, mes considérations et mes réflexions concernant Zilu et Zigong, les deux autres disciples.

Je ferme donc là le chapitre de Yanhui afin d'aborder celui de Zilu. A la mémoire de ce dernier, s'associe toujours chez moi le moment où, souffrant de famine dans les landes de Chen et de Cai, nous entrâmes chancelants et à moitié morts dans un hameau de quelques huttes de terre séchée à la frontière de l'État de Chen.

Je crois vous avoir déjà parlé, il est vrai brièvement, de cet épisode lors de notre première réunion : certains d'entre vous ont entendu mon récit, d'autres non.

Quarante-trois ou quarante-quatre ans se sont, quand on y pense, écoulés depuis ces événements. Le groupe entourant le Maître séjournait depuis trois ans dans la capitale de Chen quand, soudain, on apprit que l'État de Chen allait être la scène d'une bataille décisive entre Wu et Chu. Nous quittâmes alors précipitamment l'État de Chen et prîmes la route de Fuhan, ville située en plein territoire Chu. L'incident dont il s'agit eut lieu pendant ce voyage.

Nous étions tous affamés quand nous finîmes par entrer dans un petit village à la frontière de l'État de Chen. Chacun prit place sur les berges d'un large étang et se laissa tomber à la renverse sous les paulownias en fleur, terrassé par la faim et la fatigue.

A ce moment Zilu se leva et d'un pas chancelant marcha sur le Maître qui, assis un peu à l'écart, pinçait les cordes de sa cithare.

« Un gentilhomme connaît-il des situations sans issue ? » lança-t-il presque violemment à l'adresse du Maître. Il paraissait furieux. Il l'était vraiment peut-être.

« Un gentilhomme connaît-il des situations sans issue ? » demanda Zilu une seconde fois.

Alors le Maître repoussa la cithare et, se tournant vers lui :

« *Bien sûr,* dit-il, *le gentilhomme connaît des situations sans issue.* » La force et la vigueur de sa voix nous surprirent. « *Dans les situations sans issue,* ajouta-t-il alors, *c'est l'homme vulgaire qui se trouble.* »

Chacun se sentit obligé de rectifier sa posture. Mais ce fut Zilu, à n'en pas douter, qui ressentit le plus fortement la force explosive et tonique de ces mots. Il se plaça au milieu de nous, écarta largement les bras et se mit à danser lentement. Devant la double réponse du Maître : « *Bien sûr, le gentilhomme connaît des situations sans issue* », puis : « *Dans les situations sans issue, c'est l'homme vulgaire qui se trouble* », frappé par la splendeur qu'elle portait en elle, il ne trouva en lui d'autre manière de réagir que d'étendre largement ses bras et de se mettre à danser en abandonnant son corps au rythme d'un lent et ample balancement.

J'aime le Zilu de cet instant et c'est l'existence de ce Zilu-là qui me fait aimer celui que je connus par la suite.

Zilu était vif et ardent. Mais surtout la plus grande part de son être était constituée par quelque chose de très pur.

On rapporte de nombreux faux pas commis par Zilu. Le plus souvent il s'agit de jugements ou de conduites qui lui sont propres, dont il est difficile de dire au premier abord si elles méritent l'éloge ou le blâme et qui donnent lieu à des scènes où le Maître le reprend avec douceur et parfois avec sévérité. Les faux pas sont indéniables, mais l'on sent toujours, dans ces scènes d'aimable comédie, l'affection que nourrissait le Maître envers son disciple.

Dans sa jeunesse, Zilu aurait fait partie d'une bande de mauvais sujets. Il aurait rendu visite au Maître dans le but de lui extorquer un document, mais serait ressorti de chez lui, contre son attente, subjugué par la personnalité et l'imposante culture du Maître.

On peut rire tout simplement à ces récits des faux pas de Zilu, mais ce sont en même temps des documents irremplaçables où l'on peut lire l'amour qui unissait le Maître à son disciple ainsi que leurs pensées à tous deux et leur vision de la vie.

Sans doute en avez-vous recueilli un certain nombre de toute origine. Je voudrais bien qu'on organise un jour une séance spéciale consacrée à la communication de ce genre de matériaux. J'aurais beaucoup à apprendre dans une telle occasion.

Mais permettez-moi de m'attarder encore quelque temps sur le personnage de Zilu afin d'entrer plus au fond de mon propos et de vous dire ma véritable pensée à son sujet.

De Zilu, Zigong et Yanhui, ses trois Grands Disciples de la première période, doué chacun de qualités exceptionnelles, quel fut donc celui pour lequel Confucius, leur Maître, nourrissait la plus grande affection ?

Cette question m'est déjà venue à l'esprit au cours de notre errance dans la Plaine du Milieu, à Chen comme à Cai. Aujourd'hui encore, il m'arrive d'y réfléchir malgré l'espace de temps à peine concevable qui nous sépare de ces événements.

Récemment, je veux dire il y a quelques années, je suis parvenu à la conclusion suivante. Le disciple pour lequel le Maître nourrissait l'affection la plus vive n'était sans doute ni Yanhui ni Zigong, mais bien Zilu.

Si l'on avait interrogé le Maître sur les raisons qui lui faisaient préférer ce dernier :

« Zilu, aurait-il répondu, est un homme qu'il ne faut pas quitter des yeux. On ne sait jamais quand il peut mourir. »

Mais quel fut donc alors celui en qui le Maître voyait un possible successeur ? Si ce n'était pas Yanhui, ne faut-il pas que cela ait été Zilu ? Voilà comment le Maître aurait répondu encore, si on lui avait posé cette question :

« De quelque point de vue qu'on envisage la chose, il serait vain de confier à Zilu la responsabilité de ma succession. Je ne crois pas qu'il soit encore vivant au moment où il lui faudra la reprendre. S'il lui faut donner sa vie pour une juste cause, il la sacrifiera à l'instant. Il aurait plusieurs vies que cela ne suffirait pas. Zilu est ainsi. »

Zilu était effectivement ainsi. Disciple du Maître et membre de son école, il avait su rester en vie jusque-là, mais, pour peu qu'il quittât la protection du Maître et s'aventurât seul dans la société, aucun nombre de vies ne lui suffirait plus.

C'est en tout cas ce que je crois, et je pense que le Maître voyait lui aussi Zilu de cette façon. En effet, à peine l'avait-il quitté des yeux et laissé partir dans un autre État que, sans hésiter, Zilu donnait son unique vie pour la justice.

Comment le Maître aurait-il pu confier le soin de sa succession à un tel homme ? Loin de compter sur lui après sa mort, ne fallait-il pas au contraire qu'il multiplie sans cesse les précautions afin de lui garder la vie sauve ?

J'aimais Zilu autant que le Maître l'aimait. A la fin de nos errances dans la Plaine du Milieu, quand nous nous installâmes dans la capitale de Wei, j'eus de nombreux contacts avec lui pour des questions de service et nos conversations prenaient souvent un tour amical. Zilu me traitait toujours comme un disciple à part entière.

Le Maître dit un jour qu'il n'avait pas su préserver Zilu. Je pourrais l'imiter en disant que, moi non plus, je n'ai pas su préserver de la mort celui des disciples du Maître qui m'était le plus cher.

Alors que Zilu et Zigao se trouvaient tous deux en fonction loin de Lu, le Maître, en apprenant que des troubles avaient éclaté dans l'État qu'ils servaient, aurait dit :

« Zigao rentrera sain et sauf. Quant à Zilu, il ne reviendra pas vivant. »

Je vous l'ai déjà raconté, Zigao revint en effet sain et sauf comme l'avait prédit le Maître, tandis que Zilu, comme l'avait également prédit le Maître, ne devait plus fouler le sol de Lu, son pays natal. Le Maître lui-même n'avait pas su préserver la vie de son disciple. Avec la mort de Zilu, commença la période la plus sombre de son existence.

Après avoir perdu ce qu'il avait de plus cher au monde, pouvait-il éprouver autre chose qu'un sentiment de solitude et de désolation ? L'année suivante le Maître mourut à son tour comme pour rejoindre son disciple dans la tombe.

Il y aurait encore beaucoup à dire au sujet de Zilu, mais je m'en tiendrai à ce rappel de l'immense amour que lui portait le Maître, de l'affection dont il l'entourait et je passerai au cas de Zigong.

Il y a, je crois, aujourd'hui parmi nous seulement deux personnes dont l'intérêt se porte principalement sur Zigong. Des trois Grands Disciples de la première période, Zigong est le plus discret, le moins brillant et, par conséquent, celui qui attire le moins d'attention et de partisans.

De tous les Grands Disciples du Maître, c'est

aussi celui dont la personnalité m'est la mieux connue. C'est avec lui que j'ai passé les trois années de deuil sur la tombe du Maître, au cours desquelles, j'ai maintes fois assisté à ses conférences sur celui-ci, qu'il prononçait à sa façon, discrète, mais ferme.

Trente ans se sont écoulés depuis lors et Zigong, celui des Grands Disciples qui a pourtant vécu le plus longtemps, est mort à son tour.

A mesure que passaient les années, j'en suis venu à accorder une estime toujours plus grande à l'homme que fut Zigong. Pourquoi? Je m'en vais vous le dire, mais le crépuscule approche, la nuit va bientôt tomber et je reporterai à la prochaine fois l'analyse détaillée du caractère de Zigong, me limitant aujourd'hui aux seules conclusions.

Il vint un temps dans la vie de Zigong où il renonça à l'étude et au perfectionnement personnel et se persuada une fois pour toutes que le sens de son existence en ce monde, autrement dit la volonté du Ciel en ce qui le concernait, consistait dans le service de son Maître Confucius.

Zigong avait lié le sens de sa venue au monde, et des quelques dizaines d'années qu'il devait y passer, à la personne de Confucius, son Maître. Je ne saurais dire si une telle attitude face à l'existence mérite ou non l'approbation. Zigong lui-même l'ignorait peut-être.

De tout cela, je ne m'en avisai que bien après la mort du Maître, après la mort de Zigong lui-même, au cours des cinq ou six dernières années de ma vie dans ces montagnes.

Tandis que, m'attardant près du foyer de cette

chaumière, j'évoquais le souvenir de Zilu et repassais dans mon esprit tel ou tel épisode de son existence, ce n'est pas sans effroi que je voyais se dessiner devant moi le visage sévère de cet homme à la conviction inébranlable qui, dans une abnégation admirable, avait renoncé à sa vie et l'avait offerte tout entière à Confucius son Maître.

Ne s'était-il pas donné pour tâche de subvenir à tous les besoins du groupe des disciples du vivant de celui-ci ?

On connaît le talent de Zigong pour l'accumulation des richesses et l'on y voit souvent quelque chose de négatif. Me permettra-t-on de dire que personne d'autre que lui n'a sans doute jamais fait meilleur usage de ce talent ?

A la mort du Maître, Zigong organisa des funérailles d'une somptuosité à peine concevable à l'époque et observa un deuil de trois ans à la tête d'un groupe de soixante-dix disciples. Toutes les dépenses auraient, dit-on, été à sa charge. J'en suis pour ma part convaincu.

Je voudrais de cette tribune vous soumettre une proposition. Ne pourrait-on pas intensifier les recherches concernant Zigong, réunir de nouveaux matériaux se rapportant à lui ?

Les documents relatifs à Zigong devraient être un mine de renseignements concernant Confucius lui-même.

Pendant les trois années de deuil que Zigong m'a permis de passer près du tombeau du Maître, j'ai eu l'occasion d'entrer en contact avec lui et je dispose d'un certain nombre de documents le concernant.

3

Il fait déjà bien sombre. Pendant cette courte pause, deux ou trois questions m'ont été remises de votre part.

Bien que la nuit s'apprête à tomber, les secrétaires me demandent de poursuivre mon intervention et de répondre aux questions qui ont déjà été posées.

Si ceux qui doivent rentrer à la capitale de Lu n'y voient pas d'inconvénient, je n'ai pour ma part aucune raison de m'y opposer. A question d'aujourd'hui, réponse d'aujourd'hui. Ce sera beaucoup plus satisfaisant ainsi.

Je vais donc laisser là le sujet des disciples du Maître et répondre, avant de clore la séance, aux questions qui viennent de me parvenir. Je dois dire cependant que ces questions sont toutes extrêmement difficiles et, sur bien des points, les faibles connaissances de Vieux Gingembre ne lui permettront pas de répondre. Veuillez en prendre acte par avance.

La première est en fait une liste comportant quelque vingt ou plutôt trente noms de disciples présumés du Maître. On me demande combien je connais d'entre eux et que je dise franchement mon avis sur chacun de ceux-ci. C'est une question à laquelle il me sera très difficile de répondre. Mais commençons par donner lecture des noms qui figurent sur la liste : Fan Chi, Ziyou, Zizhang, Ran Qiu, Zai Yu, Nan Rong, Gongye Chang, Zijian, Zhonggong, Qidiao Kai, Gongxi Hua, You Ruo, Yuansi, Min Ziqian, Ran Boniu, Dantai Mieming, Zixia, Wuma Shi, Lao, Yan Lu, Zeng Shen, Zigao, Zeng Dian, Sima Niu.

La plupart me sont familiers, car ce sont les noms de disciples fameux du Maître. Mais il y en a beaucoup que je n'ai jamais vus ou que je ne connais pas assez pour pouvoir vous en parler.

J'ai rencontré à peu près la moitié des hommes qui figurent sur cette liste. Mais ce furent pour la plupart des rencontres sans lendemain, dont il n'y a rien de plus à dire. Je n'ai eu qu'avec la moitié d'entre eux des relations suffisamment suivies pour pouvoir évoquer leur personnalité.

Mais, si l'on ne s'en tient qu'à ceux que j'aurais vraiment à cœur de vous faire connaître, je n'en garderai encore qu'une moitié, deux ou trois personnes, en l'occurrence.

Quitte à vous décevoir, je compte choisir dans cette liste deux ou trois membres remarquables de l'école du Maître parmi ceux que j'ai fréquentés personnellement et je vous en parlerai à notre prochaine séance en complément à mes propos sur les trois Grands Disciples. Les secrétaires de séance m'ont demandé de répondre ce soir aux questions que vous m'avez posées, mais celle-ci demande une certaine préparation et je vous serai reconnaissant de bien vouloir patienter jusqu'à la fois prochaine.

Il pourrait, après tout, y avoir sur cette liste des personnes qui, comme moi, sont encore en vie trente-trois ans après la mort du Maître.

Contrairement à Vieux Gingembre, il s'agirait alors de membres en vue de l'école du Maître. Il est peut-être encore temps de récolter auprès d'eux des informations vivantes sur l'enseignement dispensé par le Maître à la capitale de Lu, et sur les différents courants qui se sont naturellement fait jour parmi les disciples et leur évolution.

Je ne pense pas du reste que vous ayez rien négligé. L'émotion que j'ai éprouvée à la vue de cette liste m'aura entraîné à des réflexions superflues.

Mais passons à la question suivante. On me demande quels noms devraient être retenus si l'on voulait constituer une liste de « Dix Sages de l'École confucéenne ». C'est encore une question très épineuse.

L'auteur précise qu'à son avis il n'est pas question d'exclure Zilu, Zigong et Yanhui, les Trois Disciples de la première période, qu'il leur faudrait au contraire donner les trois premières places : Yanhui le Vertueux, Zilu l'Éloquent, Zigong le Politique. Reste à débattre des candidats aux sept places restantes : quels noms retenir ?

La question est aussi épineuse qu'importante et je suis incapable de lui apporter une réponse sur-le-champ. Patientez un peu et laissez-moi y réfléchir jusqu'à la prochaine fois. Je ne suis d'ailleurs pas sûr que ma réponse vous soit d'aucun secours. Contrairement à moi, vous disposez d'une vision d'ensemble de l'École confucéenne et votre jugement sera ici mieux fondé.

Il reste une dernière question. Une question subtile, aussi délicate qu'elle est intéressante.

Pour qu'il n'y ait pas de malentendus, je vous en lirai l'énoncé intégral.

*

– Le fragment suivant est récemment parvenu à ma connaissance. Il a été découvert dans une liasse de vieux documents et il est impossible d'identifier l'auteur de cette inscription.

« *Quand il était en service auprès du Maître, Min Zikian était l'impartialité même, Zilu la hardiesse, Ran Qiu et Zigong la sérénité. Le Maître était heureux. Il dit : Un homme comme Zilu ne saurait avoir une mort ordinaire*[1]. »

On pourrait l'interpréter de la manière suivante.

Auprès du Maître, Min Zikian se montrait parfaitement mesuré. Jamais il ne s'abaissait à la flatterie ni ne se départait de son calme. Zilu, tout d'une pièce, d'une intégrité qui rejetait tout compromis avec l'erreur, se tenait fièrement à ses côtés comme s'il fût le seul commis à sa garde. Ranqiu et Zigong se tenaient en retrait, dociles et

1. *Entretiens,* XI, 13.

ravis d'être là. Entouré de tous ces disciples, le Maître se montrait toujours heureux. Mais son bonheur ne semble pas avoir été exempt d'inquiétude et il lui est arrivé de remarquer que Zilu ne vivrait sans doute pas jusqu'au bout du temps qui lui avait été imparti par le Ciel.

Qui a pu rédiger ces mots trouvés inscrits sur un lambeau dans une liasse de vieux papiers ? Ce doit être, à mon avis, quelque disciple important de l'École de Confucius, mais je voudrais connaître là-dessus l'opinion de maître Yanjiang.

Je voudrais lui demander aussi si l'atmosphère entourant le Maître et ses disciples que décrit ce fragment est bien rendue et quelles réflexions elle lui inspire. En somme, s'agit-il, pour vous, d'un document de premier ordre ou non ?

*

– Malgré l'origine modeste de ce fragment, trouvé, dites-vous, au milieu d'une liasse de vieux papiers, il me semble que ce texte encore inconnu est d'une grande valeur. Il s'agit sans aucun doute d'un document rare et de première importance. Le style en est aussi remarquable. Il n'a pu être écrit par n'importe qui. Il nous montre Min Ziqian aux côtés du Maître, calme et imperturbable en toutes criconstances; un peu plus loin se tient Zilu, les bras croisés, prêt à riposter à tout propos qui s'écarterait de la justice, de quelque bouche qu'il provienne. De l'autre côté, Zigong et Ran Qiu, dont l'apparence respire la paix, échangent joyeusement des hochements de tête approbateurs.

Le Maître paraissait toujours enchanté de se trouver entourés de ces disciples aux personnalités si diverses. Mais son bonheur n'était pas exempt d'inquiétude et il lui est arrivé de remarquer que Zilu avait peu de chances de vivre jusqu'au bout de son temps. Le bonheur régnait dans les bâtiments de l'école, mais sur ce seul sujet le Maître n'avait pas l'esprit entièrement tranquille.

La lecture de ce document a fait resurgir en moi le souvenir des entretiens que nous avions avec le Maître dans les salles de son académie de la capitale de Lu. Il y avait longtemps que je ne m'y étais pas replongé. Le Maître est confortablement assis en tailleur. A ses côtés, aux deux places d'honneur à sa droite et à sa gauche, se tiennent tout naturellement les Grands Disciples, chacun dans la pose qui lui convient. Parfois des instruments à percussion sont installés au milieu de la pièce.

Il nous suffisait d'être là pour sentir notre attention décuplée, notre corps purifié. Chacun venait ici pour entendre de la bouche du Maître ces paroles qui avaient la force d'ébranler la terre et le ciel, mais l'on était comblé quand bien même le Maître gardait le silence. Chacun cherchait à deviner les pensées qui l'occupaient. Telle était l'influence qu'il exerçait sur nous par son extraordinaire personnalité.

Qui pourrait être l'auteur de ses lignes ? Il me semble qu'elles ont été recopiées sur des notes rédigées par Zigong. Je l'ai dit brièvement tout à l'heure; Zigong, l'un des Grands Disciples, s'était entièrement dévoué à la personne du Maître et avait mis toutes ses forces à son service.

Or, si l'on examine ce document sans préjugé, on y reconnaît le souci de servir le Maître qui était la préoccupation constante de Zigong. La remarque du Maître au sujet de Zilu et de la mort prématurée qui l'attend est un élément précieux pour notre connaissance du Maître, et Zigong est sans doute le seul qui ait pu la consigner. L'auteur s'est peint lui-même dans le tableau, un tour d'adresse qu'il fallait être Zigong pour réussir. Zigong s'observait en effet avec la plus grande rigueur.

Si Yanhui ne figure pas dans le tableau, c'est qu'il n'était déjà plus en vie à cette époque.

Je profite de l'occasion pour dire deux mots au sujet de ce Min Ziqian dont Zigong évoque avec sympathie l'impassibilité. J'avais aussi de l'affection pour cet homme, de vingt ans mon aîné. C'était un homme inflexible, d'une piété filiale irréprochable, un homme qui comptait, je crois, au sein des disciples du Maître.

Je m'en tiendrai là pour aujourd'hui. L'un de vous aurait-il quelque chose à ajouter?

Une main s'est élevée au fond de la salle. Vous avez encore une question?

– Votre intervention, pendant laquelle j'ai pu m'imaginer les Grands Disciples Min Ziqian, Zilu, Ran Qiu et Zigong réunis autour du Maître, m'a beaucoup donné à réfléchir.

Il s'agit peut-être d'un pur caprice de ma part, mais ne pourrait-on pas vous demander, maître Yanjiang, de nous raconter pour finir quelque souvenir se rapportant à un débat ou à un entretien autour du Maître auxquels vous auriez vous-même assisté ?

– C'est entendu. Attendez que je rassemble mes idées. Je ne sais pas si vous serez satisfait, du moins vous raconterai-je un épisode de ce genre, après quoi nous pourrons clore cette séance, déjà trop longue.

Voyons... Est-ce que j'ai à vous raconter quelque souvenir mémorable relatif aux causeries du Maître ? Moi qui ne suis même pas à proprement parler un de ses disciples... Il m'est bien arrivé d'assister d'un coin de la salle à ses entretiens, mais d'une manière tout à fait occasionnelle.

Il est vrai que je pouvais faire le timide et le modeste autant que je voulais, jamais le Maître ne semblait attacher une importance particulière à ma présence.

Quand pour quelque raison il lui arrivait de s'aviser de celle-ci :

« Eh bien, disait-il parfois, que penses-tu de ce que nous avons dit ? J'avais justement l'intention de te demander un jour ton avis. Si tu as un moment de libre, passe donc me voir, nous en discuterons. »

Dans ces moments son visage exprimait une telle bonté que je me sentais prêt pour lui à tous les sacrifices, jusqu'à la mort, s'il le fallait. Je ne suis pas étonné que tant de disciples aient été disposés à faire l'impossible pour le Maître.

Mais j'allais vous parler de cette causerie... Oui, c'est cela. Que cela vous plaise ou non, je vous raconterai du début à la fin une séance à laquelle il m'a été donné d'assister.

C'était, je crois, dans la seconde année après la fin de nos errances dans la Plaine du Milieu et notre installation à la capitale de Lu. Une longue série de malheurs : la mort de Boyu, celle de Yanhui, celle de Zilu, puis celle du Maître lui-même devaient bientôt s'abattre sur notre académie, mais aucun signe avant-coureur n'était encore venu troubler notre tranquillité.

Un jour, au début du printemps, Zilu, Zeng Dian, Ran Qiu et Gongxi Hua s'étaient rassemblés autour du Maître dans une salle donnant sur la cour intérieure du bâtiment.

Ni Yanhui ni Zigong n'étaient présents ce jour-là et c'est sans doute sur une brusque impulsion que le Maître avait convoqué auprès de lui tous ceux qui se trouvaient sur place.

La lumière, éclatante, inondait la cour et la véranda dont on avait ouvert toutes les baies. Zeng Dian, installé du côté de la véranda, avait pris une grande cithare *se* et il en pinçait les cordes.

Quant à moi, tâchant de ne pas me faire remarquer, j'avais choisi la place la plus discrète possible et je m'étais assis un peu en contrebas sur une marche de l'escalier menant à la cour.

Comme il s'agissait de la seconde année après notre retour à Lu, le Maître devait avoir soixante-neuf ans et Zilu soixante. Zeng Dian pouvait avoir autour de la cinquantaine, Ran Qiu autour de la quarantaine et Gongxi Hua environ trente ans. J'en avais trente-quatre.

Quand chacun eut pris sa place :

« Quelle belle journée, dit le Maître, et comme on se sent bien ! »

Puis :

« Je voudrais vous poser une question. Si vous étiez promus et qu'on vous confiât une responsabilité dans le gouvernement, par quoi commenceriez-vous ? Qu'aimeriez-vous faire [1] ? »

Comme toujours, c'est Zilu qui prit la parole le premier.

« Imaginons un pays capable d'aligner mille chars de guerre, mais pris en étau entre deux grandes puissances. Envahi par les ennemis, il souffre de famines répétées. Admettons encore que j'arrive au pouvoir. Au bout de trois ans, le moral du peuple est relevé et chacun a repris son mode de vie habituel. »

Après Zilu, ce fut au tour de Ran Qiu :

« Quant à moi, répondit-il, je me fais fort en trois ans de rendre prospère un petit État de quelque soixante à soixante-dix, ou plutôt cinquante à soixante lieues. Je chercherai ensuite un honnête homme parmi les habitants de ce pays et je lui laisserai le soin de veiller aux Rites et aux Lettres. »

Après lui, Gongxi Hua, en brillant jeune homme qu'il était, parla de son souhait de prendre part à une cérémonie au temple ancestral.

Alors le Maître se tourna vers Zeng Dian qui continuait à jouer de la cithare :

« Et toi, Dian ? »

Zeng Dian cessa de jouer et se redressant :

1. *Entretiens*, IX, 26.

« Je ne saurais, prévint-il, rivaliser avec d'aussi admirables propos. A la fin du printemps, en vêtements de saison, je voudrais avec cinq ou six compagnons et six ou sept jeunes garçons faire une excursion sur les bords de la rivière Yi. Après nous être baignés, nous nous rendrions sur la terrasse des Danses de la Pluie pour y chanter tous ensemble et nous rentrerions gaiement, entonnant l'un après l'autre les chants que nous n'aurions pas eu encore le temps d'exécuter. »

Et aussitôt le Maître :

« Merveilleux ! fit-il. Je me range du côté de Zeng Dian ! C'est aussi ce que je ferais. Ce que j'aimerais faire. »

J'avais également aimé les propos de Zeng Dian et je m'étais dit, moi aussi, que c'était ce que j'aurais voulu faire.

Quand tous se furent retirés, le Maître dit :

« Zilu, Ran Qiu, Gongxi Hua ont chacun exprimé leur souhait. Bravo ! Fort bien ! Zeng Dian n'a rien dit d'aussi magnifique, mais c'est lui que j'approuve. Comme ce serait gai ! Comme je voudrais y être ! Gaieté et animation gagneraient l'État tout entier. La sécheresse n'aurait qu'à bien se tenir ! »

Nous parlions des causeries du Maître. En voilà une. Qu'en dites-vous ?

Une main se lève. Je vous en prie.

– Je vous remercie pour cet étonnant récit. Le Maître ne fait qu'un avec ses disciples, leurs pensées se mêlent, la conclusion vient, admirable. En vérité, le Maître fut un penseur et un pédagogue hors pair. Je porte un intérêt tout particulier à ce genre d'entretiens. Personne n'en a tenu d'aussi remarquables que celui que vous venez d'évoquer et je ne pense pas qu'un niveau égal soit jamais atteint par un autre que lui.

L'occupation principale de tous les participants à ces débats est de collecter les paroles du Maître et de les interpréter correctement afin d'en comprendre la signification.

Il n'y a, bien sûr, aucun mal à cela, c'est même une fort bonne chose, mais je ne suis pas sûr non plus que ce soit la méthode idéale. Est-il besoin de le dire ? Les entretiens du Maître n'étaient en rien des conférences où il exposait ses connaissances. Le Maître ne transmettait ni n'imposait un savoir. Il fournissait matière à réflexion et, pour alimenter la réflexion de ses disciples, il lui arrivait de se proposer lui-même comme exemple ou, à l'occasion, tel de ses disciples qui assistaient aux débats, invitant chacun à s'associer à l'examen du problème débattu.

Voilà pourquoi on retrouve le personnage du Maître au centre des anecdotes comme celle concernant l'impassibilité de Min Ziqian ou le projet d'excursion de Zeng Dian que nous avons entendues aujourd'hui.

Ce que je veux dire, c'est qu'il est sans doute légitime de s'acharner à découvrir la moindre bribe de parole prononcée par le Maître. Je ne dis pas que cela soit à proscrire. Cependant, je ne peux pas non plus ne pas exprimer quelques doutes au sujet du déroulement de nos débats.

Il ne s'agit pas évidemment que nous en discutions dès aujourd'hui. Je ne demande pas non plus qu'on change le bureau ou les secrétaires. Je voudrais simplement qu'au lieu de garder les yeux toujours fixés sur les documents, on réfléchisse un peu plus spontanément et plus humblement à ce que ces documents nous apprennent sur les intentions du Maître, à ce qu'ils renferment de présence vivante de celui-ci. N'est-ce pas le plus important ? On peut réunir une documentation énorme sur le Maître et passer à côté de sa vraie grandeur.

– Un instant, s'il vous plaît. Dehors, la nuit est tombée. On vient, je crois, de remettre en cause les principes selon lesquels s'opère la collecte des documents dans la Société d'études confucéennes, mais je vous propose de reporter l'examen de cette question à notre prochaine séance.

Plus de trente ans après la mort du Maître, la collecte des documents, qu'il s'agisse bien sûr des paroles prononcées par le Maître, mais aussi des récits relatifs à ces paroles, entre sans doute dans sa dernière phase. En tout cas, n'hésitez pas à revenir débattre de ce problème dans ce pauvre chalet au fond des montagnes.

Malgré l'heure avancée, je n'ai rien à vous proposer. Pardonnez à ma négligence. J'ai bien connu la joie des entretiens nocturnes sous un ciel étoilé, mais plus de quarante ans se sont écoulés depuis cette époque.

– Une question ! Arrivait-il au Maître d'organiser ou de tenir des séances nocturnes; avait-il, en d'autres termes, avec ses disciples des entretiens savants après la tombée de la nuit ?

– Oui, et tout particulièrement pendant notre errance dans la Plaine du Milieu. Ces réunions ou entretiens autour du Maître sous le ciel nocturne constituaient d'ailleurs des moments merveilleux.

– Ne pourriez-vous évoquer brièvement ces moments que vous dites merveilleux ?

Quand et comment ces réunions étaient-elles organisées ? Quelles questions y a-t-on soulevées ? Quelles solutions le Maître y a-t-il apportées ?

– Eh bien, mais cette fois-ci pour conclure vraiment cette séance, je vous raconterai une conversation que nous eûmes avec le Maître dans la nuit de Fuhan.

C'était pendant notre errance dans la Plaine du Milieu. Interrompant notre séjour dans la capitale de Chen, nous avions fait route vers Fuhan en territoire Chu et nous nous y étions installés. Ce que je vais vous raconter s'est passé une nuit au cours de notre séjour dans cette ville. Nous nous étions rassemblés sur un appel du Maître dans la cour de notre résidence. Les bâtiments en étaient édifiés sur une hauteur. La grande cour dévalait une pente assez escarpée et se fondait en contrebas dans une immense plaine. J'aurais pu dire tout aussi bien dans une grande étendue d'eau, tant l'aspect de cette plaine évoquait l'élément liquide. Baignée par la lumière de la lune, une lueur bleutée s'en dégageait, la faisant ressembler à un immense plan d'eau que l'on aurait même cru agité de vagues.

Faisant face à ce plan d'eau, un ciel nocturne constellé d'innombrables étoiles s'étendait au-dessus de nous jusqu'aux limites de l'horizon.

Depuis un certain temps déjà, tous, à commencer par le Maître, restaient absorbés par le spectacle d'une portion de ciel au nord où les étoiles étaient particulièrement denses et brillantes.

« Voilà l'étoile polaire, prononça le Maître, et la foule des étoiles [1]... »

Plusieurs fois déjà ces paroles étaient montées à ses lèvres : « Voici l'étoile polaire et la foule des étoiles... » Il s'arrêtait toujours, parvenu à cet endroit, comme s'il n'avait pas décidé encore de la suite à donner à ses mots.

« Voici l'étoile polaire et la foule des étoiles l'entoure », dit Zilu.

Quand l'étoile polaire est à la place qui lui revient, toutes les autres étoiles, en l'entourant, trouvent chacune la sienne. Était-ce là ce qu'il voulait dire ?

Après avoir prononcé ces mots, Zilu se leva lentement et étendit ses bras à l'horizontale. Enivré par les paroles qu'il venait de prononcer, il ne pouvait exprimer autrement que par les mouvements de son corps l'exaltation qui le gagnait.

Les autres, à commencer par le Maître, restèrent silencieux à le contempler et à attendre qu'il eût dansé tout son soûl et qu'il eût regagné sa place.

« Voici l'étoile polaire et la foule des étoiles lui rend hommage », dit Zigong.

Quand l'étoile polaire est à la place qui lui

1. *Entretiens*, II, 1.

revient, toutes les autres étoiles l'acclament et lui rendent hommage avec respect. C'était une variante digne de Zigong.

Zilu, assis, étendit ses bras et mima la foule des étoiles rendant hommage à l'étoile polaire.

« Voici l'étoile polaire et la foule des étoiles la porte à bout de bras », dit Yanhui.

Quand l'étoile polaire est à la place qui lui revient, toutes les autres étoiles l'accueillent en la portant à bout de bras. Cette variante-là était bien dans le goût de Yanhui. Assis face au Maître, il s'inclina profondément, comme si le Maître était l'étoile polaire, et il resta là sans se relever.

« Voici l'étoile polaire et la foule des étoiles gravite autour d'elle », dit le Maître. Zilu, Zigong et Yanhui méditaient le sens des mots prononcés par le Maître. Que voulait-il dire par « graviter » ?

« Voici l'étoile polaire et la foule des étoiles gravite autour d'elle », répéta le Maître. Puis, après avoir jeté un regard circulaire sur les disciples rassemblés autour de lui :

« Peut-être me trompé-je, dit-il. Peut-être ne s'agit-il que d'une supposition erronée de ma part. Mais l'étoile polaire me semble occuper le centre et les autres étoiles constituer une ronde autour d'elle. J'ignore si elles tournent en réalité ou non. C'est seulement qu'elles me semblent tourner. »

Chacun se tut, frappé par cette pensée.

« Mais supposons que ce soit le cas, alors " gravite autour d'elle " est la bonne formule. Tous ces corps célestes dans le ciel nocturne au-dessus de nous accomplissent un drame dont l'ampleur dépasse notre imagination. »

A ces mots du Maître, tous les yeux se tournèrent vers le ciel nocturne. Sans même parler de moi, Yanjiang, Zilu aussi bien que Zigong et Yanhui avaient du mal à comprendre ce que disait le Maître et où il voulait en venir.

Nous sentions seulement confusément qu'il était engagé dans une méditation d'une ampleur dont nous n'avions aucune idée, qui allait bien au-delà des facultés de nos intelligences et à l'intérieur de laquelle il tentait de replacer et de penser le problème de la vie humaine.

« Voici l'étoile polaire, dit Zigong, et la foule des étoiles gravite autour d'elle. C'est la bonne formule. C'est la bonne formule. Arrêtons-nous à la proposition du Maître. »

« Voici l'étoile polaire et la foule des étoiles gravite autour d'elle », entonna alors lentement Yanhui. Puis il porta les mains à ses paupières. Il pleurait.

« Le Maître est parmi nous. Nous devons graviter autour du Maître. Aussi longtemps que nous serons en vie nous devons graviter autour de l'enseignement que dispense le Maître. »

Yanhui se leva et quittant la terrasse s'avança dans la cour en direction de la grande plaine, de l'immense plan d'eau. Une intense émotion l'avait saisi et ne le quittait plus.

Étrangement, Zilu paraissait plus calme que Yanhui.

Nous avions jusqu'à présent entouré le Maître. Nous le servions, nous gardions les yeux levés sur lui. Nous lui rendions hommage. Désormais il nous faudrait tourner autour du Maître, autour de son grand enseignement, tourner autour de lui en faisant le vide dans nos cœurs. Tourner, c'était agir. Il nous faudrait répandre les préceptes du Maître, l'enseignement du Maître dans tous les recoins de la Plaine du Milieu.

En cette nuit, l'exaltation gagna tous les disciples du Maître. Le ciel nocturne, haut et clair, scintillait de myriades d'étoiles. Fuhan, cette petite cité créée de toutes pièces par les hommes, avait revêtu une beauté sans pareille ici-bas.

Eh bien, qu'en pensez-vous ? Voilà en tout cas une de ces réunions – faut-il dire entretiens ou séances d'étude ? – nocturnes que nous tenions en présence du Maître.

Quatrième Partie

1

Après ce long intervalle, je suis heureux d'accueillir à nouveau dans ce pauvre chalet de montagne les membres de la Société d'études confucéennes.

Quand je pense aux contretemps qu'aura connus cette réunion de printemps que j'attendais pourtant avec une telle impatience! Annulée d'abord à cause des pluies, elle dut être reportée ensuite en raison des préparatifs de mon voyage et n'a pu se tenir qu'aujourd'hui. Ainsi, nous nous rencontrons pour la première fois depuis six mois, depuis cette séance, marquée par le passage des oiseaux migrateurs, qui eut lieu à la fin de l'automne dernier. Je serais très heureux d'être informé des résultats auxquels ont abouti les recherches que vous avez menées entre-temps.

Plusieurs questions m'ont été posées la dernière fois et il était convenu, je crois, que j'y répondrais à la séance présente. J'ai préparé, comme je pouvais, des réponses. Mais je préférerais que nous y revenions plus tard, après la pause de midi, et que nous commencions plutôt la journée avec les nouveaux sujets du jour.

Je m'arrête là et cède la parole aux secrétaires de séance.

– Je m'exprimerai au nom de mes collègues. Nous pouvons enfin déclarer ouverte cette réunion d'étude en présence de maître Yanjiang dans le cadre paisible de ces montagnes, loin de la poussière de la ville. Je tiens à remercier maître Yanjiang pour ces quelques mots de bienvenue qu'il a bien voulu prononcer avant le début de la séance.

Nous sommes trente-cinq personnes à prendre part aujourd'hui aux débats. Tous sont des membres chevronnés de la Société d'études confucéennes qui a son siège à la capitale de Lu. Chacun de nous a certainement des questions à poser ou des conseils à demander à maître Yanjiang dans le cadre de ses recherches individuelles, mais le temps dont nous disposons est limité et nous nous voyons contraints de restreindre le nombre des intervenants. Nous serions très heureux si maître Yanjiang acceptait de leur prodiguer à chacun ses conseils et ses observations. Je pense que ces questions pourront être l'occasion d'échanges aussi libres qu'animés. Je déclare donc ouverte cette séance autour de maître Yanjiang.

La parole est au premier intervenant.

– Ceci est la première réunion d'étude autour de maître Yanjiang à laquelle je participe. Tout en appartenant à la Société d'études confucéennes de la capitale de Lu, je me suis associé il y a quelques années avec plusieurs nouveaux membres en vue de mener des recherches limitées au seul groupe des disciples qui entouraient le Maître à la fin de sa vie. Nous nous consacrons actuellement à la collecte de matériaux relatifs à ce groupe de personnes.

Tout récemment, notre équipe est tombée par hasard sur un document touchant directement Confucius et que l'on peut dire, je crois, de premier ordre. Ces paroles n'ont pas été prononcées par le Maître lui-même, mais par un de ses disciples, et même l'un des plus importants, comme on a tout lieu de le penser, bien que nos ignorions son nom. Je vais vous en communiquer la teneur et j'aimerais connaître le sentiment de maître Yanjiang à ce sujet.

« *Zi bu-yu guai-li luan-shen.* De prodiges, de force, de désordre ou d'esprits, le Maître ne parlait jamais [1]. »

Rien que ces quelques mots. Rien que ces sept caractères, sans rien qui les précède ni qui les suive. Non qu'une partie du texte soit perdue. Aucun doute, il s'agissait dès l'origine d'un énoncé lapidaire comprenant en tout et pour tout ces sept caractères.

Je crois que, dans sa brièveté, il parvient à saisir et à rendre avec beaucoup de justesse l'attitude fondamentale du Maître en tant qu'éducateur. A mon avis, il s'agit sûrement d'une remarque de l'un des Grands Disciples du Maître, qui a eu l'occasion de côtoyer celui-ci et de l'observer de près.

1. *Entretiens*, VII, 20.

Maître Yanjiang pourrait-il donner son avis concernant le document découvert par notre équipe ? Pourrait-il en même temps nous livrer ses réflexions sur son contenu ?

– Je vous remercie d'avoir porté à notre connaissance ce précieux document concernant Confucius. Je n'ai pas de révélations particulières à vous faire à son sujet et je me contenterai de vous dire mon impression.

« *De prodiges, de force, de désordre ou d'esprits, le Maître ne parlait jamais.* »

J'ignore l'auteur de cette parole, mais je puis vous dire que telle fut à la lettre l'attitude du Maître. Celui du moins que j'ai connu n'a en effet jamais prononcé un seul mot au sujet de prodiges, de force, de désordre ou d'esprits.

En ce sens on peut dire, je crois, qu'avec une grande économie de mots elle parvient à rendre la disposition d'esprit fondamentale qui caractérisait le Maître en tant qu'éducateur. Elle saisit admirablement l'extrême rigueur qui le caractérisait.

Une main vient de se lever. On me demande de commenter un à un les termes « prodiges », « force », « désordre » et « esprits ».

Sans doute devrais-je laisser expliquer le texte à la personne qui nous a soumis le document, mais la question m'est adressée et je vais tout de même vous dire mon opinion.

« *De prodiges, de force, de désordre ou d'esprits, le Maître ne parlait jamais.* »

Le Maître n'abordait jamais de sujets relatifs aux prodiges, à la force, au désordre ou aux esprits aux conférences qu'il donnait dans son académie. Il évitait tout autant ces matières dans les conversations privées. C'est ainsi que nous devons comprendre ces mots, me semble-t-il.

Comme on me demande de commenter séparément chacun de ces termes, je commencerai par « prodiges », le premier de la série. Sans doute ce mot couvre-t-il tout phénomène étrange, sortant de l'ordinaire.

Monstres, mutants, spectres, fantômes, autant de prodiges qui pour quelque raison ont le don d'attirer l'intérêt des hommes et occupent volontiers leurs conversations.

Le Maître, lui, ne les mentionnait jamais. En réalité, non seulement il n'abordait pas ces questions, mais nous-mêmes, en sa présence, nous gardions de le faire.

Quant à la « force », sans doute faut-il entendre par ce terme tout ce qui relève de la brutalité, de la témérité, de l'emportement. C'était aussi un sujet que le Maître n'abordait jamais et qu'il évitait soigneusement. C'est, je crois, qu'il refusait fermement de reconnaître le recours à la force physique comme moyen de faire pression sur les hommes et de résoudre leurs problèmes.

Ensuite vient le « désordre », c'est-à-dire la corruption, la débauche, le parricide, la révolte, tout acte de subversion, quelque nom qu'on lui donne, toute atteinte aux bonnes mœurs. Là encore, le Maître se refusait absolument d'en faire le sujet de sa conversation. Le seul fait d'évoquer ces sujets devait lui répugner.

Les « esprits », enfin. Il s'agit, à mon avis, des âmes des morts, de toutes les puissances spirituelles de la terre ou du Ciel. A ces êtres nous devons respect et révérence, mais le Maître, estimant sans doute qu'il fallait, ce sont ses propres mots, les respecter, et garder ses distances, voulait à tout prix éviter de succomber à l'attrait du mystère et des forces surnaturelles qu'ils détenaient.

Ainsi peut-on dire qu'en tant qu'être humain, il ne se départait jamais d'une attitude de sang-froid, refusant de reconnaître et tenant à distance tout ce qui échappait à la raison humaine.

En tout cas, sous aucun prétexte, il n'acceptait, même à titre d'essai, de débattre de prodiges, de force, de désordre ou d'esprits.

Voilà ce que je peux dire. Il ne s'agit, bien sûr, que de mon sentiment personnel, pour lequel j'aurais peut-être encouru les reproches du Maître.

La personne qui nous a soumis ce document pourra sans doute en proposer une interprétation différente de la mienne. Si tel est le cas, je serai fort curieux de l'entendre.

Je m'en tiendrai donc là, si vous le voulez bien, sur ce sujet. Avez-vous des questions ?

– Je vous suis très reconnaissant, maître Yanjiang, pour votre commentaire si pénétrant du document que j'ai eu l'honneur de soumettre à l'intention de cette assemblée. Merci, du fond du cœur.

Dans l'ensemble, mon interprétation ne différait guère de la vôtre, mais n'ayant pas reçu de vive voix l'enseignement du Maître, je manquais de la confiance que seule peut donner son autorité.

C'est pour nous une grande journée. Deux autres représentants de notre équipe sont présents ici. Aussitôt rentrés à la capitale de Lu, nous réunirons les autres et leur rapporterons en détail les propos de maître Yanjiang.

Par la suite, la tâche de notre petite équipe sera naturellement de découvrir l'auteur de ces paroles. A quel moment, dans quelles circonstances et par qui ont-elles d'abord été prononcées ? Quelle histoire ont-elles connue au cours des années ou des décennies qui suivirent ? C'est une enquête que nous ne pourrions jamais mener à bout si nous ne pouvions compter sur votre aide et votre soutien.

Voilà ce que je voulais dire. A qui la parole ?

– Selon l'ordre fixé au départ, c'est à mon tour de parler. Le temps nous est compté et j'irai droit au fait, mais permettez-moi d'abord de me présenter brièvement. C'est la seconde fois que j'assiste à ces réunions autour de maître Yanjiang. La première fois, nous sommes redescendus dans la nuit noire, le long de la vallée, encore sous l'impression de ce que nous avait dit maître Yanjiang du pédagogue d'exception que fut Confucius. C'est pour moi un très grand bonheur que de pouvoir six mois plus tard assister à cette nouvelle réunion.

Membre de la Société d'études confucéennes depuis ses débuts, je fais naturellement partie de la vieille garde. Mais je puis me dire jeune en comparaison de maître Yanjiang et je n'ai pas de plus grand souhait que de poursuivre mes recherches jusqu'à un âge aussi avancé que le sien.

Beaucoup de questions ont été laissées sans

réponses par le passé. *« Le phénix n'a pas paru. Aucun signe n'est venu du Fleuve Jaune. C'en est fini de moi*[1] *! »*, aurait dit le Maître. Il y a une dizaine d'années la Société d'études confucéennes de la capitale de Lu avait tenu de nombreux débats à ce sujet. S'agissait-il ou non de paroles effectivement prononcées par le Maître ? De nombreuses opinions furent entendues, mais on eut beau y revenir à plusieurs reprises, on ne parvint jamais à un accord général et la question, si je ne me trompe, est toujours en suspens. En tout cas il y a longtemps qu'on n'en a plus débattu.

C'est la raison pour laquelle je désire vivement entendre l'avis de maître Yanjiang au sujet de cette parole et c'est même avant tout dans cette intention que j'ai demandé à être présent à cette réunion.

Mais auparavant, permettez-moi de vous rappeler les circonstances dans lesquelles on a débattu, en vain, de l'authenticité de ces mots, laissant le problème sans solution jusqu'à ce jour.

« Le Maître dit : " Le phénix n'a pas paru. Aucun signe n'est venu du Fleuve Jaune. C'en est fini de moi ! " »

C'est-à-dire : lorsqu'un sage souverain doit venir au monde, un phénix se montre, dit-on, comme signe avant-coureur de sa manifestation. Cependant, je n'ai entendu aucune rumeur de ce genre. Dans ces occasions, raconte-t-on encore, une tortue ou un dragon portant sur le dos une inscription sacrée exposant la Grande Loi qui gouvernera le monde doit sortir du Fleuve Jaune. Or rien de tel

1. *Entretiens*, IX, 9.

n'a été observé. L'espoir de voir apparaître un sage souverain reste sans fondement. Aussi mon rôle est-il achevé.

Deux points de vue opposés s'étaient fait jour à propos de ces paroles attribuées au Maître. Les uns prétendaient que la formule « le Maître dit » par laquelle elles commençaient démontrait clairement que ces paroles avaient été prononcées par le Maître en personne et qu'il ne pouvait y avoir là-dessus aucun doute. Les autres estimaient qu'en dépit de la formule initiale, la lamentation finale « c'en est fini de moi » ne pouvait être attribuée avec quelque vraisemblance à un homme de la trempe du Maître.

D'un autre côté, soutenaient encore certains, même s'il était difficile d'attribuer au Maître les mots « c'en est fini de moi », la connaissance des classiques que démontrait cette courte déclaration, le poids même de ces paroles et la pureté de leur style rendaient plus difficile encore toute autre attribution.

Qu'en pensez-vous, maître Yanjiang ? Vous seul qui avez connu personnellement le Maître, qui avez vécu des années dans son entourage pouvez, à mon avis, trancher une question aussi épineuse.

– Vos propos m'ont vivement intéressé. Ils m'ont fait sentir encore une fois toute la difficulté de la tâche que vous vous êtes proposée : transmettre dans leur forme correcte et débarrassée d'erreurs les paroles prononcées par le Maître.

J'ignore s'il vous sera utile, mais voici mon sentiment personnel concernant l'origine des mots que vous citez.

Sans doute les ai-je entendus pour la première fois bien avant vous tous. Ce fut durant le deuil de trois ans que j'accomplis auprès de la tombe du Maître, un an peut-être après sa mort, quoique je ne m'en souvienne pas exactement. Cela se passait il y a longtemps, il y a plus de trente ans.

Pendant un temps, il y eut chaque soir des réunions dans le bâtiment qui servait d'appartements à Zigong, notre chef de file. L'assistance était composée de volontaires et l'on y débattait de la forme canonique à donner aux paroles laissées par le Maître. Il m'est arrivé d'assister à ces séances en auditeur, mais la violence du chagrin que j'éprouvais après la disparition du Maître me rendait la plupart du temps peu attentif aux propos échangés. Ils me semblaient venir de très loin. C'est pourtant à l'une de ces séances que j'ai entendu la première fois les paroles sur le phénix.

Il me semble aujourd'hui que ces mots n'auraient pas fait alors l'objet d'un tel examen, s'ils n'avaient été réellement prononcés par le Maître, et qui plus est à la fin de sa vie. Le fait qu'il fut procédé à son examen aussitôt après le décès du Maître me fait croire que cette phrase était déjà bien connue d'une partie des disciples dans les dernières années de la vie du Maître.

Je ne sais pas ce qu'on a dit à son sujet aux réunions d'étude autour de Zigong. Mais c'était peu après le décès du Maître et il est probable qu'on se soit alors borné à constater l'authenticité de ces mots et la nécessité d'une investigation plus complète.

Trente années se sont écoulées depuis. Or c'est

aujourd'hui la première fois que j'ai l'occasion de m'exprimer au sujet de cette parole prononcée par le Maître à la fin de sa vie et d'en proposer une interprétation. Cette journée restera dans ma vie comme une journée tout à fait exceptionnelle.

Une main s'est levée au fond de la salle. S'il s'agit d'une question, je vous en prie.

– Excusez-moi pour cette interruption, mais je voudrais vous demander deux ou trois précisions avant que vous n'entriez dans le vif du sujet. Mes questions vous paraîtront sans doute très puériles. Pourriez-vous cependant dissiper ces quelques doutes avant de commencer à nous exposer votre opinion concernant la parole du Maître sur le phénix ?

Voici ma première question. Quels pouvaient être l'attitude ou le sentiment du Maître face à des traditions comme celles qui se rapportent au phénix ou au Fleuve Jaune, traditions qui nous apparaissent incontestablement, même à nous, comme des légendes et des fictions ?

– Je ne crois pas que le Maître ait prêté la moindre créance aux contes sur le phénix ou sur le signe provenant du Fleuve Jaune. Mais le caractère évidemment fictif des légendes sur les présages annonciateurs de la venue d'un sage souverain ne suscitait en lui pour autant aucune attitude de mépris ou de rejet. Nous vivons dans un monde trop complexe pour que tout y dépende de la venue d'un ou deux sages souverains. Mais à l'origine, ces légendes reflétaient les rêves des hommes concernant la venue d'un souverain idéal; elles ne dissimulent en elle aucun poison. Par ses paroles, le Maître voulait sans doute rendre hommage à la beauté et au caractère de ces récits anonymes.

– Encore une question. Si ces paroles de regret ont bien été prononcées par le Maître dans les dernières années de sa vie, peut-on préciser davantage le moment où elles le furent ?

– Si l'on admet que le Maître a effectivement prononcé les mots « c'en est fini de moi », on sentira poindre sous le ton de plaisanterie une inexprimable tristesse. On imagine volontiers que cette pensée a pu lui traverser l'esprit après la perte de son fils Kong Li, puis celles de Yanhui et de Zilu. Elle se serait combinée ensuite avec les légendes sur le phénix et le Fleuve Jaune pour constituer la parole que nous examinons aujourd'hui. Il faudrait alors la dater de la dernière ou de l'avant-dernière année de la vie du Maître.

Eh bien, puisque apparemment vous n'avez pas d'autres questions, je vous exposerai maintenant mes considérations personnelles concernant cette brève parole du Maître : *« Le phénix n'a pas paru. Aucun signe n'est venu du Fleuve Jaune. C'en est fini de moi ! »*

Autant le dire dès l'abord, je considère que la formule initiale « le Maître dit » est à prendre à la lettre et je vois dans cette phrase une déclaration authentique du Maître.

Je vous l'ai déjà dit, c'est comme telle que je l'ai entendue la première fois au cours du deuil de trois ans que nous avons observé auprès de la tombe du Maître et je n'ai jamais pensé autrement tout au long des trente longues années qui ont suivi. Je ne saurais non plus la considérer autrement aujourd'hui.

Il me semble, qui plus est, que parmi les nombreuses paroles prononcées par le Maître celle-ci soit parmi les plus caractéristiques, les plus dignes de lui être attribuées, en un mot les plus pures.

Je me représente le visage du Maître proférant lentement : « *Le phénix n'a pas paru. Aucun signe n'est venu du Fleuve Jaune. C'en est fini de moi !* », puis observant un moment de silence, comme pour demander aux disciples présents ce qu'ils en pensaient.

Je n'ai pas assisté à la scène et c'est simple imagination de ma part si je suppose qu'au bout de son silence le Maître reprit ensuite une seconde fois la dernière phrase : « *C'est est fini de moi !* » Il répétait souvent les formules dont il était satisfait.

C'en est fait, c'en est fini de moi ! Dans la bouche du Maître ces mots prenaient une nuance et un ton quelque peu différents de ceux qu'ils ont d'ordinaire.

Habituellement, ils se réfèrent à une situation sans issue, dans laquelle aucun espoir n'est plus possible. Le Maître, lui, paraît jouir au contraire d'une certaine marge de manœuvre. « Me voilà à un point où je n'ai apparemment plus qu'à dire : c'en est fini de moi. Qu'en pensez-vous ? » semble-t-il demander à ses disciples tandis qu'il les enveloppe de son regard.

Ce n'est pas qu'il se croie dans une impasse. Mais aux yeux du monde il est vieux et dans une situation où il ne lui reste sans doute qu'à faire l'aveu de son impuissance.

Il faut avoir vu sa manière unique de poser son regard malicieux sur chacun des membres de l'assistance. Je ne sais comment vous l'expliquer, mais il ne me semble pas qu'il ait jamais ressenti, qu'il ait pu ressentir ce que nous appelons « désespoir ».

Comme à tout être humain, il lui est arrivé bien sûr, une ou deux fois dans la vie, de vivre des situations qu'on pourrait qualifier de désespérées, mais lui-même n'y avait pas trouvé de raison suffisante pour céder au désespoir. Voyant dans les revers de fortune des manifestations de la volonté céleste, ou encore des épreuves auxquelles le soumettait le Ciel, il avait toujours relevé la tête et tenu bon. C'est, à mon avis, ce qui le distinguait de nous autres, le commun des hommes.

Comme nous, une ou deux fois dans sa vie, il a connu des situations où il pouvait s'écrier *« c'en est fini de moi »*. Mais admettons même qu'il l'ait fait, il aurait jeté le trouble parmi les disciples attachés à ses pas. Que seraient-ils alors devenus après sa mort ? Quelle excuse aurait-il pu avancer depuis l'autre monde à la foule de ses disciples disséminés dans toute la Plaine du Milieu ?

Zilu, Yanhui, Zigong, les disciples plus tardifs qui l'avaient rejoint à la capitale de Lu, et jusqu'à moi-même, Vieux Gingembre, nous avions tous, sous son influence, changé notre mode de vie et nous nous étions engagés dans une voie nouvelle. Si le Maître était mort dans l'attitude d'un homme désespéré, il aurait laissé ses disciples dans la plus grande confusion.

Pour toutes ces raisons il est inconcevable que le Maître se soit laissé envahir par un sentiment de désespoir et d'échec. Si par chance ces mots sont bien sortis de ses lèvres, nous devons y reconnaître cette aisance souveraine qui fut toujours la sienne.

« L'absence de tout présage annonçant la venue d'un sage souverain alors que j'avais tout misé là-dessus scelle la ruine de mes espoirs. Quel revers de fortune ! C'en est fini de moi, ne croyez-vous pas ? » Lorsque j'imagine le visage du Maître en train de prononcer ces paroles je n'y vois rien de sombre. Au contraire, il reste lumineux. Moi-même, semble-t-il dire, je partirai sûrement dans l'autre monde sans voir cet âge plus beau que symbolise l'avènement d'un sage souverain. Pourtant, un jour après ma mort, dans un avenir lointain, cet âge viendra. Il viendra sans faute. Je n'ai qu'un regret : je ne serai plus là pour le voir.

Voilà la certitude que le Maître recelait, tel un socle inébranlable, tout au fond de son cœur. Voilà le secret de son expression toujours sereine.

Son espoir ne devait pas se réaliser de son vivant. Il le regrettait. Mais, en définitive, cela comptait-il tellement ? Ne suffisait-il pas que l'âge espéré vînt un jour ? Ses efforts à lui comme ceux des nombreux disciples qu'il laisserait ne resteraient pas vains. Cela ne suffisait-il pas ? Il n'y avait aucune raison de se démonter. Voilà comment devait raisonner le Maître.

Son plus grand mérite tenait, à mon avis, à ce qu'il ne témoignait jamais le moindre mépris pour les efforts les plus infimes accomplis par les hommes et à ce qu'il regardait avec confiance l'avenir de l'humanité dont ces efforts préparaient l'avènement.

« *C'en est fini de moi!* » ne sont pas des paroles que le Maître pouvait dire du fond de son cœur. S'il fut une époque où un pareil sentiment l'a bel et bien effleuré (mais c'était sans rapport avec son œuvre), ce ne peut être que dans la toute dernière période de sa vie, cette période de solitude marquée par les pertes répétées de Kong Li, Yanhui et Zilu, quand l'assaillirent les vagues de la vieillesse et l'ombre de la mort. Pourquoi le Ciel s'est-il montré aussi cruel avec lui dans ses derniers jours?

2

Eh bien, interrompons là notre pause de midi et reprenons nos débats. Avant la pause, je vous avais exposé mes réflexions concernant la parole suivante du Maître : « *Le phénix n'a pas paru. Aucun signe n'est venu du Fleuve Jaune. C'en est fini de moi !* » Pour l'après-midi je propose que nous prenions un nouveau départ et que nous adoptions un sujet sans rapport avec le précédent.

Mais, auparavant, veuillez m'accorder quelques instants d'attention. Deux ou trois questions m'avaient été posées il y a six mois, à la séance précédente, auxquelles je n'ai toujours pas répondu.

Je voudrais donc commencer par là afin de m'acquitter de ma promesse et ôter ce fardeau de mes épaules.

Parmi les questions que j'ai laissées sans réponse, il y en avait une où l'on me soumettait une liste de plus de vingt présumés Grands Disciples du Maître, me demandant d'indiquer ceux qui m'étaient connus et de dire franchement ce que je pensais de chacun d'eux.

C'est bien cela... J'ai encore sous la main une copie de la liste qui m'avait été alors présentée et je vais vous en redonner lecture :

Fan Chi, Ziyou, Zizhang, Ran Qiu, Zai Yu, Nan Rong, Gongye Chang, Zijian, Zhonggong, Qidiao Kai, Gongxi Hua, You Ruo, Yuansi, Min Ziqian, Ran Boniu, Dantai Mieming, Zixia, Wuma Shi, Lao, Yan Lu, Zeng Shen, Zigao, Zeng Dian, Sima Niu.

Ces vingt et quelques noms de Grands Disciples du Maître me sont tous familiers bien que je n'aie connu que la moitié d'entre eux. Et encore s'agit-il le plus souvent de simples rencontres. Dans une moitié des cas seulement on peut parler de véritable connaissance. Et ce nombre doit encore être divisé par deux si l'on en vient à ceux que je tiens à vous présenter, même brièvement, aujourd'hui : trois ou quatre personnes en tout, qui me sont bien connues et dont je voudrais vous transmettre le souvenir.

Le premier dont je vous parlerai est Ziyou.

Ziyou, Yan Yan de son vrai nom, originaire de Wu, avait rejoint le rang des disciples à la capitale de Lu, dans les dernières années de la vie du Maître. De dix ans mon cadet, son intelligence brillante et son sérieux lui avaient acquis une grande réputation dès l'âge de vingt ans. Ayant eu le privilège de faire sa connaissance, j'ai été aussi frappé par sa personnalité hors du commun qui séduisait par sa gentillesse et j'éprouvai dès lors beaucoup de sympathie pour tout ce qu'il faisait.

Cette sympathie date de notre première rencontre dans les bâtiments de l'académie. C'était alors un jeune étudiant de vingt-six ou vingt-sept ans. Le Maître l'avait fait venir dans la salle de conférence pour exposer devant un auditoire d'une vingtaine de personnes ses considérations sur les rites funéraires.

« *Le deuil*, dit Ziyou, *va au bout de la douleur et s'arrête là*[1]. »

Pleurer un mort doit servir à épancher jusqu'à la dernière larme le sentiment de douleur qui jaillit spontanément dans notre cœur. Tout le reste est sans grande importance et on peut toujours s'en dispenser.

Voilà la thèse qu'il développa ce jour-là. Assistant à son exposé, je ne manquai pas d'être frappé par la sincérité, le ton pénétré et la calme assurance avec lesquelles il parlait.

Il y eut encore l'épisode suivant. A vingt-sept ou vingt-huit ans, Ziyou fut nommé préfet dans le petit bourg de Wucheng. Bien entendu, l'affectation s'était faite sur la recommandation du Maître, ce qui nous montre la haute estime dans laquelle celui-ci tenait son disciple. Quoi qu'il en soit, lorsque peu de temps après sa prise de fonctions Ziyou se montra à nouveau à la capitale, le Maître le prit à part et lui demanda :

« As-tu trouvé des auxiliaires compétents et capables ?

– J'ai engagé, répondit Ziyou, un homme nommé Dantai Mieming. Quand il voyage, il

1. *Entretiens*, XIX, 14.

n'emprunte jamais les sentiers de traverse et ne s'écarte pas de son chemin. En outre il ne vient jamais me voir dans mes appartements en dehors du service [1]. »

Quand il l'entendit, le Maître fut impressionné de ce qu'en dépit de son jeune âge Ziyou se fût entouré de collaborateurs de valeur et surtout de ce qu'il sût si bien les juger.

Des gens qui ont assisté à cette scène me l'ont rapportée et j'estimai qu'il s'agissait d'une belle histoire de maître et de disciple, dans laquelle chacun des deux se montrait à son avantage.

Par la suite, le Maître se rendit à Wucheng où Ziyou était en poste. En pénétrant dans ce bourg aux dimensions modestes, il entendit le son d'instruments à cordes et des voix en train de chanter. Se tournant alors vers Ziyou :

« *N'est-ce pas trop d'un coutelas à bœufs, dit-il en souriant, pour trancher le coup d'un poulet* [2] *?* »

Pour administrer une bourgade de la taille de Wucheng, Ziyou recourait à la musique et aux rites comme s'il s'agissait de gouverner un État. Il y avait une mesure à tout! semblait dire le Maître.

Mais aussitôt après :

« *Je plaisantais!* » ajouta-t-il, en riant, et en rectifiant ainsi ses premiers propos.

Lorsque j'appris cette histoire, je compris aussitôt ce que dut ressentir le Maître. Pénétrant dans Wucheng, il fut sans doute enchanté d'entendre les instruments à cordes et les chants. Sa remarque

1. *Entretiens*, VI, 14.
2. *Entretiens*, XVII, 4.

ironique sur l'activité du jeune préfet qui maniait si volontiers le long coutelas était en réalité un compliment à son endroit et une manifestation de sa joie.

A la mort du Maître j'avais trente-huit ans, Ziyou vingt-huit. Nous observâmes ensuite tous deux un deuil de trois ans à l'issue duquel chacun partit de son côté. Je me retirai dans ces montagnes, tandis que lui resta quelque temps à la capitale de Lu où, selon une rumeur parvenue jusqu'ici, il aurait conseillé ses cadets à l'académie de Confucius. Je ne possède cependant aucune information certaine pour confirmer ou infirmer ce bruit. Finalement, je cessai d'entendre parler de lui et il disparut sans plus donner de nouvelles à ce jour.

Après son départ de la capitale de Lu, j'appris qu'une rumeur circulait à son sujet, faisant de lui un connaisseur inégalé des rites, sans rival dans ce domaine parmi les disciples de Confucius. Je ne possède pas cependant les qualités requises pour juger de son bien-fondé. Ce fut le dernier propos qui me parvint sur lui ; depuis de longues années je n'ai plus jamais entendu mentionner le nom de Ziyou.

Voilà ce que je peux dire au sujet de Ziyou. De qui parlerai-je ensuite ? La dernière fois, nous avions examiné, ici même, je crois, un fragment de texte découvert par l'un d'entre vous.

Le document évoquait un entretien entre le Maître et quelques-uns des Grands Disciples de son

école : Zilu, Zigong, ainsi que Min Ziqian et Ran Qiu.

Min Ziqian y était présenté comme impartial, souverainement calme; Ranqiu comme serein et docile. Toute l'anecdote constituait un merveilleux croquis de l'école du Maître dans les premiers temps après son retour de sa mission d'enseignement et de son exil dans la Plaine du Milieu.

Si l'on excepte Ziyou, les seuls personnages de la liste dont le caractère me soit familier sont précisément les deux Grands Disciples Min Ziqian et Ranqiu.

Je vous ai déjà parlé, il me semble, du premier. Il était de vingt ans mon aîné et l'un des Grands Disciples les plus en vue. Comme les autres, je ne manquais pas d'être attiré par la riche personnalité de cet homme et d'éprouver pour lui un grand respect. Inflexible devant la force, Min Ziqian jouissait d'un grand poids au sein de l'école. On m'a également rapporté à son sujet des anecdotes où se révèle une piété filiale exemplaire.

Ranqiu avait cinq ans de plus que moi. Depuis notre première rencontre, nous avons toujours entretenu des rapports cordiaux et sans contrainte. Il était la sérénité incarnée. Mais il avait en outre reçu le don de l'organisation et il suscitait de grands espoirs par ses capacités d'homme politique.

Hélas, en cette époque troublée des Printemps et des Automnes, même un homme aussi pourvu en talents que Ranqiu est sans doute mort sans donner sa pleine mesure.

Une question encore m'avait été posée lors de la dernière séance. A savoir quels noms pourraient entrer dans une liste des « Dix Sages de l'École de Confucius ». Zilu, Yanhui et Zigong étant inamovibles, le problème consistait à sélectionner les septs noms restants, tâche éminemment délicate, bien au-dessus des capacités de Yanjiang. C'est à vous qu'il reviendra d'accomplir ce travail si nécessaire quand vous aurez étudié dans ses moindres détails l'histoire de l'école de Confucius.

Mais assez là-dessus et revenons-en maintenant à l'objet principal de notre séance. Je laisse la parole à qui la souhaite pour soulever de nouveaux problèmes.

– Un mot seulement, en tant que secrétaire de séance. Les trois membres de notre assemblée qui devaient intervenir cet après-midi se sont rencontrés au cours de la pause de midi et ont décidé d'un commun accord de réduire à un seul les trois sujets qu'ils allaient aborder, de telle sorte que la discussion se concentre sur ce point unique. Le sujet qu'ils ont unanimement retenu est la notion d'humanité.

On dit toujours que la notion d'humanité fonde la pensée de Confucius et je le crois aussi comme tout un chacun. Mais quand il s'agit d'en proposer une définition, il est extrêmement difficile de donner une réponse satisfaisante. Que peut donc bien être cette notion d'humanité qui est au cœur de la pensée de Confucius ?

Mais avant d'entendre maître Yanjiang et les opinions des uns et des autres, je voudrais vous communiquer les résultats d'une enquête menée l'an dernier par le Cercle d'études sur la notion d'humanité, dont je fais moi-même partie, sur l'attrait exercé par la personnalité de Confucius. Il est vrai que cela vous paraîtra peut-être sans rapport avec la notion d'humanité. Nous nous sommes volontairement limités à ceux qui avaient personnellement connu le Maître et nous leur avons demandé à chacun de citer un aspect de ce qui constituait pour lui le charme dégagé par la personne de Confucius :

– La compréhension qu'il montrait pour les souffrances et les peines d'autrui.

– La douceur incomparable qu'on sentait toujours en l'approchant.

– La droiture et la sincérité admirables dont il s'était fait une règle de vie.

– Sa jeunesse qui faisait oublier son âge, qui ne tenait pas à l'âge.

– Son intelligence vraiment hors pair et sa culture.

– Son mode de vie, qui n'admettait aucun temps mort.

– Sa noblesse et son aversion pour les compromis.

– Le sens de la responsabilité qui inspirait son choix d'une vie juste.

– Le courage d'un homme qui a consenti effort sur effort.

– Sa vertu sans exemple.

– L'art admirable avec lequel il se corrigeait et évitait de réitérer ses erreurs.

– Sa douceur envers autrui et son exigence envers lui-même.

– L'étendue de sa générosité vaste comme l'océan et qui pardonnait à tout le monde.

– L'amour qui le consuma tout au long de sa vie.

– Son autorité qui n'était pas violence.

– Sa franchise qui ne portait jamais aux lèvres ce qui n'était pas dans le cœur.

– La hauteur de son projet : le salut du monde et des hommes auquel il ne cessa de penser jusqu'à son dernier souffle.

Telles sont les réponses qui furent données à notre enquête, autant d'éloges du Maître par ceux qui ont vécu quelque temps dans sa proximité. Maître Yanjiang voudra-t-il nous dire ce qu'il en pense ?

– Excellent travail ! Voilà longtemps que je n'avais eu l'occasion de passer ainsi en revue les diverses facettes de la personnalité du Maître, les divers visages qu'il montrait selon les occasions.

Un seul manque à ce catalogue, celui qu'il avait dans les moments de tristesse. Lorsqu'il lui arrivait, en route, de rencontrer par exemple une mère ayant perdu sa fille ou sans nouvelles de son fils, il s'attristait toujours avec elle. Parfois même son regard se voilait de larmes. En le voyant ainsi, nous ressentions toujours la distance qui nous séparait de lui.

Hormis ce détail, il s'agit d'une enquête fort précieuse. Il fallait une personnalité comme celle que décrivent ces réponses pour élaborer la notion d'humanité dont parlait tout à l'heure le secrétaire de séance.

– Je vous remercie pour ces paroles élogieuses. Puis-je vous demander maintenant, maître Yanjiang, de nous faire part de vos considérations et de vos réflexions concernant la vertu d'humanité ?

– Au risque de vous décevoir, je dois dire que je n'ai aucune compétence pour traiter de cette question. J'ai eu beau assister à de nombreux entretiens consacrés par le Maître à ce thème lors de notre séjour à Chen, je dois avouer à ma confusion que je n'en ai jamais pu saisir la portée.

Il est vrai qu'à force d'écouter ce qui se disait, j'ai fini tant bien que mal par comprendre l'importance capitale que le Maître accordait à cette notion, véritable clé permettant de rendre compte de ce qu'il avait d'exceptionnel en tant que sage et en tant que penseur.

Mon premier intérêt pour la notion d'humanité date du deuil de trois ans que nous observâmes sur le tombeau du Maître, lorsque j'assistai en auditeur aux séances d'étude consacrées à l'examen et au classement des paroles du Maître, qui se tenaient chaque soir à la résidence de Zigong. Je tâchais d'être présent autant que possible chaque fois qu'un exposé ou un débat était consacré à cette notion. Mais dès qu'on abordait ce sujet, le propos se faisait très complexe, et c'est à peine si je parvenais à saisir au vol quelque bribe de réflexion. Aujourd'hui, trente ans plus tard, je ne suis pas beaucoup plus avancé.

Et pourtant cela fait plusieurs années que je ne cesse de réfléchir sur cette notion d'humanité, de la tourner et retourner dans tous les sens. Comme jadis, auprès de ce même foyer, j'avais réfléchi aux notions de Ciel et de volonté céleste, c'est maintenant vers celle d'humanité que se tournent mes pensées.

M'appuyant sur les quelques paroles à ce propos prononcées de son vivant par notre Maître Confucius, je vais d'hypothèse en hypothèse, bandant mon esprit fatigué par l'âge.

Quelqu'un a dit : « *Le Maître parlait rarement de profit, du destin ou d'humanité* [1]. » En effet le Maître ne dévoilait qu'exceptionnellement en public sa pensée concernant la volonté céleste ou l'humanité. C'est qu'il est difficile d'en parler d'une manière adéquate.

J'ai en outre l'impression que son propos variait selon les interlocuteurs. Les quelques paroles que je connais divergent sensiblement selon les circonstances dans lesquelles elles ont été prononcées. Il y a là de quoi dérouter Vieux Gingembre !

C'est pourquoi, et malgré votre invitation, je me sens incapable de dire quoi que ce soit de pertinent ou de cohérent au sujet de l'humanité. Je dois me contenter d'hypothèses et d'interprétations personnelles : rien que je puisse dévoiler devant des spécialistes qui ont consacré des années de leur vie aux études confucéennes.

Aussi demanderai-je à l'un d'entre vous de prendre ma relève afin d'amorcer le débat.

– Permettez donc que je commence. Je suis, pour ainsi dire, l'un des membres fondateurs de la

1. *Entretiens*, IX, 1.

Société d'études confucéennes aux travaux de laquelle je participe depuis ses débuts. Je dirige notamment un petit groupe de recherche sur l'humanité dont plusieurs membres sont présents aujourd'hui à cette réunion autour de maître Yanjiang.

Nous pensions profiter de l'après-midi pour poser les questions que nous avions préparées à son intention mais, comme l'a indiqué à l'instant le secrétaire de séance, on pouvait craindre que des questions trop dispersées ne compliquent à l'excès nos débats ; aussi nous sommes-nous mis d'accord pour tout ramener au seul problème de l'humanité.

Je vais donc, si vous le permettez, poser la première question. Pourriez-vous, maître Yanjiang, nous citer des paroles authentiques du Maître susceptibles d'éclairer la notion d'humanité ? J'ai bien conscience de ce que ma question a de trop direct et même de brutal, mais c'est essentiellement dans le but de vous la poser que j'ai demandé à participer à cette réunion.

Toutes les paroles répertoriées du Maître et tous les documents comprenant des propos de lui, tels que conversations ou entretiens, où il est question de l'humanité sont, à parler franchement, des matériaux de second, si ce n'est de troisième ordre. Rigoureusement parlant, nous n'avons aucun élément qui nous permette de les attribuer au Maître avec certitude.

Or nous avons besoin, dans le cas d'une notion aussi centrale dans la pensée du Maître, de documents d'une fiabilité absolue, qui ne laissent aucune place au doute.

Si vous connaissiez quelque parole prononcée par le Maître en personne ou par l'un de ses Grands Disciples, ou encore quelque document présentant des garanties équivalentes, il s'agirait pour nous de matériaux de tout premier ordre, comme nous n'espérons plus en découvrir et qui nous permettraient enfin de nous représenter concrètement ce que le Maître entendait par la notion d'humanité. Chacun aujourd'hui use et abuse de ce mot. Mais qu'en est-il des données sur lesquelles on se fonde ? On voudrait y voir le poinçon du Maître, ou du moins celui de Zilu, de Zigong ou de Yanhui.

– Eh bien, je ne sais si cela constituera une réponse à votre question, mais je tenterai de retracer aussi exactement que possible l'histoire de mes rapports avec la notion d'humanité.

C'est dans les tout premiers temps de mon service auprès du Maître, au cours du troisième printemps de notre séjour à la capitale de Chen, que j'entendis le terme pour la première fois. A cette époque, le Maître tenait dans une salle de sa résidence des entretiens réguliers sur la musique et les rites avec de jeunes fonctionnaires de Chen et des habitants de la capitale. Au cours de ces conversations, il initiait ses interlocuteurs aux règles et à la conduite des cérémonies. J'essayais d'y assister moi aussi autant que possible après mon travail. Parmi ces entretiens, deux sont restés tout particulièrement gravés dans mon cœur et dans ma mémoire : l'explication des caractères « humanité » et « foi ».

Le caractère « humanité » est formé par l'adjonction de l'élément « deux » à la clé de l'homme. Il suffit que deux êtres humains, père et fils, maître et serviteur, ou tout simplement deux inconnus en voyage se trouvent face à face, pour que naisse entre eux un accord réglant leur relation. C'est ce qu'on appelle « humanité » ou, en d'autres termes, « considération pour autrui », la faculté que possède l'être humain de se mettre en pensée à la place de l'autre.

Le Maître nous expliqua également l'origine du caractère « foi ».

L'homme ne doit pas mentir. Tout ce qui sort de ses lèvres doit être aussi véridique et sincère que possible. Tel est en effet le contrat, l'accord tacite qui lie les hommes entre eux. Il faut que l'homme puisse faire confiance à la parole d'autrui pour que s'instaure un ordre social stable.

Il convient donc que les discours sortant de la bouche de l'homme soient crédibles et inspirent la confiance. C'est pour cela que le caractère « foi » est formé par la réunion des deux caractères « homme » et « mot ».

Les deux caractères « foi » et « humanité » ont pu être forgés il y a quelque cinq ou six cents ans sous la dynastie des Yin [1] qui a vu l'épanouissement d'une si haute culture, et on les trouve gravés sur de minces planchettes en os de bœuf.

Comme je vous l'ai déjà dit auparavant, du sang Yin coulait peut-être dans les veines des membres de ma famille, du moins m'avait-on élevé dans cette idée. Aussi n'est-ce pas sans fierté à l'idée que

1. Environ 1600 à 1028 avant J.-C. *(N.d.A.)*.

j'étais un descendant de la race des Yin que j'écoutai ces explications.

C'est aussi pour cela que, de tous les entretiens du Maître auquel il me fut donné d'assister, seules ces deux explications sur l'étymologie des caractères « humanité » et « foi » se sont à jamais gravées dans mon cœur.

Quoi qu'il en soit, je ne commençai à m'intéresser sérieusement à la notion d'humanité qu'au cours des trois années de deuil que je passai, après la mort du Maître, auprès de sa tombe. L'occasion m'en fut fournie par les réunions d'études consacrées à l'examen des paroles du Maître qui se tenaient quotidiennement dans les appartements de Zigong.

Comme on pouvait s'y attendre, les participants passèrent plusieurs soirées de suite à exposer leurs points de vue sur la notion d'humanité. Le climat était tel qu'il fallait alors en parler si l'on ne voulait pas être disqualifié en tant que disciple du Maître.

C'est là que je me familiarisai moi aussi avec elle, mais ce n'était plus tout à fait la même notion d'humanité dont j'avais entendu parler auparavant. C'était devenu quelque chose d'extrêmement complexe et qui dépassait de loin l'entendement d'un homme inculte comme moi.

Pourquoi fallait-il que ce fût quelque chose d'aussi difficile ? Pourquoi demandait-elle un effort de réflexion aussi important ?

A la capitale de Chen, dans une salle de sa résidence, le Maître nous avait dit :

« Mettez-vous en pensée à la place des autres. Consolez ceux qui sont tristes. Réconfortez les solitaires. C'est cela l'humanité. " Humanité " s'écrit comme " deux êtres humains ". C'est la voie de l'homme telle qu'elle naît des relations entre deux êtres humains. Elle est la considération pour l'autre : considération pour les parents, considération pour sa sœur cadette, considération pour la femme de son voisin, pour un inconnu rencontré en chemin, selon qu'on a devant soi ses parents, sa sœur cadette, la femme de son voisin ou un inconnu rencontré en chemin. »

C'était il y a très longtemps et je ne me souviens plus des expressions exactes que le Maître avait employées. Mais je garde intact le souvenir de la bonté qui débordait de son cœur et qu'il répandait sur nous.

Pour me conforter dans ma position, il est une parole du Maître que je conserve précieusement. Ou plutôt que j'ai retenue par cœur, afin de pouvoir la citer à tout instant :

« *Zigong demanda : " Peut-on en un mot formuler une règle pour la vie entière? " Le Maître répondit : " La considération, peut-être? N'impose pas aux autres ce dont tu ne veux pas toi-même*[1]. " ».

Zigong voulait savoir s'il existait une valeur qui fût susceptible d'être mise en pratique pendant une vie entière. Le Maître lui suggéra la considération, la faculté de se mettre à la place de l'autre. Ne contrains pas autrui à faire ce que tu ne veux pas faire toi-même.

Je crois entendre comme s'il était encore vivant le Maître nous expliquant l'étymologie du carac-

1. *Entretiens*, XV, 24.

tère « humanité » à la capitale de Chen, il y a quarante-six ans de cela. « Mettez-vous en pensée à la place des autres », nous avait-il dit alors. Cette fois-ci il avait résumé la même idée par le terme de « considération ».

Prononcée en réponse à une question de Zigong, cette parole est d'attribution certaine. Même si le mot « humanité » n'y est pas employé, c'est, je crois, un document de premier ordre pour l'intelligence de cette notion.

Je me rappelle encore la parole suivante :

« Discours habiles et minois trompeur recèlent peu d'humanité[1]. »

Parole fameuse qui vous est, je pense, à tous familière. La seule célébrité de ces mots est un indice de leur authenticité. Il s'agit pour moi d'une référence de tout premier ordre quand je m'examine moi-même sous l'angle de l'humanité.

Flatterie et sourires complaisants, estimait le Maître, font mauvais ménage avec la vertu d'humanité. Je crois voir son visage au moment où il prononçait ces mots. Ce sont des paroles directement accessibles qui ne demandent pour être comprises ni patientes recherches ni longues réflexions.

Il est vain en effet de chercher chez l'homme aux discours habiles et aux airs patelins la douceur, la sincérité, l'« humanité » enfin, qui conviennent à l'être humain. En d'autres termes, il n'y a guère de

1. *Entretiens*, I, 3.

chance qu'un homme véritable, un homme pourvu d'humanité, ait recours aux beaux discours et aux mines contrefaites.

Il y avait encore cette parole :

« *Le Maître dit : " Seul un homme pourvu d'humanité sait vraiment aimer ou haïr*[1]. " »

C'est-à-dire, sans doute : seul l'homme qui a acquis la vertu d'humanité est capable d'aimer celui qui est digne d'amour et haïr celui qui mérite la haine. Je ne me souviens plus des circonstances exactes dans lesquelles j'ai entendu cette parole, mais c'est sans doute Zigong qui me l'a enseignée.

A y réfléchir honnêtement, il en est bien selon la parole du Maître. L'homme pourvu d'« humanité », celui qui fait sa vocation de la considération pour autrui et s'efforce toujours de se mettre à la place de l'autre, doit savoir clairement qui aimer et qui haïr.

1. *Entretiens*, IV, 3.

3

Avant de prendre un court repos, je vous avais cité en y joignant mes commentaires trois paroles du Maître se rapportant à la vertu d'humanité :

« Zigong demanda : Peut-on formuler en un mot une règle pour la vie entière? Le Maître répondit : "La considération, peut-être? N'impose pas aux autres ce dont tu ne veux pas toi-même." »

Puis :

« Discours habiles et minois trompeur recèlent peu d'humanité. »

Et :

« Le Maître dit : "Seul un homme pourvu d'humanité sait vraiment aimer ou haïr." »

Autant de paroles immédiatement compréhensibles, pourvu qu'on accepte de les examiner avec un cœur droit. Je dois avouer cependant que je compte sur les doigts de la main les paroles du Maître au sujet de l'humanité qui me sont à peu près accessibles.

Il m'est pourtant venu à l'esprit pendant la pause que je pourrais sans trop d'effort en citer encore quelques-unes, de celles dont je ne suis peut-être pas sûr d'avoir entièrement saisi le sens, mais qui ont trouvé le chemin de mon cœur et y sont restées pour toujours.

Je vous en citerai deux ou trois dans l'ordre où elles me viennent à l'esprit afin de contribuer à ce débat.

« Le Maître dit : " Fermeté, persévérance, simplicité et discrétion sont proches de la vertu d'humanité[1]*. " »*

Je ne me souviens plus dans quelles circonstances j'ai entendu ces mots, mais ils sont un peu comme l'envers de la formule : *« Discours habiles et minois trompeur recèlent peu d'humanité. »*

Quant à la question de savoir si les quatre caractère *gang* (fermeté), *yi* (persévérance), *pu* (simplicité) et *ne* (discrétion) doivent être lus à part comme quatre mots ou deux par deux, c'est un problème qu'il ne m'appartient pas de trancher. En tout cas, il s'agit cette fois-ci d'un idéal humain diamétralement opposé aux « discours habiles » et au « minois trompeur » qu'évoque la parole précédente.

Et si le Maître ne va pas jusqu'à attribuer la vertu d'humanité à cette catégorie de gens, il affirme néanmoins qu'ils se tiennent à proximité de cette vertu. C'est du moins ainsi que je comprends ces mots.

« Le Maître dit : " La vertu d'humanité est-elle chose lointaine? Voici que je la désire et elle est là[2]*. " »*

1. *Entretiens*, XIII, 27.
2. *Entretiens*, VII, 29.

En d'autres termes, l'humanité ne constitue pas un idéal inaccessible. Pour qu'elle soit là, il suffit qu'on désire la mettre en pratique. L'humanité, veut dire le Maître, se tient toujours près de nous, à nos côtés.

Depuis que j'ai entendu toutes ces paroles et que je les ai gravées dans ma mémoire, elles n'ont cessé d'en occuper un recoin. De temps à autre je récite l'une d'elles à voix haute. Les jours de découragement, elles viennent au secours de ma faiblesse. Alors, qu'il s'agisse des habitants du village ou de voyageurs de passage, elles me donnent la force d'accueillir les autres avec bonté et de me mettre à leur place.

En vérité, la vertu d'humanité est toujours à portée de main. Là encore, je n'ai gardé aucun souvenir des circonstances dans lesquelles cette parole est venue à ma connaissance. Mais, à n'en pas douter, elle est du Maître : elle en a le style lapidaire, à la fois incisif et pénétrant.

« Le Maître dit : “La vertu d'humanité est-elle chose lointaine? Voici que je la désire et elle est là.” »

Qui d'autre que le Maître aurait pu prononcer une parole aussi belle dans sa véhémence ?

« Le Maître dit : “Qui ne possède pas la vertu d'humanité, pourquoi pratiquerait-il les rites? Qui ne possède pas la vertu d'humanité, pourquoi pratiquerait-il la musique[1]*?” »*

Voici encore une parole qui ne peut être attribuée qu'au Maître, indépendamment même du

1. *Entretiens,* III, 3.

témoignage apporté par la formule d'introduction : « Le Maître dit ». Il ne sert à rien d'apprendre les rites si le cœur est dépourvu d'humanité. De même pour la musique : cela n'a aucun sens et n'apporte aucun bénéfice. Ces paroles ont de la grâce et de la tenue, elles rendent un son haut et clair. Ce ne peuvent être que des paroles du Maître.

Jusqu'à présent je n'ai cité que des paroles faciles, de celles qu'un homme peu instruit comme Vieux Gingembre était capable de comprendre. Malheureusement, il en est d'autres.

Bien des paroles du Maître concernant l'humanité sont obscures et dépassent les facultés de compréhension d'un homme comme moi.

Le Maître y parle sans doute encore de la vertu d'humanité, mais celle-ci déborde alors largement les limites de ce qu'elle peut représenter pour moi et devient, me semble-t-il, quelque chose d'immense et d'insaisissable.

Ne peut-on pas dire qu'il y eut dans l'enseignement du Maître deux vertus d'humanité, une au sens large et l'autre au sens restreint ?

Bien qu'il me soit difficile d'établir une distinction précise entre les deux, je suis convaincu que le Maître choisissait, selon son interlocuteur, l'une ou l'autre variante et en donnait dans chaque cas une explication différente.

A mes semblables dont la vie entière se déroule discrètement dans quelque recoin obscur, loin de l'avant-scène de la société, le Maître enseignait que l'humanité était la considération pour autrui, qu'elle consistait à se mettre en pensée à la place de l'autre.

Lorsqu'on mène, comme moi, l'existence anonyme d'un simple particulier, la plus haute forme de vie est bien, selon les mots du Maître, celle qui est faite de considération réciproque et qui consiste à se mettre à la place d'autrui. Cette vie de concessions mutuelles peut ne pas apporter la richesse, elle manque certes de relief et de couleurs, mais elle permet, tout compte fait, à celui qui l'adopte de se féliciter d'être venu dans ce monde, si troublé et chaotique qu'il soit.

A ceux en revanche que leur position met à même d'influer sur la marche du monde, le Maître parlait de la même vertu d'humanité d'une manière tout autre, en termes différents, comme d'une force prodigieuse capable de maintenir la paix dans l'univers tout entier.

« *Le Maître dit : “Un homme de cœur, un homme doué d'humanité, ne veut pas d'une vie qui soit aux dépens de l'humanité. Il sacrifiera sa vie pour faire œuvre d'humanité* [1]. ” »

En proie comme je l'étais alors au chagrin à la suite de la disparition du Maître, je ne me sentais guère concerné par l'entreprise de mise en ordre de ses paroles ; mais celle-ci, je ne sais pourquoi, se grava dans ma mémoire et y resta intacte au long des années, revenant de temps à autre à la surface.

Celui qui mérite le nom d'homme de courage (celui dont le cœur aspire à la vertu d'humanité) ou d'homme vertueux (celui qui se fait une règle de vie de la vertu d'humanité) ne renoncera pas à la vertu par attachement pour la vie. Au contraire, il

1. *Entretiens,* XV, 9.

mourra volontiers s'il peut ainsi faire œuvre d'humanité. Au besoin, il sera toujours prêt au sacrifice de sa vie.

Voici comment je lis ces paroles. La vertu d'humanité dont il y est question diffère sensiblement de la simple considération pour autrui, de l'aptitude à se mettre à la place de l'autre qui m'a été enseignée : elle met en jeu la vie même de celui qui la pratique.

Aussi la vertu d'humanité telle que je la conçois à mon niveau diffère-t-elle fortement de ce qui est son essence véritable. L'homme de cœur, l'homme doué d'humanité ne renonce pas à la vertu d'humanité afin de rester en vie. Au contraire, il meurt sans broncher, si l'accomplissement de la vertu d'humanité le demande. Telles sont les terribles exigences de cette vertu, celles d'un monde où je ne saurais accéder, même en imagination.

Le même mot d'« humanité » est employé dans les deux cas, mais les comportements qu'il désigne sont très différents.

Dans le premier cas, il s'agit d'enseigner au commun des hommes à vivre en s'entraidant. Le second enseignement s'adresse aux hommes susceptibles d'influer sur les destinées de leur temps. L'humanité est alors la force motrice qui délivre du malheur les multitudes vivant dans ce monde et ramène la paix dans les époques troublées. Les hommes susceptibles d'influer sur la marche du monde se répartissent à leur tour en de nombreuses catégories depuis les dirigeants au sommet jusqu'au magistrat du moindre village. A chacun d'eux, selon leurs capacités, le Maître parlait de l'humanité au sens large.

Mais au cœur de l'humanité au sens large qui est l'armature de toute société humaine, comme de l'humanité au sens restreint, la nôtre, qui consiste simplement à montrer de la considération pour autrui et à se mettre à la place de l'autre, il est sans doute un élément commun qui est l'amour de l'homme ou encore cette bonne volonté dont tout être humain devrait être pourvu.

J'en resterai là, si vous le voulez bien, sur le chapitre de l'humanité. Depuis de nombreuses années, je m'attarde fréquemment le soir auprès de ce foyer, à méditer pendant de longues heures sur cette notion d'humanité, cherchant à percer le sens du message laissé par le Maître.

C'est en quelque sorte le résultat de ces méditations que j'ai eu l'impudence de vous présenter à l'instant. Assez donc de ces considérations douteuses et lacunaires et laissez-moi maintenant retourner à mon rôle d'auditeur.

– Un mot seulement en tant que secrétaire de séance. Nous avons entendu des explications et un commentaire d'une grande pénétration, très complet, de plusieurs déclarations du Maître concernant la vertu d'humanité. Au nom de tous je voudrais remercier maître Yanjiang du fond du cœur.

Conformément à votre souhait, c'est maintenant aux membres de l'assemblée que nous passons la parole. Je vous rappelle que les interventions doivent se limiter au seul sujet de l'humanité.

J'espère que les débats se dérouleront d'une manière satisfaisante. Poursuivons donc en respectant l'ordre initialement prévu.

– Alors, c'est à mon tour de prendre la parole. Je suis membre de la Société d'études confucéennes de la capitale de Lu ainsi que du Cercle d'études sur la notion d'humanité déjà mentionné tout à l'heure. Maître Yanjiang, vos propos m'ont beaucoup appris. Ce sera pour nous autres, spécialistes de la notion d'humanité, un jour à marquer d'une pierre blanche, car il représente pour nos recherches une considérable avancée.

Les paroles du Maître que vous avez citées à l'instant figuraient toutes dans la documentation que nous avions réunie sur la question. Pour les connaître, nous les connaissions en effet, mais là s'arrêtait pour nous leur utilité : nous n'avions aucun moyen de nous prononcer sur leur authenticité, personne d'entre nous n'étant qualifié pour le faire.

Nous avions besoin de matériaux supplémentaires qui établiraient d'une manière incontestable l'authenticité ou le caractère apocryphe de ces paroles, mais de tels documents sont rares. Peut-être même n'en existe-t-il pas. A la capitale de Lu et dans les environs, on ne trouve plus un seul des anciens membres de l'entourage du Maître, à l'exception de vous, maître Yanjiang.

Aussi ai-je dit que cette journée restera pour nous mémorable. Ne pouvons-nous pas considérer dorénavant comme des déclarations authentiques du Maître toutes les paroles sur la vertu d'humanité que vous venez de citer ?

Ainsi les divers documents que nous avions recueillis, mais dont nous étions incapables de vérifier l'authenticité et à l'examen desquels nous passions le plus clair de notre temps, allant parfois jusqu'à dormir dans le cabinet où nous les conservions, vivront désormais grâce à l'intervention de maître Yanjiang d'une vie nouvelle. Nous savons maintenant que ce sont des paroles authentiques du Maître. Comme telles elles occuperont une place d'honneur dans tous nos futurs travaux.

Pour récapituler, voici donc les sept textes nouveaux dont s'est enrichie aujourd'hui notre collection :

« Discours habiles et minois trompeur recèlent peu d'humanité. »

« Seul un homme pourvu d'humanité sait vraiment aimer ou haïr. »

« Fermeté, persévérance, simplicité et discrétion sont proches de la vertu d'humanité. »

« La vertu d'humanité est-elle chose lointaine? Voici que je la désire et elle est là. »

« Qui ne possède pas la vertu d'humanité, pourquoi pratiquerait-il les rites? Qui ne possède pas la vertu d'humanité, pourquoi pratiquerait-il la musique? »

« Un homme de cœur, un homme doué d'humanité, ne veut pas d'une vie qui serait au détriment de la vertu d'humanité. Il lui arrive de sacrifier sa vie pour faire œuvre d'humanité. »

Et pour finir, la réponse que fit le Maître à Zigong qui lui demandait de formuler en un mot une règle pour la vie entière. Le Maître aurait répondu :

« La considération, peut-être? N'impose pas aux autres ce dont tu ne veux pas toi-même. »

Je m'en veux de vous solliciter encore, maître Yanjiang, mais il est un service que je voudrais vous demander. En réalité, je compte réitérer ma demande par le canal de la Société d'études confucéennes de la capitale de Lu, mais je profite de la tribune qui m'est offerte aujourd'hui pour la formuler brièvement.

Il s'agirait de vous demander ni plus ni moins que de prendre connaissance de tous les documents, paroles du Maître, paroles des disciples, conversations ou entretiens, réunis à ce jour par notre Cercle de recherches sur la notion d'humanité. Je sais quel embarras cela représenterait pour vous, mais quand on vient au problème de l'humanité, embarrasser maître Yanjiang est encore le seul moyen que je connaisse de progresser.

Voilà ce que je voulais dire. Veuillez me pardonner d'avoir ainsi abusé de mon temps de parole. J'ai l'impression de vivre un rêve et j'ai sans doute parlé de bout en bout dans un état second.

– La parole est à la personne suivante. En tant que secrétaire, je demande aux intervenants d'être aussi brefs que possible.

– C'est donc à mon tour de prendre la parole. J'ai moi aussi l'honneur d'être un membre de la Société d'études confucéennes. Un vieux membre avec cela, bien que j'y tienne la place la plus modeste. Comme l'intervenant précédent, je prends part en même temps aux travaux du Cercle de recherches sur la notion d'humanité.

Mon sujet d'étude s'intitule « Sagesse et humanité ». Je ne puis me vanter d'aucun résultat tant soit peu cohérent, je n'ai aucune révélation à vous faire. Je voudrais cependant profiter de ma présence à cette réunion autour de maître Yanjiang pour formuler deux ou trois remarques.

Mais laissez-moi vous dire auparavant combien j'approuve vos derniers propos, maître Yanjiang. Pour établir l'authenticité des paroles, vous citez leur véhémence et leur beauté ainsi que la vigueur et la pureté du son qu'elles rendent comme s'il s'agissait d'indices suffisants pour écarter tous les doutes.

Ces propos sont d'une fraîcheur qu'on ne rencontre que rarement de nos jours. Je suis convaincu que cette méthode, à laquelle, il est vrai, personne d'autre que vous ne saurait se permettre de recourir, est encore la plus sûre pour juger de l'authenticité des paroles attribuées au Maître. Il est bien regrettable que vous soyez le seul à pouvoir l'utiliser.

Trente ans après la mort du Maître, d'innombrables bouts de paroles, de conversations, d'entretiens ont été réunis et le seront encore par des particuliers ou des groupes d'étude de tout acabit. Des déclarations authentiques du Maître s'y mêlent à beaucoup d'autres, d'attribution plus douteuse.

Dans les circonstances où se trouve aujourd'hui le monde des études confucéennes, j'adopte une attitude moins intransigeante que celles de mon prédécesseur à cette tribune. Prétendre retenir les seuls propos rigoureusement authentiques est pratiquement impossible : des apports étrangers se mêlent forcément aux documents qui nous sont transmis. Mais comme l'eau trouble d'une rivière finit par se clarifier, le cours formé par les paroles du Maître se décantera peu à peu à mesure que les éléments étrangers couleront par le fond.

Voilà en guise d'introduction l'opinion d'un membre de la Société d'études confucéennes. Si vous m'accordez encore un instant, je voudrais profiter de l'occasion pour vous exposer brièvement l'état de mes recherches ou plutôt de mon enquête sur l'humanité et la sagesse.

Recherches. Enquête. Des mots bien imposants, comme on a pris par commodité l'habitude d'en employer dans nos réunions de spécialistes. Je vous en prie, faites comme si je n'en avais rien fait.

Il y a environ dix ans que j'ai commencé à m'intéresser aux paroles du Maître où se rencontrent à la fois les deux termes d'« humanité » et de « sagesse », et que j'ai entrepris de les réunir et de les étudier. A cet époque l'intérêt des chercheurs était attiré par la parole suivante du Maître :

« L'homme sage aime l'eau, l'homme vertueux les montagnes. L'homme sage est actif, l'homme vertueux en repos. L'homme sage jouit, l'homme vertueux se conserve longtemps en vie [1]. »

De nombreuses réunions furent alors consacrées à l'examen de cette parole devenue célèbre. Outre

1. *Entretiens*, VI, 23.

sa beauté, elle nous semblait soulever de passionnants problèmes. C'était un véritable engouement.

Je pensai alors que, si le Maître avait prononcé ces mots, il devait certainement exister d'autres paroles de lui où les termes « sagesse » et « humanité », ou bien « homme sage » et « homme vertueux » se trouvaient comparés ou opposés. Il ne pouvait en aller autrement. Je profitai d'une réunion pour annoncer mon intention de me consacrer à la collecte de ces paroles et d'en faire mon domaine de recherche pour le restant de mes jours. J'étais animé par l'enthousiasme de la jeunesse.

Dès lors, je me limitai à ces quatre notions de sagesse, d'humanité, d'homme sage et d'homme vertueux et je passai dix années, certes peu fructueuses, mais pleines de fièvre et de déplacements. On doit me traiter, j'en suis sûr, d'enragé de la sagesse, de fou de la vertu.

Étant donné les circonstances, la récolte de ces dix années n'a tout de même pas été négligeable, même si certains des documents recueillis par moi peuvent soulever des questions. Mais laissez-moi vous les présenter dans l'ordre où j'en pris connaissance.

Bien entendu, mes propos s'adressent avant tout à maître Yanjiang, mais je voudrais aussi me faire entendre de vous tous, membres de cercles de recherches sur Confucius, venus aujourd'hui participer à cette assemblée. Veuillez excuser ma brutalité, mais je voudrais que vous sachiez ce que c'est que d'aller soi-même à la recherche des documents plutôt que de rester à attendre qu'ils nous tombent entre les mains.

La particularité de ma méthode est en effet que j'ai choisi de commencer par la collecte des documents.

Ces documents, je n'avais, qui plus est, aucune preuve de leur existence, mais seulement la conviction que devaient subsister quelque part des paroles du Maître où, avec la clarté lumineuse qui lui était coutumière, il traitait conjointement des notions d'humanité et de sagesse, de sage et d'homme vertueux. Qu'il devait même y en avoir un certain nombre. Je décidai de les découvrir, de les rassembler et d'en faire l'objet de mon étude.

Dix années furent entièrement employées à ce travail. Dix années consacrées à la collecte des documents et pendant lesquelles je n'avançais guère dans la recherche proprement dite. Celle-ci se limitera de toute façon à la présentation des documents et à leur commentaire, la collecte constituant pour moi la part essentielle de mon travail.

Deux ans après le début de ma quête, je croisai sur mon chemin le personnage de Fan Chi, un des disciples favoris du Maître. Quand je dis que je le croisai sur mon chemin, je dois préciser qu'en ce temps Fan Chi était déjà mort.

Les origines de cet homme restent obscures : les uns en font un homme de Lu, les autres un homme de Qi. Certains lui attribuent une intelligence brillante, les autres le considèrent comme un imbécile parmi les imbéciles et il est impossible de savoir ce qu'il en fut au juste. Fan était son nom de famille. Son prénom était Xu, son surnom Zichi. On dit qu'il conduisit la voiture où montait le Maître, mais on ne sait pas s'il le faisait de manière occasionnelle ou s'il était cocher de son métier. Quant à son âge, les uns prétendent qu'il avait trente-six ans de moins que le Maître, mais d'autres croient savoir que c'était quarante-six.

Quoi qu'il en soit, ce Fan Chi ne cessait d'interroger le Maître à tout propos et ne connaissait pas de plus grand plaisir que d'écouter ses réponses. Ce trait m'a été rapporté par plusieurs personnes. Je consacrai alors trois années à explorer systématiquement l'entourage de cet homme sur qui je reportai tous mes espoirs et je finis par tomber, dans la région où Fan Chi fut affecté comme fonctionnaire, sur la trace d'une conversation qu'il avait eue avec le Maître au sujet de la sagesse et de l'humanité.

Cette conversation était déjà assez célèbre dans la région où avait servi Fan Chi, mais c'est moi qui l'ai présentée, le premier, à une assemblée de confucianistes et qui, le premier, l'ai fait admettre au monde relativement restreint des documents de tout premier ordre relatifs à Confucius, comme une parole dont l'authenticité ne saurait être mise en doute.

«A Fan Chi qui l'interrogeait sur la sagesse, le Maître répondit : " Veiller à ce que le peuple ait son dû, respecter les démons et les dieux tout en gardant ses distances avec eux, voilà ce qu'on peut appeler sagesse. " Fan Chi l'interrogea alors sur l'humanité. " L'homme pourvu de la vertu d'humanité, répondit le Maître, accueille d'abord les difficultés et ne se soucie que plus tard des

bénéfices. Voilà ce qu'on peut appeler vertu d'humanité[1]. " »

Fan Chi voulait savoir quelle méthode devait adopter un sage pour gouverner le peuple. Le Maître lui répondit que l'attitude du sage était de faire régner la justice dans le peuple et de montrer de la considération pour les dieux et les démons ainsi que pour toutes les matières religieuses, mais en gardant ses distances. Ne pas s'impliquer, tel est le principe de gouvernement du sage. Quant à l'attitude de l'homme vertueux, c'est, dit le Maître à Fan Chi, de s'attaquer en premier lieu aux problèmes les plus délicats sans considérer la récompense ou le profit qu'il pourrait tirer de leur solution.

Ma découverte, lorsque je la rendis publique, fit sensation. A partir de ce jour, ces paroles sur l'attitude à adopter face aux dieux et aux démons figurèrent au tout premier rang des paroles recensées du Maître et furent souvent reprises et commentées.

Peut-être aurais-je dû me satisfaire de ce résultat et arrêter là mes recherches. Nombreux sont ceux qui s'attachent à découvrir les paroles du Maître, à les présenter aux assemblées de confucianistes et à multiplier les exposés afin d'obtenir une reconnaissance officielle de leurs découvertes. Mais lorsque je publiai les paroles sur l'attitude à adopter face aux dieux et aux démons, ciel et terre se couvrirent, à ce qu'on rapporte, de ténèbres, le tonnerre gronda et les profondeurs de la terre firent entendre leur voix. Si grand était leur pouvoir!

Le bruit de cette publication se répandit et nom-

1. *Entretiens*, VI, 22.

breux furent ceux qui, au centre ou dans les provinces, se tournèrent vers moi pour me faire connaître telle ou telle parole du Maître relative à l'humanité, à la sagesse, à l'homme vertueux ou à l'homme sage. Je ne rencontrai cependant parmi ces matériaux aucun élément de premier ordre. Il s'agissait toujours de documents transmis par voie orale et il était difficile en général de se prononcer sur leur crédibilité.

Pourtant, chaque fois qu'on prenait ainsi contact avec moi, je me rendais sur place sans regarder à la distance. La plupart des disciples qui entouraient le Maître dans ses dernières années s'étaient dispersés dans les provinces. Je passai des années entières à rayonner dans les campagnes à partir de la capitale de Lu.

En dix ans d'une telle vie, je parvins à recueillir en tout et pour tout trois documents de première importance relatifs à l'humanité et à la sagesse, qui furent reconnus comme tels par la Société d'études confucéennes. La moisson n'était pas abondante et encore les deux derniers documents étaient-ils comme le premier des réponses du Maître aux interrogations de Fan Chi. Mais autant ma première découverte avait été sensationnelle, autant les deux suivantes semblaient, en comparaison, manquer d'éclat.

De valeur inégale, les trois n'en sont pas moins des documents de tout premier ordre.

Il y a parmi eux ces courtes paroles :

«A Fan Chi qui l'interrogeait sur la vertu d'humanité, le Maître répondit : " Cela consiste à aimer les hommes. " Fan Chi l'interrogea alors sur

la sagesse. "Cela consiste à connaître les hommes", répondit le Maître[1]. »

Le document se poursuit avec d'autres paroles du Maître. Puis apparaît Zixia qui en fournit un commentaire. Je ne sais pas encore s'il convient d'accorder à cette dernière partie la même valeur qu'à la première et les chercheurs qui se sont penchés sur ce document partagent mes doutes. Aussi omettrai-je aujourd'hui la fin pour ne retenir que le début, si incisif dans sa brièveté.

Enfin, tout dernièrement, je tombai sur un dernier inédit, lui aussi rattaché au personnage de Fan Chi. Laissez-moi vous le présenter.

«*A Fan Chi qui l'interrogeait sur la vertu d'humanité, le Maître répondit : "Retenue chez soi, circonspection dans le travail, loyauté dans les rapports avec les hommes. Tu ne dois pas t'en départir même chez les barbares*[2]. " »

En prenant connaissance de ces mots, je ne pus retenir les larmes qui inondaient mes yeux. C'était la réponse du Maître à son disciple bien-aimé, à cet homme dont on ne sait s'il fut intelligent ou stupide, mais qui, sur le point de rejoindre son poste en province, devait le questionner sans relâche sur la vertu d'humanité qu'il lui faudrait observer en tant que fonctionnaire. On y voit affleurer la quintessence de cette vertu d'humanité qui est amour des hommes.

1. *Entretiens*, XII, 22.
2. *Entretiens*, XIII, 19.

4

– Une atmosphère rafraîchissante de début d'été a marqué toute cette journée. Même si les jours se font plus longs, la nuit va bien finir par tomber. On sent déjà l'approche du crépuscule. Nos débats, que nous avons limités à la seule notion d'humanité, n'ont cessé de rouler sur des questions particulièrement ardues. Ce fut, je crois, une réunion de travail riche et fructueuse et je remercie maître Yanjiang d'avoir bien voulu rester avec nous tout au long des travaux.

Il nous reste encore un peu de temps avant la tombée de la nuit. Je propose qu'on s'en tienne là pour ce qui est de la notion d'humanité et qu'on donne la parole au cercle d'études Anecdotes qui l'a réclamée tout à l'heure. A vous !

– Je vous remercie pour l'occasion qui nous est donnée de prendre la parole. Nous représentons un groupe d'une dizaine de personnes qui ont entrepris de réunir les récits concernant le Maître, illustrant certaines de ses attitudes ou manières de penser caractéristiques. Notre nom complet est : « Groupe de recherche et de documentation sur les anecdotes relatives à Confucius ».

Laissant à d'autres les apophtegmes au contenu plus austère, nous nous consacrons à la collecte de documents tels que récits ou anecdotes qui permettent de goûter la présence vivante du Maître.

Quand je dis que nous sommes une dizaine, je ne parle que des membres habitant la capitale. Le nombre triplerait si j'y incluais les membres correspondants dans les provinces. Nous nous sommes également adressés avec des demandes de coopération au-delà des frontières de l'État de Lu à divers États de la Plaine du Milieu, qui furent jadis le théâtre du voyage d'exil et de la mission d'enseignement du Maître. Hélas ! Où qu'on se tourne, le tourbillon de la guerre a tout englouti, et il a fallu renoncer à maintenir ne serait-ce qu'un contact avec l'étranger.

Depuis sa fondation, notre groupe s'est toujours proposé pour but de recueillir des anecdotes ou des récits relatifs au Maître dans l'espoir qu'ils nous permettraient de dégager et de comprendre un aspect de sa personnalité exceptionnelle qui, tel un courant, passerait à travers tous ces documents. Nous pensons en effet qu'anecdotes et récits peuvent nous aider à dégager certains aspects de la personnalité du Maître qu'aucune autre méthode ne saurait mettre en lumière.

Cependant, tous les récits et anecdotes qui nous sont parvenus se présentent sous la forme de fragments isolés et privés de contexte. L'interlocuteur reste anonyme et on n'y voit jamais non plus la présence d'une tierce personne.

Sur ce point notre cas est très différent de celui de vous autres qui vous consacrez à l'étude des grandes déclarations du Maître. Les matériaux que vous étudiez valent déjà par le simple fait qu'ils proviennent de la bouche du Maître. En général, l'identité de l'interlocuteur ainsi que les circonstances dans lesquelles ils ont été prononcés sont également spécifiées.

Vous savez aussi le rôle important pour l'authentification de ces paroles que jouent Zilu, Zigong, Yanhui et d'autres disciples, posant les questions, écoutant les réponses, recevant des éloges ou des blâmes.

En comparaison, les anecdotes relatives au Maître sont des documents beaucoup plus fragiles et elles ont du mal à s'imposer par leur seule autorité.

La joie manifestée par maître Yanjiang lorsqu'il entendit, à notre première réunion avec lui, ces paroles du Maître qui étaient parvenues à notre connaissance : *« De tous ceux qui m'accompagnaient à Chen et à Cai, pas un n'a obtenu de promotion »*, cette joie, dis-je, fut pour nous un grand événement.

Dans l'état où elles nous sont parvenues, ces paroles se présentaient sans contexte. On ne pouvait savoir à qui elles étaient adressées ni si quelqu'un se tenait auprès du Maître au moment où il les prononçait. Nous n'avions que ces quelques mots dont on pouvait croire qu'ils étaient du Maître. Aucune autorité ne venait authentifier cette attribution. Nous avions bien l'impression d'être devant un document important et précieux, mais nous ne savions comment étayer notre hypothèse.

Les choses en étaient là lorsque maître Yanjiang évoqua devant nous ses souvenirs et nous parla du rude voyage qu'il fit en compagnie du Maître à travers les États de Chen et de Cai. Comme, vers la fin de son récit, je citais ces propos qui nous posaient problème, maître Yanjiang y reconnut sans hésitation l'expression de la bonté témoignée par le Maître aux disciples qui l'avaient suivi dans le voyage de Chen et de Cai qu'il venait d'évoquer. Apparemment très ému, il répéta ces mots à plusieurs reprises.

Cet épisode reste à ce jour l'événement le plus marquant dans l'histoire de notre cercle.

– Permettez-moi d'intervenir, puisque aussi bien l'on a prononcé mon nom. Si l'on me demandait de choisir aujourd'hui la parole du Maître à laquelle je tiens le plus, je crois que je pencherais pour celle que vous venez de rappeler, découverte du cercle Anecdotes : *« De tous ceux qui m'accompagnaient à Chen et à Cai, pas un n'a obtenu de promotion. »* Comme on vient de le rappeler, c'est au cours de notre première réunion, tandis que, me reportant dans un lointain passé, j'évoquais le voyage du Maître à travers Chen et Cai, que j'appris par le groupe Anecdotes que ces paroles étaient entrées dans leur collection.

Depuis ce temps-là, ces mots où s'exprime le cœur plein de bonté du Maître, n'ont cessé de représenter pour moi quelque chose de très spécial.

Si, de toutes les paroles du Maître, il me fallait

en choisir une afin de concentrer toute mon attention sur elle, je pencherais pour ces mots, tout empreints de bonté à l'endroit des compagnons de voyage qui l'avaient jadis suivi à travers les landes de Chen et de Cai.

Il va sans dire qu'ils appartiennent à la dernière période, et même aux toutes dernières années, celles qui suivent la mort de Yanhui et de Zilu. Se tournant en pensée vers le voyage si difficile qu'il avait accompli jadis dans les États de Chen et de Cai, le Maître fut frappé par le sort malheureux de ses compagnons d'alors qui avaient consenti tant de sacrifices pour lui, de tous ces hommes remarquables et qu'on aurait vainement cherché à remplacer par d'autres, mais dont aucun ne devait connaître une carrière digne de ses talents.

Tandis que je vous parle, je crois voir devant moi le visage voilé de tristesse du Maître et j'ai l'impression de lire dans son cœur plein de bonté.

Chaque fois que je répète cette parole, je me félicite à nouveau d'avoir participé au voyage de Chen et de Cai. C'est parce que j'ai accompagné le Maître dans ses tribulations, que j'ai éprouvé sur moi toute la bonté de son cœur. Voici ce que je me dis et cette pensée me comble de bonheur.

Peut-être aurais-je dû le préciser plus tôt, je me compte au nombre de ceux dont parle le Maître lorsqu'il dit : « *Ceux qui m'ont suivi à Chen et à Cai* ». Le Maître dans sa bonté, de même que Zilu, Zigong et Yanhui, auraient-ils pu m'exclure, moi seul, de leur nombre ?

Quoi qu'il en soit, un disciple de la dernière période devait se tenir auprès du Maître lorsqu'il prononça ces mots. Sans doute en fut-il assez impressionné pour les retenir, puis, par je ne sais quel chemin, ces paroles finirent par tomber dans les filets de ces jeunes chercheurs que vous êtes.

Comme l'a bien dit le Maître, les disciples qui l'accompagnaient dans les landes de Chen et de Cai n'ont en effet pas obtenu de postes importants et ne se sont pas élevés dans le monde. Tous cependant, pour avoir servi le Maître, ont mené une vie pleine et heureuse. Aujourd'hui, Zilu, Zigong et Yanhui sont morts tandis que moi, Yanjiang, demeuré seul en vie, je poursuis une vie de retraite au fin fond des montagnes. Comme je regrette de ne pas pouvoir apprendre ces paroles du Maître aux trois disciples qui l'ont accompagné à Chen et à Cai !

– Nous ne voudrions pas importuner maître Yanjiang, mais nous avons dans nos archives deux ou trois paroles du Maître. Nous aimerions les rendre publiques depuis cette tribune afin de connaître son avis sur chacune d'elles.

– Je vous en prie. Je ne sais pas si je vous serai de quelque utilité, mais je suis toujours heureux de répondre aux questions concernant les paroles du Maître.

– La première est la suivante :

« Ayant appris les troubles survenus à Wei, le Maître dit : " Chai va revenir; You va mourir. " »

En apprenant le début de troubles intérieurs à Wei, le Maître prévit le retour de Chai, ou Zigao, et la mort de You, où Zilu, tous deux en fonctions dans cet État. La prévision du Maître devait se réaliser à la lettre. Zigao put revenir chez lui et sortit indemne de la tourmente. Zilu, lui, resta fidèle jusqu'au bout au ministre Kongli qu'il servait. Pénétrant dans le camp adverse, il croisa le fer avec l'ennemi. Et, comme le cordon de sa toque avait été tranché, déclarant qu'un gentilhomme n'abandonnait jamais sa coiffure, il le renoua avant de tomber sous les coups ennemis et de mettre un terme à sa vie à soixante-trois ans.

– Comme vous le dites, les choses se sont bien déroulées conformément à la prédiction : Chai rentra indemne, tandis que You mourait de mort violente dans l'État de Wei. Ces paroles reflètent le jugement pénétrant du Maître fondé sur la connaissance approfondie qu'il avait du caractère de ses deux disciples. Il est pourtant difficile de croire que le Maître ait prononcé d'une manière si brutale des mots aussi malheureux que : « *You va mourir.* » Il était en effet d'une très grande circonspection dans ces matières.

Quand on envisage l'affaire sous cet angle, force est d'admettre que, si l'épisode lui-même est authentique, les paroles en question ne sont pas du Maître, qu'il faut y voir une fiction, certes, ingénieuse, mais postérieure aux événements. L'anecdote elle-même est fort habile et exprime fidèlement les sentiments intimes du Maître, mais il est difficile de lui attribuer directement ces paroles.

– Je vous remercie. Nous créerons donc pour ces mots une catégorie à part : celle des propos qui, sans être attribuables au Maître, reflètent exactement les sentiments de son cœur. Il y a ensuite cette courte parole, toujours dans la pile des documents inclassables :

« *Le seigneur Kang lui fit parvenir un remède. Il l'accepta en se prosternant puis dit : " Comme je n'en connais pas encore les vertus, je n'ose pas l'essayer ! "* »

– Il me semble que cette anecdote saisit une attitude très caractéristique du Maître qui accepte avec gratitude l'envoi du seigneur Ji Kang, l'homme fort de l'État de Lu, et s'incline respectueusement, mais refuse d'en user pour la raison qu'il ignore les vertus du remède. La netteté avec laquelle y apparaît la figure du Maître me fait croire que l'auteur en est un témoin oculaire qui a assisté à toute la scène. Le texte en est bref, mais bien tourné. C'est le Maître qu'on y voit et nul autre. L'incident est sans aucun doute authentique et se rapporte aux dernières années de la vie du Maître. Ce n'est pas parce qu'il avait vieilli, au contraire, qu'il allait essayer d'un remède dont il n'avait pas lui-même vérifié les vertus. Tels étaient les principes, l'exigence de lucidité du Maître. Dans des circonstances analogues qui se serait montré supérieur à lui ?

– Je vous remercie. Nous classerons donc cette anecdote parmi celles dont l'authenticité ne fait pas de doute. Voici encore une parole du Maître sur laquelle nous aimerions avoir votre avis :

« *Comme le fleuve est large et beau ! Que je ne puisse le traverser, n'est-ce pas la volonté du Ciel ?* »

– Cette phrase est sans nul doute l'expression du sentiment d'immensité qui envahit le Maître sur les berges du Fleuve Jaune. Il me suffit de murmurer ces mots pour que mon cœur s'enfle jusqu'aux dimensions de cette immensité. Nous n'avons cependant aucune idée de la date et du lieu où ils ont été prononcés.

– « *Comme le fleuve est large et beau! Que je ne puisse le traverser, n'est-ce pas la volonté du Ciel?* »

Splendides et mélancoliques paroles! Mon cœur est comme purifié de les entendre à nouveau après une si longue interruption!

Dans les tout premiers temps, après que j'eus rejoins le groupe constitué autour du Maître, autrement dit il y a presque cinquante ans, pendant notre séjour à la capitale de Chen, Zigong, alors tout jeune homme, m'a maintes et maintes fois répété ces paroles du Maître pour me faire sentir toute l'ampleur de sa pensée. Avant de se rendre à la capitale de Chen, le Maître avait séjourné quatre ans dans celle de l'État de Wei. Ayant conçu le projet de rencontrer le dirigeant de Jin, il voulut traverser le Fleuve Jaune. Mais, lorsqu'il se rendit jusqu'à l'embarcadère, le hasard fit qu'il apprit le renversement de régime survenu dans l'État de Jin et il dut renoncer en dernière extrémité à la traversée.

« *Comme le fleuve est large et beau! Que je ne puisse le traverser, n'est-ce pas la volonté du Ciel?* » Ces paroles reflètent la dimension cosmique du sentiment qui prit possession du Maître à cet instant.

– Merci. Grâce à vous, nous pouvons verser une nouvelle pièce dans notre collection de documents de tout premier ordre. Car cette parole qui nous est transmise par maître Zigong et par maître Yanjiang appartient incontestablement à cette catégorie-là.

Pour passer à un autre sujet, et je sais que c'est beaucoup demander, nous autorisera-t-on à soumettre un dernier document au jugement de maître Yanjiang ? Je reconnais que cela revient à nous approprier au profit de notre seul groupe le peu de temps qui reste en cette fin de journée.

L'autorisation est accordée ? Eh bien, je vais donc vous communiquer le contenu du document en question.

«*Alors qu'il se trouvait dans l'État de Qi, il entendit de la musique* shao. *Pendant trois mois il fut insensible au goût de la viande. Il dit : " Je ne savais pas que la musique pût agir si puissamment*[1]. " »

Il y a plusieurs années que nous avons découvert ces mots. Mais en dépit de leur relative ancienneté dans nos collections, ils n'ont pas encore fait l'objet d'une estimation définitive. Nous ne possédons aucune indication sur les intermédiaires grâce auxquels cet épisode est parvenu jusqu'à nous. Qui était l'interlocuteur du Maître ? Qui l'a entendu parler ainsi ? Qui est l'auteur des quelques lignes rapportant l'incident ? Toutes ces questions restent pour l'heure sans réponse.

1. *Entretiens*, VII, 13.

– Eh bien, je vous dirai ce que j'en pense. Quand le duc Zhao de Lu chercha refuge dans l'État de Qi, le Maître, qui avait trente-cinq ans à l'époque, le suivit dans son exil. Il s'agit d'un fait bien connu de tous les disciples du Maître et d'un jalon important dans sa biographie. C'est alors qu'il entendit de la musique *shao* datant de l'époque du roi Shun, dont il aurait fait l'éloge en disant qu'elle était « *parfaitement belle et parfaitement bonne* [1] ». J'ai moi aussi été toujours fortement impressionné chaque fois que j'ai entendu cette anecdote. On peut juger de l'effet violent que produisit cette musique sur le Maître par le fait que, longtemps après, il resta insensible au goût de la viande qu'il mangeait. C'est cette forte impression qu'il exprima en affirmant qu'il ne soupçonnait pas le degré d'enthousiasme auquel pouvait nous faire parvenir la musique.

Cette anecdote qui semble provenir de l'entourage immédiat du Maître est sans doute le produit d'une tradition collective, ce qui explique qu'il n'y soit pas fait mention d'un interlocuteur ou d'un témoin qui aurait ensuite servi d'intermédiaire. Directe et sans apprêt comme le sont souvent les documents de ce genre, elle me semble adhérer à la réalité de très près.

En tout cas, la rédaction en est fort habile et le style impeccable. Je me demande si vous ne devriez pas compiler un recueil d'anecdotes se rapportant

1. *Entretiens*, III, 25.

au Maître afin d'y faire entrer ce genre de documents.

– Je vous remercie du fond du cœur pour avoir bien voulu, en dépit de la fatigue, nous donner votre précieux avis sur ces quelques anecdotes.

Comme j'ai déjà eu l'occasion de le dire, aujourd'hui est un jour à part pour les membres de notre groupe. C'est la première fois qu'il nous est donné d'entendre l'avis de maître Yanjiang sur notre travail et d'en faire évaluer par lui les résultats.

Enfin je voudrais, au nom de tous les membres de mon groupe, exprimer notre reconnaissance aux secrétaires de séance qui nous ont si libéralement accordé une grande partie de la soirée.

– Permettez-moi de dire un mot comme secrétaire de la séance. Je m'apprêtais déjà à prononcer la fin de notre réunion et à donner le signal de la séparation, car la nuit ne tardera pas à tomber, mais nous avons reçu une ultime demande d'intervention. Nous l'acceptons parce qu'il s'agirait d'un point en rapport avec le travail du cercle Anecdotes et que l'intervenant tenait absolument à parler aujourd'hui, même si ce devait être brièvement.

Je vous en prie donc, pour la dernière intervention de la soirée.

– Je ne vous retiendrai que quelques instants. Nous avons pris connaissance, ce soir, d'un certain nombre d'anecdotes relatives au Maître. Or je crois en posséder une moi-même. Je me suis décidé à demander la parole juste avant la clôture, car je ne voulais pas manquer l'occasion de l'exposer devant un public aussi nombreux. Je voudrais en effet déterminer enfin s'il s'agit ou non d'une histoire authentique et entendre votre avis franc et sincère à ce sujet. Pardonnez mon insistance, mais je ne suis pas sûre que l'occasion se renouvellera de sitôt.

L'anecdote dont je veux parler m'a été souvent racontée au cours des années par mon père, qui est mort l'an dernier à un âge très avancé. « On rapporte l'histoire suivante au sujet de Confucius », avait-il coutume de prononcer d'un air entendu lorsqu'il était en verve, laissant comprendre qu'on lui avait personnellement transmis cette histoire qu'il connaissait par cœur.

« Le Maître dit : " La Voie n'est pas mise en pratique. Je vais m'embarquer sur un radeau et prendre le large. Qui me suivra sinon You ? " Zilu entendit ce propos et s'en réjouit. Le Maître dit : " You est encore plus téméraire que moi. Où donc trouverions-nous de quoi construire un radeau ? " »

Telle est l'anecdote relative à Confucius que mon père avait coutume de raconter. C'est, en somme, un épisode où l'on voit le Maître reprocher à Zilu son manque de réflexion.

Je m'écarte un peu de mon sujet, mais ma famille qui aujourd'hui tient une ferme dans les environs de la capitale de Lu, habitait quelques générations plus tôt dans une petite île de la mer Orientale où elle vivait, péniblement d'ailleurs, de la pêche. Sans doute est-ce la raison pour laquelle le souhait exprimé par Confucius de s'embarquer pour le large séduisait tellement mon père.

Je considère cette anecdote du radeau tout à fait digne de figurer aux côtés de celles sur la mort de Zilu, sur les compagnons de voyage à travers les plaines de Chen et de Cai, sur l'impossibilité de traverser le Fleuve Jaune ou encore sur le remède du seigneur Ji, que nous avons entendues aujourd'hui.

Pourtant je l'ai à deux ou trois reprises communiquée aux responsables du cercle Anecdotes, toujours en vain.

Quant à la Société d'études confucéennes, point central de toutes les recherches sur Confucius à la capitale de Lu et organisatrice de notre réunion aujourd'hui, elle s'est montrée fort peu compréhensive et, malgré mes demandes répétées, jamais aucune réponse n'est venue me dire s'il s'agissait d'un document de premier ou de second ordre. Ils ont préféré faire le mort.

Puisque j'ai commencé, laissez-moi tout dire. Quelle est, à votre avis, la raison de l'accueil glacial réservé à cette anecdote du radeau ?

Je suis persuadé qu'il est dû aux reproches que le Maître y adresse, à moitié par plaisanterie, à Zilu. Les partisans de Zilu les trouvent insupportables.

Il y a bien des sources d'ennuis en ce monde, mais je ne connais rien de plus exaspérant que ces « partisans de Zilu » ou « partisans de Yanhui ».

Je le répète encore une fois pour que ce soit bien clair : ni la Société d'études confucéennes, organisatrice de cette réunion, ni le groupe Anecdotes qui depuis tout à l'heure en constitue le centre n'ont voulu reconnaître dans l'histoire que je leur ai soumise un document de premier ordre.

« Sans doute un faux », me répondait-on obstinément chaque fois que j'en sollicitai la reconnaissance. « Il y a quelque part quelque chose de boiteux dans cette anecdote. » Je voudrais pour finir exprimer mon indignation, mais aussi mon regret et ma tristesse.

– C'est donc à nouveau à moi, Yanjiang, de prendre la parole. La pâleur du crépuscule est en train de gagner la vallée, les bois, le village au sommet de la colline et les alentours de la maison.

Secrétaires de séance, intervenants, mais aussi simples auditeurs, vous devez tous ressentir la fatigue de la journée.

Aussi ne dirai-je que quelques mots de conclusion.

Nous venons d'entendre une communication passionnante sur l'importante et si riche anecdote du radeau.

Tandis que je vous écoutais, une idée est soudain venue ébranler tout mon être.

Je m'explique : il y a quelques années, je reçus dans ma retraite de montagne la visite d'un spécialiste peu connu des études confucéennes, originaire de l'État de Qi, qui venait me soumettre un document tombé entre ses mains.

Voici ce dont il s'agit. Le texte en est fort court et je l'ai retenu par cœur.

« Le Maître exprimait le désir de s'établir chez les barbares de l'Est. On lui objecta : ces pays sont grossiers, comment y vivriez-vous? Le Maître dit : " Là où réside un honnête homme, quelle grossièreté pourrait-il y avoir[1] *? " »*

1. *Entretiens*, IX, 14.

Voici que je récite ce document tombé entre mes mains il y a plusieurs années et la personnalité du Maître apparaît dans toute sa fraîcheur, sa pensée audacieuse et incisive me vivifie le cœur comme un vent venu du grand large.

Si l'on met côte à côte ces deux anecdotes, on se rendra compte que le Maître fut réellement tenté de construire un radeau et de s'embarquer, de même qu'il a sans doute vraiment rêvé d'aller vivre au-delà des mers dans les îles peuplées de tribus barbares.

Si une seule anecdote ne mettait pas assez en évidence cet intérêt du Maître pour les terres inconnues et l'attrait qu'il ressentait pour les îles perdues au milieu des mers, la réunion de ces deux documents permet d'y voir un trait constant de son caractère.

En tout cas, personne, que je sache, ne s'était encore avisé à ce jour de cette passion du Maître pour la mer.

Ainsi voyons-nous aujourd'hui la naissance, grâce à l'apport de ces deux documents, d'un nouveau sujet de recherche : Confucius et la mer.

Je n'en dirai pas plus sur ce sujet et j'espère qu'à notre prochaine rencontre il y aura quelqu'un pour nous parler de nouveaux développements dans ce domaine.

Permettez-moi de prendre congé de vous sur ces mots. De graves questions ont été abordées tout au long de la journée. Soyez tous remerciés d'avoir bien voulu y prendre part, dans ce chalet au fin fond des montagnes.

Il me semble ce soir que la demeure résonne encore d'incessants grondements et de sourds murmures.

Cinquième Partie

1

– Quelques mots seulement en tant que secrétaire de séance. Quatre mois se sont déjà écoulés depuis la cinquième lune, date de notre dernière rencontre. C'est aujourd'hui, je crois, que commence l'automne dans la région de Qufu [1], mais dans les montagnes de maître Yanjiang, cette saison semble déjà battre son plein. A la vue des feuilles d'érable et des roseaux en fleur, on se sent purifié jusqu'au fond du cœur.

Conformément au vœu exprimé par la majorité des participants, nous interrogerons aujourd'hui maître Yanjiang au sujet de l'homme que fut Confucius. Un messager a été dépêché ici il y a une dizaine de jours pour consulter maître Yanjiang, qui nous a bien volontiers donné son accord.

Sans aucun doute, pour que tant de gens continuent à s'occuper de lui, Confucius devait être doué d'une personnalité exceptionnelle. Mais nous aimerions, maître Yanjiang, vous entendre parler de

1. District du Shandong où était située la capitale de Lu.

votre vision personnelle de Confucius, de son caractère et du genre d'homme qu'il était. Non pas le saint qu'on a fait de lui, mais l'être humain que vous avez connu. Vous nous avez déjà beaucoup parlé de Confucius, mais pourriez-vous nous brosser cette fois un portrait d'ensemble où apparaissent les traits les plus remarquables de son caractère ainsi que les raisons de l'attraction qu'il exerçait sur son entourage ?

– Eh bien, je me plierai à la demande du secrétaire de séance et j'évoquerai aujourd'hui l'image de mon Maître Confucius comme elle reste gravée dans mon cœur. J'ai bien eu quelque loisir pour préparer mon exposé, mais saurais-je vous dire rien qui vaille ?

Lors de notre dernière réunion, le Cercle d'études sur la notion d'humanité nous a présenté son enquête sur le charme qui émanait de la personnalité de Confucius. Il y avait là un certain nombre de chapitres tels que : « Sa douceur envers autrui et son exigence envers lui-même » ou encore : « La compréhension qu'il montrait pour les souffrances et les peines d'autrui », dix-sept en tout, qui faisaient un tour assez complet de la question.

Peu importe, au demeurant. Laissez-moi simplement vous présenter à ma façon mes propres vues en la matière.

Vous connaissez tous les paroles suivantes du Maître :

« Le sage aime l'eau, l'homme vertueux les montagnes. L'homme sage est en mouvement, l'homme vertueux en repos. L'homme sage jouit, l'homme vertueux se conserve longtemps en vie. »

Ce sont peut-être les plus fameuses de toutes les paroles du Maître, et nous les avons, je crois, déjà évoquées au cours de nos réunions. On ne sait en présence de qui et à quel moment le Maître les a prononcées, le texte ne mentionnant aucune de ces circonstances; cependant il n'est pas une personne concernée par l'enseignement du Maître qui ne les sache par cœur.

A notre dernière séance, un intervenant avait évoqué l'époque où ces paroles furent introduites dans les cercles confucéens de la capitale de Lu, ainsi que l'intérêt qu'elles suscitèrent immédiatement, au point qu'il y eut une véritable mode pour les citer et les commenter dans toutes sortes de réunions et d'assemblées. Je m'étais dit alors, en l'écoutant, que ce succès était parfaitement justifié.

Le procédé poétique ou intuitif consistant à illustrer la différence particulièrement délicate entre l'homme sage et l'homme vertueux par des éléments concrets et immédiatement compréhensibles, tels que l'« eau » ou les « montagnes », le « repos » ou le « mouvement », devait séduire quiconque prononçait ces mots.

Si maintenant je me tourne en pensée vers les jours lointains où le Maître était parmi nous, je pourrais dire qu'il conjuguait en lui les deux aspects d'homme sage et d'homme vertueux.

Le Maître distinguait toujours ces deux notions dans les propos qu'il nous tenait, mais, quand je l'entendais parler du premier, il me semblait toujours qu'il parlait de lui-même. Il en allait de même quand il abordait le sujet du second : il me paraissait encore décrire son propre caractère.

Je ne vois pas d'autre solution que d'en conclure qu'il était à la fois l'un et l'autre.

Autrement dit, en tant qu'homme sage, le Maître était attiré par l'eau, en tant qu'homme vertueux il l'était tout autant par les montagnes. Homme sage, il se caractérisait par le mouvement, homme vertueux, il connaissait également le repos. En tant qu'homme sage, il jouissait pleinement de la vie reçue du Ciel, en tant qu'homme vertueux il en usa paisiblement la durée entière, jusqu'au dernier instant.

C'est ce Maître, à la fois sage et vertueux, que j'évoquerai désormais au gré de mes souvenirs. Ce qui ne veut pas dire que je l'évoquerai tel exactement qu'il m'apparaissait dans un passé désormais lointain.

En effet, même si plus de trente ans se sont écoulés depuis la mort du Maître, je puis dire qu'il ne se passe pas de soir sans que je le voie. Vous penserez peut-être que je me flatte, mais je dis cela comme la chose la plus naturelle du monde.

Chacune de mes soirées se passe à méditer quelque parole du Maître, à la tourner et à la retourner dans tous les sens jusqu'à ce que, le cerveau épuisé, je finisse par m'endormir sur place. Voilà des années que je vis ainsi.

Plus de trente ans se sont écoulés depuis que je me suis établi au milieu de ces montagnes mais, ces derniers temps, mes tête à tête avec le Maître sont devenus plus fréquents. Parfois un sujet particulier occupe notre entretien, parfois une parole prononcée autrefois par le Maître me revient en mémoire et je passe la soirée entière à la réexaminer en sa compagnie.

Et tandis que je réfléchis aux hommes, à ce monde où ils vivent, il m'arrive parfois d'entendre, proche ou lointaine, sa voix qui me corrige ou qui m'encourage.

C'est ainsi qu'à ma façon je finis par aboutir à une conclusion et par me dire que je peux mettre un terme à mes réflexions, assuré comme je suis de l'approbation du Maître. Je m'étends alors sur ma couche dans cette humble demeure et je ferme les yeux. Dehors, la nuit est profonde. Les herbes et les arbres sont plongés dans le sommeil. A cet instant, je sens les étoiles du ciel traverser le toit et pleuvoir sur mon front.

Je reprendrai, comme elles me viennent à l'esprit, les paroles du Maître qui m'occupent ces dernières années, jour après jour, pendant les soirées que je passe à méditer, tandis que le Maître se tient auprès de moi, me conseille ou me corrige, me guide vers une conclusion ou me rejette dans mes apories.

Pour donner un sens à sa venue en ce monde, l'homme doit avancer dans la voie qu'il croit être la bonne. L'idéal est que cette voie lui apparaisse comme une mission confiée par le Ciel. Ce qui ne signifie pas que le Ciel nous aide en quelque manière ni qu'il nous protège de la malchance ou de l'hostilité d'autrui. Ce sont deux questions différentes. En prendre conscience revient à « connaître la volonté du Ciel ».

Considérant la voie que nous avons choisie comme une mission qui nous a été confiée par le

Ciel, nous devons y avancer sans ménager nos efforts. Sachons cependant que nous aurons beau multiplier les efforts, nous ne recevrons aucune aide. Des obstacles imprévus se présenteront au contraire sur notre chemin, celui-ci pourra être coupé par endroits. Tout cela ne dépend en rien de notre connaissance ou de notre ignorance de la « volonté du Ciel ».

La vie des hommes se déroule sous l'immensité du Ciel. Ou plutôt c'est au Ciel que nous devons d'accéder à la vie. Et parce que nous lui sommes redevables de la vie, nous devons vivre selon sa volonté. Le Ciel a beau ne rien dire, nous devons pénétrer sa volonté et organiser notre vie en conséquence. Pour peu que l'homme accepte de faire le vide dans son cœur et d'éloigner de lui toute pensée mauvaise, il verra de lui-même la volonté du Ciel.

Lorsqu'il abordait ces matières, le Maître avait coutume d'user des mots « Ciel », « volonté », « volonté céleste », sans apporter la moindre explication au sujet de ces termes. A la réflexion, il ne faut pas s'en étonner. Ce ne sont pas en effet des matières qu'on puisse enseigner; elles n'ont guère de sens que si chacun fait un effort de réflexion personnel pour comprendre par lui-même.

Depuis notre naissance, nous vivons sous l'immensité du Ciel qui nous confère la vie. A qui rendre grâces pour ce don ? Faisons le vide dans notre cœur et réfléchissons. A qui rendrons-nous grâces sinon au Ciel dont l'immensité s'étend au-dessus de nos têtes ?

« Vie et mort sont affaire de destin. Richesse et honneur sont entre les mains du Ciel[1]. »

Cette parole nous a été transmise comme étant de Zixia, mais je me demande si Zixia n'a pas reproduit des propos qu'il a entendu tenir au Maître, tant elle me semble, en peu de mots, rendre fidèlement le sentiment de ce dernier.

Vie et mort, honneur et richesse relèvent en fin de compte du Ciel et tous les efforts des hommes ne peuvent pas y changer grand-chose. Il faut pourtant persévérer pour vivre et pour rendre le monde meilleur. Le reste est l'affaire du Ciel et du destin.

Le Maître ne se faisait guère d'illusions sur son époque et les troubles sans précédents qu'elle traversait. Mais il pensait sans doute qu'en dépit du chaos les hommes devaient mener une vie conforme à la justice.

Au fondement de cette philosophie à l'usage des temps de troubles, il plaçait la notion de « volonté céleste » qui lui servait dans toutes ses explications. Dans la vie, bonheur et malheur, succès et échec sont sans rapport avec la décision de l'homme de se conformer à la justice. Cela vaut d'ailleurs aussi bien en temps de paix qu'à une époque troublée, mais dans ce dernier cas le scandale est plus apparent.

Comme je l'ai dit tout à l'heure, nous n'avons pas d'autre choix que d'adhérer à la volonté supérieure du Ciel, de nous en remettre à lui pour le succès de nos entreprises et de poursuivre dans la voie que nous avons élue.

1. *Entretiens*, XII, 5.

C'est encore la seule manière de vivre dans un âge troublé, un monde chaotique où toute espèce d'ordre a disparu. Il n'en est pas d'autre. Prêcher cette manière de vivre à ses contemporains, telle était la tâche que le Maître s'était assignée.

L'existence des hommes en ce monde est soumise à une loi mystérieuse, qu'on peut tout aussi bien considérer comme rationnelle ou comme privée de sens et qui a pour nom « volonté céleste ». En aucun cas nous ne pouvons nous y soustraire ou nous en libérer.

Bonheur et malheur, succès et échec ne dépendent pas de notre décision de nous conformer ou non à la justice. Encore une fois, nous n'avons pas d'autre choix que d'adhérer à la volonté supérieure du Ciel, de nous en remettre à lui pour le succès de nos entreprises et de continuer à marcher dans la voie que nous avons élue. Même dans ce monde troublé, il ne semble pas y avoir d'alternative.

Je ne crois pas qu'il y ait jamais eu de penseur plus lucide que le Maître. « En ce monde de troubles, enseignait-il, nous devons vivre les yeux ouverts. Autrement nous finirons tous par perdre la raison. »

Il m'apparaît en tout cas, quand j'y réfléchis aujourd'hui, que le Maître ne cessait jamais de penser aux hommes. A leur bonheur, à leur malheur. A ce qui pouvait être fait pour eux et tout particulièrement pour ceux qui venaient au monde en ce siècle troublé afin qu'ils pussent y trouver ne serait-ce qu'un peu de bonheur. A ce qui pouvait aussi être fait pour lutter contre le malheur.

Le Maître ne cessait de penser à ce qui pourrait constituer pour l'homme une vie heureuse, une vie qui valût la peine d'être vécue. A quelque époque que ce soit, et pour cela seul qu'il était venu au monde, tout homme avait droit au bonheur. Cette idée fut, je crois, au fondement de toute la pensée du Maître.

La vertu d'humanité est l'attitude de l'homme face aux autres hommes lorsqu'elle tend au bonheur de tous. On peut lui donner d'autres noms tels que « justice » ou « bonne volonté », mais dans tous les cas ne consiste-t-elle pas en un cœur miséricordieux et en une entraide mutuelle, de manière à ce que chacun puisse se féliciter d'être venu dans ce monde chaotique et troublé, où la vie est si difficile ?

Contrairement au commun des hommes, les responsables politiques, les fonctionnaires, tous ceux à qui leur position permet d'influer un tant soit peu sur la marche du monde, ont tous en leur pouvoir de peser sur la vie du peuple placé sous leur autorité, sur son bonheur ou sur sa misère. La même vertu d'humanité doit être mise en œuvre par eux à l'échelle plus vaste de la société.

Ainsi, quand on en vient aux classes dirigeantes, la considération pour autrui ne se limite plus aux égards qu'on peut avoir pour son voisin, mais doit être intégrée à l'art de gouverner et mise en œuvre à l'échelle de la société tout entière.

Nous autres, simples particuliers, quand nous voyons près de nous un homme malade, nous pouvons nous mettre en pensée à la place de celui-ci et tenter dans la mesure de nos moyens de soulager ses souffrances. Pourtant, quand bien même nous viendrions tous à posséder un cœur miséricordieux, cela ne suffirait pas à guérir les malheurs d'un monde marqué par des troubles sans précédents.

Tel n'est pas le cas des responsables politiques qui peuvent inclure la vertu d'humanité dans l'art de gouverner afin d'en faire un principe d'administration et soulager ainsi, dans la mesure de leurs moyens, les malheurs des hommes.

On le voit, dans l'enseignement de Confucius, notre Maître, la vertu d'humanité n'était pas la « vertu suprême » au sens de l'aboutissement d'un travail sur soi, mais une disposition intérieure qu'il nous était indispensable d'adopter en ce monde de troubles. Comme il existe une vertu d'humanité au sens large, à l'usage de ceux qui sont placés au-dessus des autres hommes, il existe aussi une vertu d'humanité au sens restreint pour nous autres, le commun des mortels, qui peuplons tel ou tel recoin de ce monde.

La vertu d'humanité se manifeste selon les gens de la manière la plus diverse. La compassion que montre une bourgeoise pour un vagabond en est une, comme l'attitude d'un responsable de village qui répartit équitablement les charges en se mettant à la place de ses administrés.

On appellera vertueux, ou doué de la vertu d'humanité, celui qui pratique consciemment cette vertu. Il semble parfois y avoir, parmi les hommes politiques ou parmi les fonctionnaires, des hommes qui se donnent pour tâche la mise en pratique de la vertu d'humanité. Ils sont peu nombreux, mais tant qu'il en existe ne serait-ce qu'une poignée, on peut garder espoir dans ce monde troublé.

J'ajouterai, ce qui est peut-être une évidence, qu'à mon avis le Maître ignorait le désespoir. Il croyait fermement qu'un jour après sa mort les troubles prendraient fin, et que viendrait alors un âge de paix et de bonheur symbolisé par l'avènement d'un bon souverain.

Grâce à cette foi qui ne le quitta jamais, il ne cessa jusqu'au dernier instant de rêver à un monde où l'homme pourrait vivre heureux. Il y croyait et il entendait contribuer, dans la mesure de ses possibilités, à son avènement.

On rapporte les paroles suivantes qu'il aurait prononcées environ deux ans avant sa mort :

« Le phénix n'a pas paru. Aucun signe n'est venu du Fleuve Jaune. C'en est fini de moi ! »

Comme j'ai déjà eu l'occasion de le dire, il est impossible que ces paroles aient été prononcées par le Maître lui-même. Ce ne peut être qu'un malentendu.

Mais si tel était vraiment le cas, il devrait s'agir alors d'un de ces traits d'humour que le Maître se permettait parfois vers la fin de sa vie, quand il était de joyeuse humeur.

Je vous ai déjà parlé de cela, mais je tenais à y revenir encore, parce que c'est un point capital pour notre compréhension du Maître.

J'ai beau passer soirée après soirée à m'entretenir avec le Maître, plus de trente années se sont écoulées depuis sa mort.

Vous voulez savoir quel trait de son caractère m'a laissé l'impression la plus profonde. Eh bien, je dirais peut-être son sang-froid. Jamais, en quelque circonstance que ce soit, le Maître ne perdait un seul instant la pleine maîtrise de lui-même.

Bien d'autres particularités entraient dans son caractère, mais, lorsque je pense à lui aujourd'hui, plus de trente ans après sa mort, c'est en fin de compte ce sang-froid imperturbable qui me frappe comme le trait le plus extraordinaire de sa personnalité hors du commun.

Plusieurs déclarations du Maître lui-même en font foi.

« *Veiller à ce que le peuple ait son dû, respecter les démons et les dieux tout en gardant ses distances avec eux, voilà ce qu'on peut appeler sagesse.* »

C'est la réponse que le Maître donna à son vieux disciple Fan Chi qui l'interrogeait sur ce qu'était un gouvernement sage.

« *Vous ne savez encore servir les hommes. Comment sauriez-vous servir les esprits?* »

Réponse à Zilu qui avait interrogé le Maître sur le culte à rendre aux esprits des morts.

« *Vous ne connaissez pas encore la vie. Comment pourriez-vous connaître la mort?* »

Suite de l'entretien précédent. Zilu avait cette fois demandé ce qu'était la mort.

Il y a encore ces remarques, anonymes, sur l'attitude du Maître :

« *De prodiges, de force, de désordre ou d'esprits, le Maître ne parlait jamais.* »

Ou encore :

« Le Maître se montrait circonspect lorsqu'il s'agissait de jeûne, de guerre ou de maladie. »

L'un comme l'autre ont déjà fait l'objet de discussions lors de nos réunions précédentes.

La première évoque l'extrême rigueur du Maître, qui n'abordait jamais le sujet des prodiges, de la force, du désordre ou des esprits. La seconde, en énumérant les trois domaines face auxquels il se montrait d'une vigilance particulière, laisse deviner son caractère hors du commun, fait tout à la fois de sang-froid, de hardiesse et de scrupule.

Et, pour donner encore un exemple, il y a cette anecdote non datée, rapportée par un témoin anonyme et qui a fait, elle aussi, l'objet d'une intervention à l'une de nos réunions :

« Le seigneur Kang lui fit parvenir un remède. Il l'accepta en se prosternant puis dit : " Comme je n'en connais pas encore les vertus, je n'ose pas l'essayer. " »

J'ignore tout de cet épisode par ailleurs, mais je ne puis m'empêcher d'y reconnaître encore une fois l'extrême rigueur caractéristique du Maître, qui refusait de prendre un remède dont les vertus lui étaient inconnues, si puissant qu'en fût le donateur.

Il existe encore beaucoup d'autres paroles ou anecdotes de ce genre illustrant la rigueur et le sang-froid du Maître, mais je m'en tiendrai là pour aujourd'hui.

Passons maintenant à l'attrait que le Maître exerçait sur son entourage. Quiconque entrait en contact avec la richesse et l'ampleur de cette personnalité, avec son immense culture, lui restait attaché jusqu'à la fin de ses jours. Zilu, Zigong, Yanhui, et moi-même, Vieux Gingembre qui vous parle, ainsi que la multitude des disciples de la première, de la seconde ou de la dernière période, nous avions été chacun à notre tour subjugués par la supériorité qui se dégageait de sa personne et étions devenus incapables désormais de le quitter et de nous éloigner de son académie de la capitale de Lu pour le restant de nos jours.

En quoi consistait donc cette supériorité, cette richesse qui nous attirait chez le Maître ? Quelle en était l'essence ?

Ardeur et modération. Austérité et douceur. Froideur et chaleur. Le charme du Maître consistait en cette cohabitation, en cette alliance de traits opposés et d'éléments contraires. Ceux qui s'étaient trouvés aux côtés du Maître et avaient connu la richesse unique de son caractère ne pouvaient plus se détacher de lui.

Balancés, chavirés entre les montagnes de sa culture et l'océan de son esprit, ils ne pouvaient plus guère songer à aller autre part.

Mais quelque attraction qu'exerçât le Maître sur son entourage, Zilu, Zigong, Yanhui, et tous ceux qui l'ont approché, l'ont chacun décrite à sa manière.

Pour moi, le charme du Maître réside dans le sérieux avec lequel il accueillait toute chose, comme s'il y allait à chaque fois de sa vie. A première vue, il n'y paraissait rien. Le Maître semblait toujours posséder un recul suffisant et n'était jamais pris de court par les événements. Pourtant, si la tâche qu'il avait entreprise l'exigeait, il était toujours prêt à donner sa vie pour elle. Comme pédagogue et comme homme politique, il était le pur produit d'une époque de troubles. De nombreuses paroles prononcées par lui, et que nul autre n'aurait pu prononcer à sa place, témoignent de cet aspect de sa personnalité.

« Le Maître dit : " La dynastie Zhou prit modèle sur les deux précédentes. Quel arôme exhale sa civilisation ! Pour ma part, je suivrai les Zhou ! " »

Les Zhou ont hérité des traditions des deux dynasties Xia et Yin. Ces deux systèmes, il les ont harmonieusement fondus en une synthèse magnifique, une grande culture. C'est pourquoi je considère la civilisation des Zhou comme supérieure et c'est elle que j'ai l'intention de suivre.

En un temps de troubles sans précédents, alors que la civilisation de la dynastie royale des Zhou était réduite à néant, une pareille déclaration engageait bien en un sens la vie de celui qui la faisait.

« Le Maître dit : "Affreuse décrépitude. Il y a si longtemps que je n'ai revu le duc de Zhou en rêve ! " »

Le duc Dan de Zhou avait défait les Yin au temps où il servait son frère aîné le roi Wu. Après la mort de celui-ci, il s'attacha à consolider les assises de la maison royale de Zhou. Ce fut un penseur hors pair, un soldat et un homme d'État remarquable. C'est à lui que revient le mérite d'avoir dépassé le système théocratique des Yin et d'avoir mis les rites au fondement de l'ordre social.

Le duc de Zhou vécut cinq cents ans avant le Maître, mais, malgré la distance des siècles qui les sépare, le Maître ne cessa toute sa vie de professer pour ce personnage une admiration dont ces paroles nous montrent le degré.

Ce sont d'admirables paroles, à l'égal des précédentes, qui évoquent la splendeur de la civilisation des Zhou. J'ai eu la chance de les entendre de la bouche même du Maître, durant le voyage à travers Chen et Cai.

« Comme le fleuve est large et beau ! Que je ne puisse le traverser, n'est-ce pas la volonté du Ciel ? »

Splendeur du cours immense du Fleuve Jaune ! C'est pour le traverser que je suis venu jusqu'ici, mais voici qu'un changement de régime a eu lieu à Jin, but de mon voyage, et je dois renoncer à la traversée. N'est-ce pas cela qu'on appelle volonté céleste ?

Quittant l'État de Lu pour son exil dans la Plaine du Milieu, le Maître se rendit d'abord dans l'État de Wei où il s'attarda quatre ans, mais n'obtint, semble-t-il, aucun poste de gouvernement. C'est alors qu'il conçut le projet de solliciter une audience de l'homme fort de Jin, afin de faire avancer sa cause.

L'occasion venue, il interrompit son séjour à la capitale de Wei et alla jusqu'à l'embarcadère sur les bords du Fleuve Jaune d'où l'on se rendait dans l'État de Jin. C'est là que, par hasard, il apprit la mort de deux sages ministres de Jin au cours des troubles qui avaient éclaté dans ce pays. Interrompant brusquement son voyage, le Maître s'exclama : « *Comme le fleuve est large et beau !* » Qu'il n'ait pu fouler la terre de l'État de Jin fut, à n'en pas douter, comme il l'a dit, l'effet de la volonté du Ciel.

Cette parole, je l'ai entendue à plusieurs reprises de la bouche de Zigong, au cours de notre séjour à la capitale de Chen. Zilu et Yanhui devaient tous deux être présents aux côtés du Maître lorsqu'il la prononça, mais je ne sais pourquoi je ne l'ai jamais entendue que de la bouche de Zigong.

Peut-être finalement fut-elle confiée par le Maître au seul Zigong. Hélas, maintenant que tous les témoins sont morts, il n'y a plus aucun moyen de le vérifier.

Il y a bien d'autres paroles de ce genre, uniques au Maître, ainsi que d'épisodes révélateurs de sa personnalité, mais je n'en rappellerai encore, pour finir, qu'un ou deux de ceux qui ont déjà été évoqués ici. Nous prendrons ensuite un instant de repos, après quoi j'aborderai la question de la personnalité du Maître par un biais nouveau.

La première anecdote que je voudrais vous rappeler se rattache au voyage à travers Chen et Cai, quand, épuisés par la route et par la faim, nous entrâmes dans un village de l'État de Chen, près de la frontière avec Cai. C'est alors que Zilu s'approchant du Maître lui lança :

« *Un gentilhomme connaît-il des situations sans issue ?* »

Et le Maître de répondre :

« Bien sûr, un gentilhomme connaît des situations sans issue. Dans les situations sans issue, c'est l'homme vulgaire qui se trouble. »

Les paroles prononcées alors par le Maître possèdent en vérité une force capable de traverser le ciel et la terre. Qui d'autre que le Maître aurait pu en prononcer de pareilles ?

Je considère comme un grand bonheur d'avoir, moi Vieux Gingembre, assisté en témoin à cette scène.

Le second épisode est celui de cette nuit où, contraint subitement par le Ciel à renoncer à son grand projet, le Maître se souvint des disciples qu'il avait laissés depuis si longtemps à la capitale de Lu et entonna d'une voix plus aiguë qu'à l'ordinaire :

Rentrerons-nous au pays ? Rentrerons-nous au [pays ?
Les jouvenceaux de chez nous ont de grands projets
Ils tissent une étoffe aux motifs admirables
Mais ils ne savent pas la tailler.

« Eh bien, rentrons ! Rentrons sur-le-champ ! Les jeunes gens que nous avons laissés au pays de Lu rêvent tous de grands exploits et font d'ambitieux projets. Les voilà qui ont tissé une étoffe aux motifs admirables, mais ils ne savent pas comment l'achever. Rentrons donc ! Rentrons ! Rentrons sur-le-champ ! »

C'est encore un grand bonheur pour moi que d'avoir assisté à cet important revirement du Maître.

2

Voyant que vous vous dispersiez en groupes pour aller vous promener autour de la maison, je me suis permis de prolonger un peu la pause. L'endroit ne possède aucun attrait particulier en temps ordinaire mais, en cette saison, les environs, dans quelque direction qu'on s'éloigne, sont d'un extrême agrément.

Revenons donc à notre Maître Confucius. Avant la pause, répondant à la demande de nos organisateurs, j'avais évoqué la personnalité du Maître et le charme qui émanait de sa personne. Mais certains d'entre vous, craignant que la journée entière ne soit consacrée à des matières trop austères, ont tout à l'heure émis le vœu qu'on adopte à partir de maintenant un sujet nouveau. J'en ai conféré avec les secrétaires de séance et nous avons pensé que je pourrais en effet changer complètement le thème de mon entretien et vous raconter, par exemple, le voyage dans la Plaine du Milieu que le hasard m'a enfin permis d'accomplir cet été. J'ai eu la chance de me joindre à un groupe de huit marchands de Chu et de parcourir pendant trois mois les régions que j'avais traversées en compagnie du Maître dans ma jeunesse.

Il y a cinq ou six ans, un marchand Chu venu au village tomba malade et, le voyant en détresse, je l'avais recueilli et soigné dans cette maison. Il est revenu cette année au printemps et s'est offert de me servir de guide si je désirais visiter les anciens territoires de Chen et de Cai. La proposition était pour moi très tentante; l'homme était d'une parfaite droiture et digne de toute confiance; j'acceptai.

Étant donné mon âge, c'était pour moi la dernière occasion sans doute d'entreprendre un voyage lointain.

C'est en l'an 3 du duc Ai de Lu, à l'âge de vingt-cinq ans, que je me joignis au groupe escortant le Maître dans ses pérégrinations à travers la Plaine du Milieu et que je finis par me mêler à ses disciples. Un intervalle vertigineux de presque quarante-sept ans nous sépare de cette époque.

Les trois années de notre séjour à la capitale de Chen furent pour moi un temps de bonheur qui me semble aujourd'hui appartenir à un autre monde et que je ne puis me rappeler sans un sentiment de nostalgie. Chassés par le bras de fer opposant l'État de Chu à celui de Wu, nous interrompîmes bientôt ce séjour pour connaître aussitôt après la famine dans les landes de Chen et de Cai. Ce sont là encore des souvenirs que le temps a fini par teindre de nostalgie.

C'est ainsi que j'entrai dans le territoire de Cai, État dont la capitale avait été transférée sur l'ordre de Wu avant qu'il ne soit soumis à la loi de Chu.

Après plusieurs jours de marche vers le sud, nous atteignîmes les faubourgs de Cai-la-Neuve, l'ancienne capitale. Nous y traversâmes le fleuve Ru et pénétrâmes en territoire Chu, nous dirigeant vers la ville nouvelle du Fuhan, bâtie par Chu pour les débris de l'État de Cai.

Quel était le but d'un voyage si pénible ? C'est au Maître qu'il aurait fallu poser cette question, mais, à supposer même qu'il fût encore vivant aujourd'hui, je ne crois pas que nous obtiendrions de lui une réponse. Nous avions quitté la capitale de Chen pour éviter le feu des combats, mais il est curieux, et somme toute difficile à expliquer, que nous nous soyons aventurés dans le territoire de Chu où la guerre faisait rage, même si nous avions reçu un conseil dans ce sens de la part du Bon Gouverneur.

En tout cas, c'est par une belle nuit étoilée du début de l'été que nous entrâmes à Fuhan, dans cette ville étrange qui ne ressemblait ni à une ville de Cai ni à une ville de Chu, où nous restâmes environ trois mois sous la protection de son commandant, le duc de She. C'est comme un rêve que je me rappelle notre séjour dans cette ville irréelle qui, elle-même, semblait sortir tout droit d'un rêve.

Chacun de nous était persuadé que nous serions reçus dans cette ville par le fameux roi Zhao de Chu, l'un des maîtres les plus puissants de la Plaine du Milieu, et que c'était la raison unique de notre séjour. Ainsi pensait le Maître, ainsi pensaient Zilu, Zigong et Yanhui. C'était ainsi que j'avais fini par penser à mon tour.

Trois mois dans cette étrange ville de Fuhan.

Puis le jour tant attendu arriva enfin. Il faisait nuit noire. Vers minuit, rangés au bord de la route, nous vîmes passer le roi Zhao. Mais celui qui s'avançait lentement devant nous au milieu d'un détachement de soldats, était mort au front d'une soudaine maladie; c'était le cercueil du roi, dont la mort était maintenue secrète, qu'on ramenait ainsi à la capitale.

Après quelque quarante-quatre ans, je foulai donc à nouveau le sol auquel étaient attachés pour moi de si nombreux souvenirs. Je ne puis bien sûr entrer dans les détails, mais je tâcherai de vous rapporter aussi exactement que possible les impressions, les sentiments et les réflexions qui ont marqué ce voyage.

Ce qui me frappa d'abord, ce fut la disparition complète – on aurait dit qu'ils s'étaient donné le mot – de Chen, Cai et Cao, trois États membres de la confrérie fondée par la dynastie des Zhou et solidement implantés dans la Plaine du Milieu.

Chen et Cai avaient été détruits l'un et l'autre par Chu; Cao avait été annexé par son voisin Song. Même après la destruction de leurs États et la perte de leur indépendance, on pouvait croire que les populations continueraient à vivre comme auparavant sur leur ancien territoire; or l'impression qu'elles donnaient était tout autre. Les mêmes hommes, au même endroit, menaient bien une vie semblable à ce qu'elle avait été dans le passé, mais cette vie jurait étrangement avec le cadre neuf où elle s'inscrivait.

J'avais l'impression d'avoir mis le pied dans un pays lointain, où des hommes comme je n'en avais jamais vu suivaient d'étranges coutumes : tout, le moindre abreuvoir, y prenait un aspect insolite et surprenant.

Il y avait en outre au temps de ma jeunesse, disséminées aux quatre coins de la Plaine du Milieu, des villes franches qui, sans être des États indépendants à part entière, s'administraient ordinairement de manière autonome et jouissaient d'une liberté et d'une atmosphère particulières. C'étaient des haltes fort appréciées des voyageurs.

Aujourd'hui les cités franches avaient disparu et des zones frontalières parsemées de postes militaires séparaient les États entre eux.

Le groupe de marchands auquel je m'étais joint suivit une route très semblable à celle que j'avais prise jadis en compagnie du Maître. De la capitale de Lu on se rendit à la capitale de Song, puis à celle de Chen et enfin à celle de Cai. On évitait dans la mesure du possible les chemins de traverse et, pour plus de sécurité, on s'en tenait aux routes principales.

Les capitales de Lu et de Song, deux États d'une certaine importance, possédaient les attributs et l'atmosphère distinctive des capitales. Celles de Chen et de Cai, en revanche, étaient les capitales déchues de deux États abolis. Il ne restait rien de l'animation et de l'atmosphère du passé. L'une comme l'autre servaient de cantonnement aux troupes de Chu, ce qui leur conférait un air revêche et inhospitalier.

La capitale de Cai, en particulier, dont chaque

arbre et chaque brin d'herbe aurait dû me rappeler des souvenirs, témoignait de ce que la destruction d'un État était tout sauf un processus indolore. Un lieu désormais sans rapport aucun avec Cai et ses anciens habitants, une grande base de ravitaillement de l'armée de Chu, toujours enveloppée dans un nuage de sable à travers lequel apparaissait ici ou là le visage fermé d'un soldat.

Voilà le sort qu'avaient connu les capitales de Chen et de Cai. Cependant, leur visite était un des buts de mon voyage et dans chacune, après avoir trouvé un logis, je séjournai pendant quelques jours.

Dès le premier jour de mon arrivée dans la capitale de Chen, je me rendis tout d'abord à l'ancienne résidence du Maître dont je conservais tant de souvenirs, dans ces bâtiments qu'il serait peut-être excessif d'appeler une école, mais où le Maître rencontrait chaque jour les habitants de la ville pour parler avec eux de leurs problèmes, pour les conseiller dans leur travail, où il réunissait de temps à autre les jeunes fonctionnaires de la capitale pour leur donner des conférences sur la vertu d'humanité ou pour les instruire dans les rites.

Ces bâtiments furent aussi mon lieu de travail, celui où j'exerçais des fonctions auxquelles je consacrais la plus grande partie de mes journées. Hélas! tout le quartier servait maintenant à des fins militaires et l'accès en était interdit au public. De même, je ne pus, comme je le désirais, m'assurer de l'état dans lequel étaient préservées les maisons de terre séchée disséminées dans les quartiers environnants, où s'étaient installés Zilu, Zigong,

Yanhui et moi-même, ainsi que les autres compagnons du Maître.

J'avais également l'intention, aussitôt que je serais à la capitale de Chen, d'aller m'incliner sur la tombe du Bon Gouverneur, cet homme d'État intègre qui nous avait rendu tant de services mais, là encore, il me fut impossible d'apprendre ne serait-ce que l'emplacement de sa tombe et je dus renoncer à mon projet.

Nous avons aujourd'hui l'habitude de l'appeler « Gouverneur Zhenzi », mais « Zhenzi » est un nom posthume que lui conféra la cour de Chen après sa mort en reconnaissance des mérites dont il avait fait preuve au cours de sa carrière.

Le succès de ce nom posthume, qui finit par supplanter le nom porté par le gouverneur de son vivant, est sans doute en partie responsable de l'impossibilité dans laquelle on est de retrouver sa tombe. Voilà encore la conséquence de l'abolition et de la disparition d'un État ! A moins que le gouverneur lui-même n'ait voulu, en prévision de la destruction qui attendait l'État de Chen, faire disparaître toute trace de sa vie et même de son dernier séjour. C'était un homme d'État de tout premier ordre et qui savait voir loin.

Quoi qu'il en soit, je ne cessai, pendant mon séjour à la capitale de Chen, d'arpenter les rues de la ville. De l'animation unique qui y régnait au temps où elle était la capitale de l'État, il ne subsistait rien. Pourtant, une fois dans la ville, si l'on quittait les grandes artères pour s'enfoncer dans les voies secondaires, à force de flâner dans les ruelles, on finissait par se dire qu'on était bien dans la capitale de Chen et nulle part ailleurs. Tous les passants étaient des hommes et des femmes de Chen. Jadis, Yanhui avait remarqué que les habitants de Chen pratiquaient volontiers la magie et qu'ils étaient amateurs de plaisir. Quelque chose en transparaissait dans le spectacle des rues, dans les couples qui allaient et venaient.

C'est avec le sentiment de retrouver un frère longtemps perdu de vue que j'entrais dans chacune de ces ruelles, que j'en ressortais pour m'enfoncer aussitôt dans une autre. « Ici, c'est la capitale de Chen ! La capitale de Chen et nulle part ailleurs ! » me disais-je avec une sorte de calme tout en progressant lentement à travers la ville. Ici ou là on m'offrait à boire. Je prenais place alors sur un de ces tapis qu'on étend à l'entrée des maisons en terre séchée. Installé à mon aise, en tailleur, je jouais le rôle de l'hôte étranger et j'écoutais les doléances de ceux qui m'accueillaient.

« Ces gens de Chu en prennent à leur aise. On enrage à les voir passer dans les rues avec leurs airs importants. Mais vous verrez, ça ne va pas durer. L'empire de Chu doit disparaître complètement d'ici deux cents ans. Ils ne devraient donc pas tarder à quitter les lieux. »

Voilà ce qui se disait. Quand je demandais à mes interlocuteurs pourquoi ils étaient si sûrs de la chute de Chu, ils me répondaient que, chaque fois qu'on jouait de la musique sacrée pour évoquer les dieux et qu'on leur demandait leur oracle, la réponse était invariable : l'empire de Chu tomberait au bout de deux cents ans.

« A l'origine, Chu était une peuplade sauvage de

la périphérie et n'appartenait pas à la Plaine du Milieu. Puis, ils ont envahi Chen et Cai et sont venus, pour peu de temps, fanfaronner dans nos parages. Ils feraient bien maintenant de rendre grâces au Ciel pour les succès qu'ils ont obtenus et de se retirer sans délai au-delà du Yangzi-Jiang. Car s'ils traînent trop longtemps par ici, foi d'oracle, ils le payeront cher. A leur place je franchirais le Yangzi-Jiang avant que les choses ne se gâtent. »

Au cours des cinq journées que je passai à la capitale de Chen, je reçus une visite. C'était un vieillard de mon âge qui avait jadis livré des jarres d'eau à la résidence du Maître. Cela fut pour lui l'occasion d'assister plusieurs fois aux entretiens de celui-ci et ils produisirent sur lui une grande impression.

« Ce que j'ai entendu au sujet de l'humanité et des rites m'a ensuite servi de règle au cours de toute mon existence. Pourtant, c'est seulement longtemps après la mort de Confucius que j'ai su qu'il fut un des plus grands savants et éducateurs de la Plaine du Milieu, un homme qui avait conçu le projet de sauver le monde en proie aux troubles et au chaos en modifiant notre vision de l'homme et de la vie humaine.

« Cela dit, ceux qui, même brièvement, ont reçu l'enseignement direct du Maître sont assez nombreux dans cette ville. Tous ensemble nous avions fondé un groupe d'études confucéennes. Chacun s'efforçait de se souvenir des paroles du Maître qu'il avait entendues et de les verser dans un fonds commun pour qu'elles soient ensuite classées et étudiées. Mais le groupe ne fonctionna pas longtemps et il n'existe aujourd'hui que de nom.

« L'annonce de votre visite a ranimé en nous d'anciens souvenirs. Nous avons un service à vous demander à cette occasion. Nous avons appris par la rumeur qu'une Société d'études confucéennes existait à la capitale de Lu et nous voudrions lui faire parvenir les documents recueillis par notre groupe. Ces documents ont tous été présentés par des gens d'ici et les paroles du Maître qu'ils contiennent ne doivent pas être exemptes d'erreurs ou de déformations. Il n'est pourtant pas exclu qu'ils renferment des matériaux importants pour la connaissance du Maître.

« Nous vous les ferons porter incessamment par des jeunes gens et nous vous serions reconnaissants de bien vouloir faire le nécessaire pour qu'ils parviennent à la Société d'études confucéennes de la capitale de Lu. »

Voilà ce qu'il me dit. Je le remerciai chaleureusement et lui répondis de me faire parvenir à sa convenance les documents en question, que je m'en occuperais selon son désir à mon retour de voyage. Moi-même, ajoutai-je encore, serais enchanté d'en prendre connaissance.

Quittant la capitale de Chen, les marchands de Chu entreprirent l'étape suivante de leur voyage qui devait les mener en plusieurs jours jusqu'à Cai-la-Neuve, l'ancienne capitale de Cai.

J'étais fort ému car c'était la première fois que je retournais dans mon pays natal depuis que je l'avais visité en compagnie du Maître, quarante-quatre ans plus tôt.

Lorsque, surpris par la grande confrontation entre Chu et Wu, nous avions fui la capitale de Chen par la grande plaine qui s'étendait à l'ouest de la ville, toute la région était frappée de plein fouet par la tourmente. Les villages qui la parsemaient étaient comme des mues abandonnées par leurs occupants et nous avions beaucoup de mal à nous approvisionner en vivres. Des détachements de l'armée battue de Wu risquaient sans cesse de nous attaquer et ajoutaient aux difficultés du voyage. La disette qu'il eut à subir dans les landes de Chen et de Cai reste un des événements marquants de la biographie du Maître.

En comparaison, mon second voyage fut parfaitement paisible et se déroula sans encombre. La plaine qui s'étendait à perte de vue était couverte de champs fertiles et, dans les zones non cultivées, paissaient ici et là des troupeaux de moutons.

Il nous arrivait de tomber sur des groupes armés de taille variable, mais il s'agissait toujours de troupes régulières de Chu et leur comportement était irréprochable.

Les marchands de Chu qui m'avaient pris en charge traversaient la plaine sans hâte, à la tête d'une vingtaine de chevaux tirant des carrioles pleines à craquer de marchandises. Le soir nous nous arrêtions dans les villages où chaque fois un banquet nous était offert par les autorités locales.

J'appris au cours du voyage que mes compagnons constituaient un groupe de négociants internationaux de nationalité Chu en charge d'importants marchés dans les régions nouvellement soumises de Chen et de Cai, et qu'ils étaient en passe de s'approprier un véritable monopole sur le commerce de divers produits de la Plaine du Milieu.

A voir l'importance des comptoirs dont ils disposaient également dans les capitales de Lu et de Song, on avait l'impression qu'ils étaient chargés d'une mission officielle consistant à s'assurer le contrôle du commerce dans la Plaine du Milieu.

Je commençais à comprendre confusément dans quel but l'empire de Chu réduisait un à un tous ses voisins et les intégrait à son territoire.

Un immense projet, un plan gigantesque était en œuvre, dont ni Cai ni Chen, pas plus que les autres États renversés par Chu, n'avaient jamais eu la moindre idée.

Si, lors du précédent voyage, nous avions souffert de faim dans les landes de Chen et de Cai, cette fois-ci, je n'y serais guère parvenu, même si telle avait été mon intention.

Dans ces mêmes landes, j'assistai au spectacle de danses exécutées par des jeunes filles venues des villages environnants. Escortés de ces jeunes filles, nous passâmes la frontière toute symbolique séparant les États de Chen et de Cai. Les soldats de l'armée Chu se contentèrent de nous demander nos noms ainsi que notre destination et ne poussèrent pas plus loin leur interrogatoire.

Nous descendîmes des hauteurs sur lesquelles passait la frontière et pénétrâmes dans la région de

Cai-la-Haute, puis nous longeâmes le cours du fleuve Ru. Je ne pouvais pas ne pas être curieux de ce qu'était devenue aujourd'hui l'ancienne capitale de Cai-la-Haute, mais il me parut déplacé d'en parler à mes compagnons. Sans doute souffrais-je de la timidité et du sentiment d'infériorité habituels aux citoyens d'un État disparu.

Pendant plusieurs jours, nous suivîmes le cours du fleuve Ru en direction de Cai-la-Neuve. Les marchands Chu avaient pensé à moi et avaient pris des dispositions pour que je puisse m'arrêter, chaque soir, dans un village et trouver à me loger chez les habitants.

Au second soir, je commençai pourtant à me demander si la région avait jamais fait partie de l'État de Cai. On ne rencontrait en effet que rarement des hommes ou des femmes ayant l'apparence des habitants de ce pays. La plupart étaient originaires de Chu.

Mais la population de Chu elle-même était à l'origine un mélange de tribus les plus diverses. Aussi n'était-il pas étonnant de découvrir la plus grande diversité dans les accents, les mœurs et l'aspect physique.

Après quatre jours de marche nous pénétrâmes dans la ville de Cai-la-Neuve.

« Ici, m'écriai-je à haute voix, est ma ville natale, la ville de ce Yanjiang qui vous parle, où je suis né et où j'ai grandi ! »

C'était comme s'il fallait que je commence d'abord par me nommer, si je voulais conserver une chance de reconnaître ma ville natale.

Sur ma demande, quand nous nous fûmes installés aux abords de la ville dans une auberge entourée de paulownias, nous fîmes venir quelques jeunes gens de Cai et je m'entretins longuement avec eux.

Leurs parents étaient bien des gens de Cai et c'est à Cai qu'ils avaient été élevés, mais ils parlaient la langue de Chu, portaient le costume de Chu et étaient, manifestement, d'authentiques jeunes gens de Chu.

Parmi eux il y avait également trois jeunes filles de Cai. On leur demanda de chanter, d'abord chacune à son tour, puis en chœur, et elles ne choisirent que des airs de Chu.

« Pourquoi, leur demandai-je, ne chantez-vous pas des airs de Cai ? »

Et elles, d'une seule voix :

« Il n'en est pas de beaux. Il n'en est pas qu'on ait envie de chanter. Tous les airs qui nous viennent spontanément à la bouche sont des airs qu'on chante sur l'autre rive du Ru. »

Il n'y avait rien à répondre à cela. L'État de Cai avait bien cessé d'exister et Chu avait pris sa place.

Trois jours après notre arrivée à Cai-la-Neuve, on me fit visiter la citadelle, la partie de la ville située à l'intérieur des remparts.

Lors de ma venue ici en compagnie du Maître, il m'avait été impossible de pénétrer dans ce qui avait été le cœur de la ville. Une base de ravitaillement de l'armée de Chu occupait les lieux et l'accès en était interdit.

Ainsi, cela faisait près d'un demi-siècle que je

n'avais pas franchi les portes de la ville et que je n'étais pas entré dans l'ancienne forteresse.

D'innombrables souvenirs se rattachaient pour moi à ce lieu. Mes années d'enfance se sont passées dans un quartier de la forteresse et une foule d'épisodes tristes ou joyeux se pressaient dans ma mémoire.

Parmi tous ces épisodes, il en était un inoubliable qui se détachait par son étrangeté : le soudain encerclement de la ville par l'armée de Chu. Puis, alors que nous pensions nous être tirés à bon compte, il y eut l'intrusion non moins inattendue de l'armée de Wu. L'envahisseur ne resta qu'une nuit, mais les habitants de la ville s'étaient déjà réfugiés sur les bords du fleuve Ru. Peu après, les dirigeants de l'État transféraient la capitale à Zhoulai.

Avant même que nous ayons eu le temps de nous retourner, un marché fort actif se constituait dans la citadelle, silencieuse et déserte autour de son palais abandonné.

Curieusement, cette période ne m'a pas laissé de sombres souvenirs. Toutes sortes de gens dont la patrie avait été détruite, des gens de Xu, comme de Zhou, de Fei, de Lai, de Xiao, de Shu, de Yong, de Liang ou encore de Xing, de Jiang, de Wen ou de Huang, confluèrent dans ce lieu comme sur un signal et se mirent à commercer intensément. Comment expliquer l'étonnante activité de cette place qui semblait appartenir à un autre monde ?

Je restai là jusqu'au nouvel an, puis, le printemps venu, je quittai la citadelle de Cai-la-Neuve et me mis en chemin. Cette décision me valut d'être engagé par le groupe du Maître qui parcourait alors la Plaine du Milieu et d'entrer à son service.

Un lien indissoluble me rattache à la citadelle de Cai-la-Neuve mais, en y revenant quelques dizaines d'années après l'avoir quittée, je fus assailli d'impressions nouvelles. Ce marché international où avaient conflué jadis tant de ressortissants d'États abolis, travaillant d'arrache-pied afin de se refaire une vie nouvelle, était devenu, je ne sais comment, le marché Chu le plus important de toute la Plaine du Milieu et son activité continuait à croître de jour en jour.

Si j'étais libre de le baptiser à ma guise, je l'appellerais le Grand Creuset de l'Empire Chu.

Chen était venu se fondre dans ce Grand Creuset de Cai, ainsi que beaucoup d'autres.

Le principal avantage que je retirai de cette visite à Cai, mon pays natal, fut de prendre conscience que l'État de Chu, qui commençait tout près de là, sur l'autre rive du Ru, et qui était plus puissant qu'aucun autre État de ma connaissance, rendrait un jour de grands services en ramenant la paix dans la Plaine du Milieu.

J'avais séjourné quelques dizaines de jours dans Chu en compagnie du Maître et j'en conservais de nombreux souvenirs. Traversant le fleuve Ru, nous avions pénétré dans une immense plaine, puis, après avoir franchi la frontière, nous avions pris vers le sud à travers la Région des Fleuves, sillonnée de nombreux cours d'eau plus ou moins importants.

La première cité de Chu que nous rencontrâmes sur notre chemin fut la bourgade toute neuve de Fuhan fondée par Chu pour y loger les anciens citoyens de Cai. Plutôt qu'une bourgade, il s'agissait d'ailleurs d'une véritable ville.

Quand on y pense aujourd'hui, la fondation de Fuhan fut un projet tout à fait extraordinaire, et il avait fallu une puissance comme l'État de Chu pour l'imaginer aussi bien qu'un responsable de la stature du duc de She pour le mener à bien.

Lorsque je pénétrai la première fois à Fuhan en compagnie du Maître, c'était encore pendant le règne du fameux roi Zhao qui imposa son hégémonie de Chu à toute la Plaine du Milieu. On peut penser que le séjour du Maître dans ce pays lointain ne fut motivé que par son désir d'obtenir une audience auprès du roi.

Cette fois-ci, le Maître n'était plus. Le roi Zhao tout comme le duc de She avaient eux aussi depuis longtemps rejoint l'autre monde. Et c'est comme invité d'un puissant groupe de marchands de Chu que je franchissais ce jour-là les eaux du fleuve Ru.

A vrai dire, si j'escomptais beaucoup en partant de l'occasion que j'aurais de fouler à nouveau le sol de Cai, mon pays natal, la visite à Fuhan, l'ancien domaine du duc de She, faisait battre mon cœur d'une tout autre impatience.

Je désirais me tenir encore une fois dans les ténèbres de cette nuit d'encre, au milieu de cette ville étrange de Fuhan où nous vîmes passer le cercueil du roi Zhao. Au milieu de cette nuit, je voulais me livrer à certaines réflexions. Il y avait plusieurs questions auxquelles je ne pouvais réfléchir que dans la nuit noire de Fuhan.

Le Maître lui-même avait réfléchi à ces questions dans l'obscurité de la nuit de Fuhan. Zilu, Zigong, ainsi que Yanhui eux aussi l'avaient mise à profit, chacun à sa manière.

Je comptais profiter à mon tour de cette nuit étonnante, aux étoiles si brillantes et à l'obscurité si épaisse, pour résoudre les questions que je me posais depuis des années sans parvenir à une solution satisfaisante, pour comprendre les paroles du Maître qui continuaient à résister à mes interrogations.

Mais, avant de vous raconter ma visite à Fuhan, accordez-moi quelques instants de repos. Je viens d'entendre des cris d'oiseaux qu'on n'entend que rarement dans ces parages et je voudrais aller voir ce dont il s'agit.

3

Excusez-moi pour le désordre que j'ai causé à l'arrivée des oiseaux. Ayant perdu tout ce qui faisait l'habitude de ma jeunesse, je n'ai peut-être conservé du passé que cette seule sensibilité aux cris des oiseaux migrateurs.

Né sur les bords du Ru, j'ai vécu, saison après saison, dans une intimité constante avec son cours. C'est pourquoi sans doute, depuis mon plus jeune âge, j'ai toujours été extrêmement sensible aux cris et aux battements d'aile des oiseaux survolant le fleuve.

Tout à l'heure, comme je rassemblais mes idées pour vous raconter ma traversée du Ru et mon entrée dans le territoire de Chu, des cris d'oiseaux migrateurs se sont fait entendre. Avant que j'aie eu le temps de comprendre qu'il s'agissait de cris d'oiseaux et de me demander quelle espèce d'oiseaux c'était, nous étions assourdis par les battements d'aile.

Cependant, ce qui a dérangé tout le monde, c'est cette hallucination dont j'ai été victime. Alors que les battements d'aile se rapprochaient, j'ai soudain eu le sentiment que j'étais vraiment sur le point de franchir le Ru et non plus seulement d'évoquer devant vous la traversée que je venais d'accomplir.

Ma conduite est inexcusable et je regrette sincèrement d'avoir ennuyé tout le monde. Veuillez mettre cet incident de parcours sur le compte de mon âge avancé et permettez-moi de reprendre, pour de bon cette fois, le récit de ma traversée du Ru.

Au matin du quatrième jour de notre séjour à Cai-la-Neuve, plusieurs bacs destinés aux marchands de Chu mouillaient devant l'embarcadère. On me conduisit moi aussi sur l'un d'eux.

Les bacs descendirent quelque temps au gré du courant jusqu'au point où le fleuve fait un coude en direction de l'est. Alors ils se dirigèrent vers la berge opposée et y accostèrent.

Alignant des carrioles pleines de marchandises sur la place qui s'étendait devant l'embarcadère, les marchands de Chu reformèrent leur convoi. Nous entreprîmes alors de franchir en trois nuits et quatre jours de marche l'immense plaine qui nous séparait de Fuhan. Nous allions tantôt à pied, tantôt à cheval, faisant route vers l'ouest, à travers une succession de champs cultivés et de landes sauvages.

Le soir, dans les villages où nous entrions, des jeunes gens ou des jeunes filles de Cai me prodiguaient tous les soins dont je pouvais avoir besoin. Ils avaient beau avoir pour parents d'anciens citoyens de Cai, ils n'en étaient pas pour autant plus instruits de la culture de leur pays ni plus désireux de l'être. C'étaient, à tous points de vue, des jeunes gens ordinaires de Chu. Ils ne paraissaient guère se soucier de leurs origines ni de quoi que ce soit d'autre par la même occasion.

A les voir je ne pouvais m'empêcher de penser que Cai avait non seulement fini par disparaître de la surface de la terre, mais que l'existence même de ce pays qui avait un moment englobé tout le cours du fleuve Ru finirait bientôt par ne plus laisser aucune trace dans la mémoire des hommes.

Peut-être même, me disais-je, était-ce dans l'ordre des choses ? Dans mon propre cœur, le souvenir de Cai ne finirait-il pas bientôt par s'évanouir complètement ?

Telles étaient les pensées qui m'agitaient tandis que nous traversions cette grande plaine fertile parsemée de villages. Depuis notre départ nous n'avions vu d'oiseaux migrateurs ni dans la ville de Cai-la-Neuve ni sur les berges du Ru. Mais après Cai-la-Neuve, à Zhengyang, le premier village où nous fîmes halte, nous aperçûmes un grand vol qui, partagé en plusieurs groupes, coupa le ciel en diagonale.

Dans le bourg de Xinandian aussi, puis dans celui de Minggang, où nous passâmes respectivement la seconde et la troisième nuit, nous vîmes des vols d'oiseaux qui se dirigeaient vers le nord.

La route que nous avions prise cette fois pour nous rendre à Fuhan était en tout cas fort différente de celle que j'avais empruntée une quarantaine d'années plus tôt. Nous avions alors traversé, en nous dirigeant vers le sud, la Région des Fleuves sillonnée d'innombrables cours d'eau. Les bourgs de Zhengyang, Xinandian, Minggang qui jalonnaient notre itinéraire étaient des villes d'étape situées le long d'une route importante passant sensiblement plus au nord. Partout on voyait des convois qui devaient transporter des approvisionnements militaires.

Entre Minggang, notre troisième étape, et Fuhan, but de notre voyage, s'étendait une grande plaine où, à perte de vue, aucun obstacle ne venait arrêter le regard. Comme nous avancions vers le sud, nous vîmes de nombreux oiseaux remonter dans la direction opposée. J'imaginai l'amusement avec lequel ils devaient observer la progression de notre caravane.

Lorsque au quatrième jour nous atteignîmes Fuhan, la nuit était déjà tombée et nous ne pûmes, comme aux haltes précédentes, observer les oiseaux tout en quittant nos tenues de route.

C'est par le nord que nous entrâmes dans cette bourgade de la grande plaine. Comme quarante ans auparavant, la première fois que j'étais venu, l'obscurité enveloppait la terre, tandis qu'une pâle lueur s'attardait encore dans le ciel. Quelques lumières apparaissaient ici ou là dans cette cité posée au beau milieu de la grande plaine. C'était l'heure où l'on allumait les feux aux carrefours.

« Voyez, on allume les feux dans la ville ! » fis-je en me retournant machinalement. Mais ni le Maître, ni Zilu, Zigong ou Yanhui n'avaient bien entendu aucune chance de se trouver là.

Ces feux qu'on allumait aux carrefours de Fuhan, j'aurais aimé les montrer à tous les membres du groupe constitué autour du Maître. Je n'avais jamais encore ressenti aussi douloureusement le vide laissé dans ce monde par le départ de tous ceux qui en avaient fait partie.

Cette étonnante cité de Fuhan était un peu leur patrie spirituelle, en tout cas un lieu particulièrement cher à chacun d'entre eux. Telle est la pensée qui me saisit tandis que je laissais remonter en moi le souvenir de cette époque. C'était en tout cas l'heure où l'on allumait les feux aux carrefours de Fuhan.

M'écartant un peu du convoi, je m'attardai à contempler ce spectacle, ému jusqu'au fond de mon être par l'illumination qui gagnait les quartiers de la ville.

Tandis que le long convoi des marchands pénétrait dans la ville illuminée, je le quittai à mi-chemin pour me faire guider vers un lieu d'accueil dont les responsables étaient tous originaires de l'ancien État de Cai. C'est là que j'allais passer les dix jours que devait durer notre séjour. Je me retrouvais brusquement environné de gens qui parlaient ma langue maternelle, le dialecte de Cai.

Le lendemain, je vis avec surprise que l'aspect de la ville avait complètement changé : elle était désormais entourée de hautes murailles. Des remparts intérieurs la divisaient en une citadelle intérieure et une citadelle extérieure.

Il ne restait donc rien de l'étonnante cité ouverte à tous les vents de la grande plaine, de ce lieu unique que j'avais connu quarante ans auparavant. Enfermée dans ses solides remparts, c'était désormais une imposante forteresse, dans le style caractéristique de l'empire des Chu.

Je passai deux ou trois jours à arpenter dans tous les sens cette nouvelle cité de Fuhan, si différente de celle que j'avais connue auparavant. Je n'y vis aucune trace de ces rafraîchissants principes de gouvernement inaugurés par le duc de She, qui lui avaient valu les éloges du Maître : « *Quand tout autour on se réjouit, de loin on accourt.* »

La résidence où le groupe des disciples s'était installé autour du Maître demeurait intacte quelque part à l'extérieur des murs. Gardé par des sentinelles, le palais du duc de She, où tant de fois j'escortais le Maître, montrait lui aussi sa silhouette imposante dans une partie de la citadelle.

C'est dans ce palais que, selon la rumeur, un dragon aurait un jour surgi dans l'encadrement d'une fenêtre et que le duc de She, pourtant grand amateur de ces monstres, serait tombé évanoui. Pareil incident ne risquait plus de se produire et si une silhouette pouvait encore surgir au détour d'un bâtiment du palais, ce n'était pas celle d'un dragon, mais d'un garde armé d'une lance.

Mais laissons cela. Pour vous résumer en un mot l'impression que produisit sur moi l'état actuel de la ville de Fuhan, je dirais que cette bourgade de la grande plaine semblait engoncée dans une armure. Partout étaient établis des postes militaires, des soldats en armes patrouillaient constamment dans les rues. Manifestement la ville était devenue une base importante de l'armée de Chu.

Je parcourus également les quartiers de Fuhan qui débordaient de la citadelle et s'étaient développés en dehors des murs. Les ressortissants de tous les États soumis par Chu s'étaient installés là en groupes bien distincts, chaque communauté exploitant un marché au pied de la portion de muraille la plus proche. Ces marchés extérieurs étaient beaucoup plus importants que ceux de la citadelle et, en dépit du désordre qui y régnait, ils faisaient preuve d'une remarquable vitalité.

Au bout du compte, je finis par me dire que l'ancienne comme la nouvelle Fuhan avaient chacune leurs particularités et qu'il n'était pas nécessaire de préférer l'une à l'autre.

Ma première visite à Fuhan avait eu lieu sous le règne du roi Zhao, célèbre pour avoir étendu son hégémonie à toute la Plaine du Milieu, et la venue du Maître avait été probablement motivée par son désir d'obtenir une audience auprès de celui-ci. Cet espoir fut trompé par la mort du roi dont nous vîmes le cercueil traverser de nuit les rues presque désertes de la ville.

Le roi Hui, son successeur, qui attend la première occasion d'étendre son influence dans la Plaine du Milieu, est aujourd'hui sur le trône. Fuhan, fondée pour accueillir les anciens citoyens de Cai, a changé de destination.

Elle représente désormais pour Chu une tête de pont, l'entrée de la voie royale reliant Chu à la Plaine du Milieu. Toute cette région avec ses fameux trois nids d'aigle au-dessus du fleuve Huai possède aux yeux de Chu une valeur stratégique inestimable.

Quoi d'étonnant dans ces conditions que le caractère actuel de la ville diffère de ce qu'il était au temps du duc de She ?

Il suffisait de marcher dans ses rues pour s'en

rendre compte. Dans les veines de nombreux habitants coulait du sang Cai ou Chen. On voyait aussi beaucoup d'hommes et de femmes d'origine incertaine. Tous ces débris d'États renversés par Chu parlaient la langue du vainqueur, chacun avec son accent particulier. C'était, pour ainsi dire, le dialecte de Fuhan.

Pourtant, en se promenant la nuit dans les quartiers plus paisibles qui s'étendaient au-delà des remparts, là où les habitations se faisaient rares, on retrouvait une paix nocturne en tous points identique à celle que j'avais connue plus de quarante ans auparavant. Le ciel, d'une froide splendeur, était comme parsemé d'une pluie d'étoiles qui brillaient, scintillaient, puis, soudain, filaient à travers l'espace.

Parfois aussi, la nuit tombée, je franchissais les portes des remparts pour m'enfoncer dans le quartier commercial dont l'animation ne retombait pas jusqu'au matin. J'allais alors d'un marché à l'autre, parcourant les rues désertes et obscures qui les reliaient entre eux.

Soudain, au cours de ces promenades il m'arrivait de sentir le ciel nocturne au-dessus de mon front et de m'arrêter brusquement, pénétré de la même émotion que j'avais ressentie ici plus de quarante ans auparavant.

J'aurais aimé marcher sans fin dans cette immensité obscure. La nuit de Fuhan où la pensée naissait comme une poussée irrépressible plutôt que par un effort de la volonté, avait traversé les années sans subir aucune altération.

C'est là que le Maître avait sans doute médité

sur la « volonté du Ciel », que Zilu, Zigong et Yanhui avaient chacun repensé à leur vocation en ce monde. La résolution qu'un beau matin montra Zilu en rajustant le cordon de sa toque et en se précipitant sur les épées de ses ennemis, ne prenait-elle pas finalement sa source dans la nuit de Fuhan ?

Après avoir exploré toutes les parties de la ville, c'est en direction des quartiers commerciaux au-delà des remparts que je dirigeais régulièrement mes pas en sortant de chez moi à la tombée de la nuit.

Le district était exclusivement peuplé d'étrangers et je pouvais le parcourir dans tous les sens sans jamais attirer l'attention sur moi et sans être l'objet d'un traitement spécial.

C'était la partie de Fuhan où s'étaient installés les apatrides : tous ceux qui vivaient ou travaillaient ici avaient vu leur État d'origine renversé par la puissance de Chu. Tous étaient donc logés à la même enseigne et les différences de conditions étaient peu sensibles. On pouvait ne pas y faire le fier, mais on n'avait pas non plus besoin de trop baisser la tête. Personne ne pouvait s'y prévaloir du prestige de son État d'origine, puisque tous y avaient assisté à la ruine du leur.

En les parcourant à pied, je pus me rendre compte que, pour tous ces gens sans patrie, ces quartiers n'étaient pas un endroit comme un autre, mais un lieu où ils avaient enfin trouvé le repos.

Pendant le long voyage qui venait de me mener de la capitale de Lu jusqu'à cette ville de Fuhan, j'avais constamment éprouvé la précarité de celui qui ne possède pas de patrie. D'innombrables États ayant cessé leur existence dans la seule Plaine du Milieu, la destinée de l'État de Cai n'avait rien que d'ordinaire, mais il avait auparavant tenu un rang éminent au sein des États de la région et je ressentais sa perte avec une vivacité toute particulière.

J'avais foulé le sol de mon pays natal. Le lieu avait fait renaître en moi de nombreux souvenirs qui n'avaient rien de réjouissant. Ayant repris la route, j'étais venu jusqu'à Fuhan, but de mon voyage. Là je découvris l'existence d'un district où flottait une atmosphère de paix et de liberté telle que je n'en avais encore jamais vu nulle part auparavant. C'était sans doute le résultat des judicieuses mesures politiques prises par Chu en faveur des ressortissants des États qu'il avait renversés.

Des agents de Chu étaient sûrement postés dans ces quartiers à des fins de surveillance, mais ils étaient invisibles : ce qu'on voyait était un espace de liberté, un véritable paradis pour tous ceux qui avaient eu le malheur de perdre leur patrie.

Et puis la splendeur du ciel nocturne, lorsqu'on parcourait ces lieux étonnants, était unique. La région entière du Fleuve Jaune fut de toute antiquité réputée pour la beauté de son ciel étoilé, mais je n'ai vu nulle part une voûte céleste qui puisse se comparer avec celle des faubourgs de Fuhan.

« La Voie est-elle pratiquée? Cela dépend du destin. Est-elle méprisée? Cela dépend encore du destin. »

Ce sont ces mots que je prenais pour compagnons de route lors de mes promenades à travers ces quartiers. Tout en marchant à pas lents, je les tournais et retournais dans tous les sens, méditant sur leur signification.

Parfois on m'attirait dans une boutique pour m'offrir à boire. Mais cela ne changeait rien à mes dispositions intérieures. J'acceptais en silence, puis remerciais d'un léger mouvement de la tête et passais mon chemin.

La bande de terrain, cette espèce de place où s'étaient installés les marchés des différentes communautés, était plantée çà et là d'antiques gingkos, de chênes ou de paulownias. Ces arbres offraient d'agréables lieux de halte dans le courant de la journée et il y avait toujours des gens qui se reposaient à leur ombre.

Le soir venu, lorsque la lune y mettait du sien, tandis que les silhouettes des promeneurs s'éparpillaient sous les arbres, c'était une merveilleuse promenade nocturne.

Mais c'est par les nuits sans lune que je préférais cet endroit. L'obscurité était alors totale mais, dans la large allée circulaire qui relie l'un à l'autre les différents marchés, on entendait continuellement, devant et derrière soi, le brouhaha assourdi des deux quartiers les plus proches.

Pour ma part, je ne crois pas qu'il y ait un lieu au monde mieux fait pour se promener la nuit et pour réfléchir. D'épaisses ténèbres l'enveloppent. Mais, au-dessus de ces ténèbres, s'étend un ciel étoilé splendide, comme on n'en voit qu'à Fuhan.

Aussi, dans ma mémoire, l'obscurité blanchâtre caractéristique de Fuhan enveloppe toujours la ville (et moi-même qui la parcours). L'expression « obscurité blanchâtre » n'est peut-être pas très heureuse. J'entends par là une obscurité sèche, privée de l'humidité qui accompagne souvent les ténèbres.

La question que, nuit après nuit, j'emportais avec moi dans l'obscurité au-delà des remparts et que je retournais dans tous les sens, pressant mon esprit défaillant, était une phrase prononcée par le Maître à je ne sais quelle occasion vers la fin de sa vie dans son académie de la capitale de Lu :

« La Voie est-elle pratiquée? Cela dépend du destin. Est-elle méprisée? Cela dépend encore du destin. »

Ces mots devaient bien sûr s'adresser à quelqu'un, mais j'avoue n'avoir jamais effectué de recherches sur l'identité de cet interlocuteur.

Quoi qu'il en soit, c'est une parole importante, difficile à interpréter, mais qui réclame toute notre attention. Il convient, à mon sens, de lui donner la portée la plus générale et d'y voir une affirmation concernant l'humanité dans son entier. Tel est certainement le caractère de cette parole.

On dépasse en tout cas ici la dimension individuelle qui est celle d'une déclaration comme : *« Vie et mort sont affaire de destin. Richesse et honneur sont aux mains du Ciel »*, pour aborder celle beaucoup plus vaste de l'humanité dans son ensemble. Ni les efforts ni la vertu ne sont malheureusement une assurance de bonheur pour l'homme.

Voilà le problème qui ne cessa de m'occuper pendant les dix jours de mon séjour à Fuhan, dans l'obscurité de ses faubourgs, sous le ciel étoilé de cette ville dont la beauté semblait être d'un autre monde.

Chaque soir je reprenais le même sujet, revenant en arrière, refaisant sans fin les mêmes raisonnements.

Mais peu à peu j'en vins à me dire que le plus sage était encore d'accepter la parole du Maître telle qu'elle était.

Que la voie de la justice soit pratiquée dans la société ou qu'au contraire elle soit abandonnée et que le monde retourne au chaos ne dépend que du Ciel et les faibles forces de l'homme n'y peuvent à peu près rien.

Dans une telle situation, il ne nous reste qu'à exercer le peu de forces que nous possédons en vue de promouvoir ce que nous croyons être juste. A la réflexion, pourquoi ne pas se contenter de cela ?

Il est vain de se flatter d'avoir effectivement infléchi ou de pouvoir un jour infléchir la marche du monde avec ses seules forces. Chacun de nos efforts prend place dans le mouvement général de la volonté céleste qu'il sert ou qu'il combat.

Ne devons-nous pas nous contenter de cela ? N'est-ce pas la condition indépassable de l'homme ? Donner sa vie pour l'accomplissement de la volonté céleste lorsqu'il accepte de suivre la direction qu'elle lui indique. Livrer un combat à mort contre cette même volonté lorsqu'il refuse de s'y conformer.

Tournons-nous humblement vers le Ciel et servons-le.

Voilà la conclusion, le point d'aboutissement de mes réflexions nocturnes dans les faubourgs de Fuhan.

J'ai encore, à ma manière, résolu au cours de ces promenades nocturnes quelques autres incertitudes que j'avais concernant deux ou trois paroles du Maître. La première portait sur les mots suivants :

« Le Ciel a suscité en moi la vertu; que peut contre moi un Huantui? »

C'était peu de temps après que j'eus rejoint l'entourage du Maître. Apprenant qu'un dirigeant de Song voulait attenter à sa vie, le Maître renonça à entrer dans la capitale de Song comme il l'avait prévu et prit directement la route de la capitale de Chen.

Les mots qu'il prononça à cette occasion m'ont été rapportés à la capitale de Chen par Zigong. C'était la première parole du Maître qu'il m'était donné d'entendre et je me souviens encore très vivement de l'impression qu'elle fit alors sur moi.

On peut la rapprocher de cette autre parole que le Maître prononça lorsque, pris pour un autre, il fut assailli par la populace de la région de Kuang :

« Le roi Wen est mort, mais la civilisation n'est-elle pas ici? Si le Ciel entendait la détruire, l'aurait-il transmise à un homme d'un âge postérieur? Le Ciel n'a pas encore décidé de détruire cette civilisation : que peuvent donc contre moi les habitants de Kuang[1] *? »*

Le roi Wen n'est plus. Mais ne suis-je pas ici pour transmettre et répandre la civilisation dont il fut l'initiateur ? Le Ciel ne l'aurait pas transmise jusqu'à moi s'il avait formé le dessein de la faire périr. Si donc le Ciel ne veut pas sa perte, les gens de Kuang ne pourront rien contre son dépositaire.

1. *Entretiens*, VII, 22. Le nom du roi Wen signifie également « civilisation ».

Admirables paroles dont la seule lecture redonne courage !

Sans doute vous sont-elles familières, à vous tous, membres de la Société d'études confucéennes, ici présents aujourd'hui. De même êtes-vous sûrement bien au fait des problèmes qu'elles soulèvent et qui sont l'objet de débats encore aujourd'hui.

Certains pensent qu'il est impossible d'attribuer au Maître des paroles qui rendent un son aussi orgueilleux.

D'autres sont prêts à voir en elles un reflet des véritables sentiments du Maître, mais se refusent à croire qu'il les ait prononcées lui-même. Pouvait-il manquer de retenue à ce point ?

Ainsi les avis sont partagés. Vous avez sans doute aussi chacun le vôtre sur la question.

J'ai aujourd'hui le plaisir de parler ici devant vous, mais la scène de mon récit se situe dans la lointaine Fuhan, en territoire Chu, dans la région du fleuve Huai. Il y a plus de quarante ans, le Maître, Zilu, Zigong, Yanhui et moi, qui avais fini par être admis dans ce groupe, y avons séjourné plusieurs dizaines de jours. On venait alors de la construire pour accueillir les anciens citoyens de Cai ; elle est devenue depuis une grande base militaire, un avant-poste de l'armée de Chu.

Dans cette forteresse entourée de remparts, j'ai passé plusieurs nuits à réfléchir à ces paroles du Maître dont l'authenticité est toujours débattue par la Société d'études confucéennes de la capitale de Lu. Plongé dans des ténèbres d'encre, il me suffisait de lever les yeux pour voir étendu au-dessus de ma tête le ciel étoilé, à la splendeur unique, de cette ville.

Dans la nuit de ce pays lointain, je ne cessais de penser aux événements survenus dans ces mêmes régions pendant le voyage du Maître et de m'interroger sur le sens des mots qu'il avait proférés à cette occasion.

Ce faisant, j'arrivai à la certitude que ces deux paroles étaient bien, telles que nous les connaissons, d'authentiques paroles du Maître.

Ce degré de certitude, le Maître, lui, ne l'aurait pas eu ?

Comment, me dis-je enfin dans la nuit de Fuhan, lui qui avait conçu de sauver ce monde enfoncé dans le chaos, n'aurait-il pas été conscient d'être le dépositaire de la civilisation de son époque ?

Il ne désirait sans doute se montrer à personne sous cet aspect et prenait certainement toutes les précautions à cet effet. Mais au fond de son cœur était toujours ancrée la certitude qu'en ce monde troublé, il était le dernier dépositaire de la civilisation.

Il est encore une autre question importante à laquelle je trouvais une réponse au cours de mon séjour à Fuhan. A savoir ce qui serait advenu d'une éventuelle rencontre du Maître avec le roi Zhao.

Notre séjour à la capitale de Chen fut motivé par le désir du Maître d'obtenir de la manière la plus naturelle possible une audience avec le roi Zhao. Il attendit une occasion pendant quatre ans. Des troubles survenus brusquement dans l'État de Chen le contraignirent à la fuite et l'amenèrent dans la lointaine Fuhan en plein territoire Chu. A cette époque je ne comprenais pas le sens de ce voyage, mon esprit étant tout entier occupé par l'idée que j'allais revoir Cai, mon pays natal. Mais le Maître dans sa solitude devait penser à tout autre chose.

Il avait fait un pas décisif pour rapprocher son entrevue avec le roi Zhao. Malheureusement je n'ai aucun moyen aujourd'hui de savoir jusqu'à quel point les aînés de ses disciples, Zilu, Zigong et Yanhui, se rendaient compte alors de ses intentions.

Si cependant ces trois esprits les plus brillants de l'école du Maître, Zilu en tête, avaient déjà compris en ce temps-là, il y a plus de quarante ans, lors de notre séjour à Fuhan, ce que le Maître méditait au fond de son cœur... Cette pensée me fit l'effet d'un choc comme peu d'événements l'ont fait au cours d'une vie pourtant longue et qui dure encore.

Je me tenais là, au pied d'un immense chêne dans les ténèbres des faubourgs de Fuhan, embarrassé et ne sachant que faire de ce soupçon qui s'était soudain élevé dans mon esprit.

Je restai ainsi quelque temps dans le noir, tremblant de tout mon corps. Les figures de Zilu, Zigong et Yanhui m'apparaissaient sous un aspect entièrement différent de celui qu'elles avaient eu pour moi jusqu'à cet instant. Ce soir-là, dans les ténèbres des faubourgs de Fuhan, je pus réfléchir à de nombreuses questions auxquelles je n'avais pas encore réfléchi et avec un sérieux dont je n'avais pas été capable jusqu'alors.

Je pensais auparavant que le Maître comptait sur une rencontre avec le roi Zhao pour que ses projets prennent vie dans cette époque troublée, mais peut-être m'étais-je trompé. N'était-ce pas plutôt pour présenter à ce dirigeant hors pair de la Plaine du Milieu ses trois disciples Zilu, Zigong et Yanhui qu'il avait attendu si longtemps ?

Tout en poursuivant mes réflexions, je ne parvenais pas à maîtriser les violents tremblements dont j'étais agité. Si Zilu, Zigong et Yanhui étaient entrés au service du roi Zhao et avaient été admis parmi ses proches conseillers... C'était peut-être le rêve le plus fou que j'avais jamais fait jusqu'alors.

4

Eh bien, regagnons nos places.

L'interruption a été brève, mais je propose de ne pas la prolonger davantage et de reprendre le récit de mon voyage à Fuhan.

Soir après soir, je m'enfonçais dans les faubourgs obscurs de la ville pour y retrouver les souvenirs d'un lointain passé, ressassant dans mon esprit certaines paroles du Maître dont je cherchais à pénétrer le sens, lorsqu'une nuit une idée qui renouvelait de fond en comble ma façon de voir le Maître me vint à l'esprit. On aurait dit une voix provenant de ce ciel étoilé!

Au cours de ses errances dans la Plaine du milieu, le Maître avait, croyait-on, pour but de donner à ses idées une traduction politique. C'est pourquoi il souhaitait si ardemment obtenir une entrevue avec le roi Zhao, l'homme fort du moment, et qu'il attendit obstinément pendant quatre ans que l'occasion s'en présentât.

Jusqu'à présent, c'était ce que je pensais moi-même avec beaucoup d'autres.

Mais la réalité n'était-elle pas quelque peu différente ? Telle fut en tout cas l'idée qui me traversa l'esprit, la voix du ciel que j'entendis soudain par une nuit obscure dans les faubourgs de Fuhan.

Ce n'étaient pas ses propres services, mais ceux de ses trois disciples, Zilu, Zigong et Yanhui, que le Maître voulait proposer au roi Zhao. Voilà l'idée qui, telle une voix venue du ciel, me fut suggérée par la voûte étoilée s'étendant à l'infini au-dessus de ma tête.

Le Maître ne souhaitait pas voir adopter ses idées par l'homme fort de Chu, mais lui présenter ses trois disciples doués chacun de qualités exceptionnelles. Il avait conçu le plan de les projeter tous trois grâce au roi Zhao sur la grande scène politique de la Plaine du Milieu en proie à des guerres et à des troubles permanents. Il espérait que chacun d'eux manifesterait dans cette occasion les qualités qui lui étaient propres.

Pourquoi aurait-il cherché à s'imposer lui-même ? Au lieu de cela, c'étaient ses trois disciples en qui il avait toute confiance qu'il préférait jeter dans la tourmente des Printemps et des Automnes en les faisant accéder à des postes de responsabilité où il aurait valu la peine de mettre sa vie en jeu. J'en étais persuadé désormais.

La figure du Maître errant à travers la Plaine du Milieu, entouré de ses trois disciples, m'apparut alors avec une vivacité et un relief saisissants, qu'elle ne possédait pas jusque-là.

Je comprenais maintenant clairement pourquoi le Maître s'était dirigé vers Fuhan après avoir quitté la capitale de Chen devenu le champ de bataille où allait se livrer un combat décisif entre

Wu et Chu. Le dirigeant de Chu, le roi Zhao, était la raison de ce voyage et du séjour dans cette ville.

En dépit de tant de démarches, l'entrevue du Maître avec le roi Zhao ne devait pas avoir lieu. Un enchaînement de circonstances à peine croyable comme celui-ci ne pouvait qu'être dû au Ciel, à la volonté céleste. Que la Voie soit pratiquée dépend du destin, qu'elle ne le soit pas dépend encore du destin, tout est l'œuvre de la puissance du Ciel.

Pris de saisissement à cette pensée je m'attardais indéfiniment dans la nuit des faubourgs de Fuhan.

Sous le ciel parsemé d'une pluie d'étoiles qui brillaient, scintillaient, puis soudain filaient à travers l'espace, dans l'épaisse obscurité qui enveloppait la terre, je restais là à l'écoute de la voix du Ciel.

Une superbe équipe entourait le Maître, constituée de Zilu, Zigong et Yanhui, trois disciples si différents l'un de l'autre. Leur association triplait la force que chacun possédait individuellement. Ce qui leur donnait une puissance prodigieuse quand tous trois s'attaquaient de concert à une tâche.

Le Maître aurait sans doute été un guerrier hors pair. Il me plaît de croire qu'avec trois généraux comme Zilu, Zigong et Yanhui à la tête d'une armée chacun, il aurait soumis la Plaine du Milieu tout entière.

Spectacle impressionnant que celui du Maître sous la tente de commandement donnant des ordres à ses trois disciples! Chacun à sa manière, ils étaient tous les trois des hommes de terrain. C'est dans de pareilles circonstances que se serait révélé le caractère exceptionnel du Maître, sa véritable singularité.

Hélas! le Maître n'était pas un guerrier. Voilà pourquoi il essaya de confier ses trois disciples à un homme qui fût en mesure de dicter sa loi à l'univers. S'il les utilise à bon escient, se disait-il, il disposera d'une force capable d'influer sur la marche du monde. Cependant, il avait beau chercher, il n'y avait dans tout le vaste monde qu'un seul homme qui pût prendre à son service et employer correctement ses trois disciples. Et cet homme était le roi Zhao.

Ainsi le Maître gardait-il les yeux fixés sur les mouvements du roi, guettant l'occasion d'une rencontre naturelle avec lui. Il ne cessait de rêver au jour où il verrait ses trois disciples dans l'état-major du roi Zhao.

Quand ce jour arriverait, devait-il encore penser, il se reposerait entièrement sur eux. L'action qui allait s'engager ne nécessiterait plus sa présence.

Mais tout s'écroula d'un coup à la mort soudaine et inattendue du roi Zhao. J'étais à Fuhan auprès du Maître il y a plus de quarante ans, en cette nuit où s'effondra le grand rêve dont il avait tant attendu la réalisation.

Entourant le Maître, nous revînmes à notre résidence par les rues désertes et sombres de Fuhan. Nous venions de voir passer le cercueil du roi Zhao qu'on ramenait à la capitale.

Cette nuit-là je marchais tout près du Maître, m'attendant à le voir défaillir d'un moment à l'autre.

Mais, si son pas paraissait chancelant, le Maître ne tomba pas. Aussitôt après être arrivé chez lui, il vint jusqu'à l'endroit du balcon où nous nous étions rassemblés, Zilu, Zigong, Yanhui et moi.

« Rentrerons-nous ? Rentrerons-nous ? » nous dit-il avec force, nous annonçant ainsi ses nouvelles intentions : l'interruption de notre séjour à Fuhan et notre retour à Lu.

Même pour l'homme insignifiant que je suis, ce fut une nuit extraordinaire. Le Maître nous faisait sur sa propre personne la démonstration de ce qu'était la volonté céleste. Admirable leçon, où l'on voyait le Ciel tourner l'entrevue tant attendue avec le roi Zhao en une rencontre au bord de la route avec son cercueil !

Mais le Maître esquiva avec légèreté le coup que lui assenait le Ciel. Changeant à l'instant ses projets :

« Rentrerons-nous ? Rentrerons-nous ? » nous dit-il d'une voix claire montrant sa détermination à quitter la Plaine du Milieu et à rentrer dans son pays, qu'il n'avait pas revu depuis si longtemps. Magistral, il avait résolu la crise et renversé la situation.

Le Ciel avait refusé sa sanction à son projet d'installer Zilu, Zigong et Yanhui sur la grande scène politique et de leur faire prendre part à l'immense œuvre de restauration de la paix dans la Plaine du Milieu. En vérité, que la Voie soit pratiquée ou non dépendait du Ciel et la force des hommes n'y pouvait rien.

Avec la mort du roi Zhao, la Plaine du Milieu devenait pour le Maître une région lointaine, dénuée de toute signification. « Rentrerons-nous ? Rentrerons-nous ? » Ces mots à eux seuls résumaient la situation.

A une réunion précédente, celle de l'automne de l'an dernier, je crois, nous nous étions demandé auquel de ses trois disciples le Maître comptait confier ses affaires après sa mort, lequel d'entre eux il considérait comme son héritier. Un échange assez vif avait eu lieu à ce sujet. Les uns étaient partisans de Yanhui, d'autres défendaient la cause de Zilu et, en réponse à la question, chacun ne put qu'insister avec force sur les titres de son candidat sans vraiment parvenir à persuader les autres. Je n'avais pas fait exception à la règle.

Aujourd'hui, pourtant, je suis en mesure d'apporter une réponse précise à la question. Cette certitude, je la dois aux nombreuses réflexions nocturnes que j'ai faites dans les faubourgs de Fuhan ainsi qu'à la vision du Maître à laquelle elles m'ont permis de parvenir et dont je n'ai plus varié.

Le Maître n'avait pas l'intention de laisser à l'un quelconque de ses trois disciples le soin de sa succession. Il espérait qu'à sa disparition les trois disciples s'associeraient et s'occuperaient de tout conjointement.

Ainsi s'explique l'exclamation déroutante qu'il laissa échapper à la mort de Yanhui :

« Ah ! Le Ciel m'a anéanti ! Le Ciel m'a anéanti ! »

Avec pour successeurs les trois disciples Zilu, Zigong et Yanhui que je destinais à cette tâche, j'étais sûr qu'aucune erreur ne serait commise. Mais voilà que l'un des trois me précède dans la mort. Il n'y a rien à faire. Serait-ce donc que le Ciel m'a abandonné ?

Voilà le sens de cette exclamation. Quand on pense à la mort du roi Zhao, puis à celle de Yanhui, peu d'hommes comme le Maître auront été autant trahis par le Ciel.

En tout cas, lors de mon second séjour dans la cité de Fuhan, cette citadelle Chu que je n'avais pas revue depuis plus de cinquante ans, je pus dans la nuit de ses faubourgs réfléchir en profondeur à de nombreuses questions relatives au Maître. Je passais là des moments d'une grande plénitude et d'étroite intimité avec lui, comme je ne pense plus en connaître dans le restant de mes jours.

J'ai déjà eu l'occasion de le dire, la force et la grandeur de notre Maître Confucius tenait à l'impartialité qu'il montrait face à son entourage. Envers ses trois Grands Disciples, Zilu, Zigong et Yanhui, il manifestait la même attitude et ne distinguait aucun des trois. Il voyait aussi exactement leurs qualités que leurs défauts. Il ne prodiguait pas son affection à l'un plutôt qu'à l'autre, ne laissait aucun d'eux parler plus haut que ses pairs.

Les admonestations qu'il adressait à Zilu, les attentions qu'il avait pour Yanhui, l'indifférence qu'il affichait envers Zigong doivent, à mon avis, être considérées comme autant de marques de son affection pour eux. Dans son cas, même les réprimandes, même la froideur pouvaient être signes d'affection. Telle était la singularité du Maître.

Quoi qu'il en soit, Zilu, Zigong et Yanhui

avaient été tous trois choisis par lui, il les protégeait et il mettait son espoir en eux. Personne n'aurait donc trouvé étonnant qu'il confiât à ces trois disciples le soin de lui succéder.

Cela faisait bientôt un mois que j'étais venu à Fuhan. Jamais je n'avais pensé m'y attarder aussi longtemps, mais les marchands de Chu, qui avaient pris sur eux tous les soins du voyage, me laissèrent parfaitement libre de rester dix jours ou un mois. J'admirai ce trait de leur caractère, qu'ils possédaient sans doute en commun avec tous les gens de Chu.

Je profitai de l'occasion et choisis de rester un mois entier à Fuhan avant de quitter la ville en compagnie d'un autre groupe de marchands de Chu qui se rendait dans les capitales de Song, puis de Lu.

Un mois auparavant, c'est par la Porte Septentrionale que nous étions entrés dans Fuhan. Elle devait être fermée désormais, car nous quittâmes la ville par la Porte Méridionale. Puis nous fîmes route vers le sud jusqu'au fleuve Huai, que nous traversâmes. Sur la rive opposée, nous prîmes vers le nord en direction de Cai-la-Neuve.

Le choix de cet itinéraire nous donna l'occasion de descendre (et c'était pour moi la première fois depuis plus de quarante ans) dans la vaste plaine fluviale du Huai. Nous traversâmes quelques bras sur des ponts de rondins et franchîmes plusieurs gués avant de parvenir, toujours à pied, sur l'autre rive. C'était un fleuve immense, qui s'étirait d'un bout à l'autre de l'horizon.

Lors de mon premier voyage, la ville de Fuhan venait d'être bâtie et nous avions dû traverser le fleuve Huai à l'aller comme au retour.

Lorsque à la suite de la mort soudaine du roi Zhao notre groupe avait interrompu son long séjour à Fuhan, un peu de la charge de tristesse contenue dans les mots : « *Rentrerons-nous?* » avait gagné le cœur de tous ses membres. En cercle serré autour de la chaise du Maître, Zilu, Zigong, Yanhui et bien sûr moi-même, Yanjiang, nous traversâmes le fleuve à gué.

J'avais beau revoir cet épisode comme s'il datait de la veille, plus de quarante ans s'étaient écoulés depuis. Tous les acteurs en étaient morts. Seul survivant, je puisai un peu d'eau dans mes mains et en fis une libation au Ciel.

Plusieurs des marchands de Chu avec qui je m'étais lié d'amitié durant le voyage étaient venus m'attendre sur l'autre rive. Nous nous dîmes adieu. Bien entendu, celui qui avait pris soin de moi pendant tout ce temps était parmi eux.

Ils m'expliquèrent que la Porte Septentrionale était fermée depuis une dizaine de jours. Selon toute apparence elle n'était plus utilisée que pour les mouvements de troupes. Aucun délai n'était annoncé pour sa réouverture.

J'appris encore que la route empruntée à l'aller un mois plus tôt, cette route reliant entre eux les bourgs de Zhengyang, Xinandian et Minggang que survolaient des nuées d'oiseaux migrateurs, était depuis deux semaines réservée à l'usage exclusif de l'armée et que l'accès en était interdit à la population.

« Il semble, ajoutèrent les marchands, que d'importantes opérations soient en cours au nord de la capitale de Song. Toutes les rumeurs concordent là-dessus. Des unités stationnées dans tous les points de la Plaine du Milieu convergent actuellement vers cette région.

« Dès que vous entrerez dans la Plaine du Milieu, suivez scrupuleusement les indications du chef du convoi. Toute initiative individuelle vous exposerait aux plus grands dangers. »

Après cette mise en garde et des adieux mille fois répétés, nous nous mîmes en marche. Même alors, je m'arrêtai plusieurs fois pour agiter la main, ne pouvant me résoudre à quitter ceux qui étaient venus me raccompagner. Les gens de Chu, mes compagnons, attendirent patiemment que j'en eusse fini avec mes adieux.

Je ne vais pas me faire l'avocat de Chu par reconnaissance envers les marchands qui m'ont rendu tant de services au cours de ce voyage. Mais, quand je me souviens des incidents survenus au cours de celui-ci, je ne puis m'empêcher de penser que l'État de Chu possède une volonté nationale, un idéal différent de ceux des autres nations et que partage l'ensemble de ses citoyens. Le traitement qu'ils réservent aux peuples soumis est également admirable. Même dans les cas où ils les déportent sur leur territoire, il les traitent en égaux et leur accordent toujours quelque privilège qui leur fait préférer leur nouvelle vie à l'ancienne.

Il y a bien longtemps de cela, je me souviens d'une digression faite un jour par le Maître à la fin de sa vie, lors d'une conférence qu'il donnait à l'académie de la capitale de Lu. Si vous le voulez bien, j'en rappellerai ici le contenu.

« Au cours de ma vie j'ai pu observer l'action de trois souverains de Chu : le roi Ping, le roi Zhao et l'actuel roi Hui. Tous trois furent des hommes d'État remarquables et d'excellents guerriers, mais connurent des temps difficiles face à la vitalité débordante de leur principal rival, l'État de Wu. Ces temps difficiles durent depuis longtemps. Mais, si l'État de Chu ne plie pas devant les difficultés, s'il se montre assez fort pour résister aux attaques de son ennemi et parvient à les repousser, alors, lorsqu'il aura dépassé cette crise, il pourrait jouer un rôle prépondérant dans la Plaine du Milieu.

« Au contraire de Chu, l'avantage de Wu tient à l'extraordinaire vitalité qu'il possède en tant qu'État et en tant que nation. Son endurance lui a valu ces derniers temps de prendre le dessus sur ses adversaires mais, derrière cette énergie farouche, on sent la présence d'une force aveugle, celle de la vitalité à l'état pur.

« En tout cas, je ne puis m'empêcher de prier pour la réussite du roi Hui et des efforts qu'à la suite des rois Ping et Zhao il multiplie actuellement pour redresser la situation. Je souhaite qu'il tienne bon contre Wu, qu'il ne se laisse pas abattre par les difficultés du temps, mais sorte son pays de la crise grâce au soutien du Ciel. »

Ainsi parla le Maître. Il mourut un an à peine après cette conférence, en l'an 16 du duc Ai de Lu.

Quelques années plus tard, Wu, le grand ennemi de Chu, subit une défaite écrasante des mains de Yue et disparut brusquement de la surface de la terre. Selon les mots du Maître, grâce à la vitalité qu'il possédait il avait connu une ascension formidable, mais il finit par payer cher les aspects les plus sombres que comportait cette vitalité.

Pour l'État de Chu, la chute de Wu fut un véritable cadeau du Ciel. Il reprit des forces dans tous les domaines et parvint en peu de temps à l'éclat qu'on lui voit désormais.

Nous pouvons nous rendre compte aujourd'hui que le Maître était doué d'une faculté de prévision ou de pressentiment sortant tout à fait de l'ordinaire.

Une vitalité ardente dissimulant un destin tragique! Fondé, dit-on, par une branche de la famille royale de Zhou qui descendit vers le sud, adopta le tatouage, se rasa les cheveux et prit la tête d'un peuple de barbares, l'État de Wu connut une fin digne de lui en cessant d'exister du jour au lendemain.

Laissez-moi vous faire part encore de quelques considérations personnelles concernant l'État de Chu. Le foyer du peuple Chu se situe sur le cours moyen du Yangzi-Jiang, mais l'on ne sait rien concernant le pays de leurs ancêtres. Leur langue et leurs coutumes diffèrent de celles des peuples installés depuis longtemps dans la Plaine du Milieu.

Il n'est donc pas étonnant que les États de la Plaine du Milieu aient vu dans Chu et voient encore aujourd'hui en lui une nation barbare, un État constitué par des sauvages et, qui plus est, des sauvages d'une extrême rudesse.

Précisons seulement que les habitants de Chu emploient communément pour désigner leur propre pays l'expression « Barbares du Sud ». Je crois que le duc de She lui-même, au temps où nous séjournions à Fuhan dont il était le gouverneur, usa d'une tournure similaire. C'était il y a plus de quarante ans et je ne saurais redire les termes exacts qu'il utilisa.

S'il est incontestable que Chu fut à l'origine constitué par un peuple barbare venu du sud, cette façon de parler n'implique chez eux aucun sentiment d'infériorité. Du moins ne l'ai-je pas remarqué. Au contraire, elle dissimule une secrète fierté de l'emporter sur les autres États de la Plaine du Milieu en dépit de leurs origines barbares.

Mais, parmi les États de la Plaine du Milieu, Cai, mon pays natal, avait vis-à-vis de Chu une attitude particulière. Chu était pour lui un voisin qu'il ne pouvait trop honnir, un ennemi juré que, pour ma part, j'avais appris à détester depuis ma plus tendre enfance.

Chu était grand, Cai était petit; Chu était fort, Cai était faible. Cai n'était pas de taille à résister lorsque venaient des réquisitions d'hommes ou de vivres : il lui fallait toujours serrer les dents et avaler les humiliations.

Puis, vous le savez, Cai fut contraint par Wu à un changement de territoire et transféra sa capitale dans la lointaine Zhoulai. Les citoyens de Cai demeurés sur place furent alors emmenés jusqu'au dernier, mais cette fois par Chu. L'État de Cai n'existait plus. Il n'avait pas été renversé par un État à la civilisation florissante, mais dépecé par les puissances barbares de Wu et de Chu.

Cependant je fis en compagnie du Maître le voyage de Fuhan, la ville nouvelle que Chu avait fondée pour y installer le reste de Cai. Pour la première fois de ma vie, j'y fis vraiment connaissance de Chu et de ses habitants.

Je vis le duc de She absorbé alors par l'édification de Fuhan, une ville d'un type nouveau, sans précédent sur terre, et dont l'administration lui attira cet éloge du Maître : « *Quand tout autour on se réjouit, de loin on accourt.* »

Quel fut le destin ultérieur de ce duc de She, alors gouverneur de la région de Fuhan, qui nous témoigna tant d'hospitalité pendant les quelques mois de notre séjour ? Il devait avoir vingt-quatre ans de plus que moi, et une quinzaine d'années de moins que le Maître. Si longtemps qu'il ait vécu, je ne m'attendais pas à ce qu'il fût encore de ce monde.

Lors de mon second séjour à Fuhan je demandai aux marchands Chu qui prenaient soin de moi de rechercher des informations sur son sort. Cinq jours plus tard, ils me communiquaient les résultats de leur enquête.

A la fin de sa vie le duc de She avait occupé de hautes fonctions à la capitale de Chu, cumulant les charges d'intendant de la Cavalerie et de Grand Chancelier. L'année même de la mort du Maître, il démissionna de toutes ses charges et se retira à She. On ne connaissait ni l'année de sa mort, ni l'emplacement de sa tombe.

Je n'obtins que ces quelques renseignements.

Comme celle du Bon Gouverneur, la dernière heure du duc de She, dont la mémoire aurait pourtant dû être conservée, ne nous est pas connue. On dirait que les intéressés eux-mêmes se sont attachés à en dissimuler les traces. Étonnante attitude, mais quel dommage !

Je reviens à mon sujet, dont je me suis quelque peu écarté. Après être resté un mois à Fuhan, je traversai le fleuve Huai et, prenant congé de ceux qui étaient venus me raccompagner, je me dirigeai vers Cai-la-Neuve qu'il était prévu d'atteindre en quatre jours et trois nuits.

Le groupe de marchands de Chu que je suivais comprenait près de cinquante personnes. Il devait s'amenuiser graduellement en route et moins d'une dizaine d'entre eux devaient faire la dernière étape, de la capitale de Song à celle de Lu.

Un groupe de huit vieillards allait en voiture. Tous les autres faisaient la route à pied, seuls les effets personnels ayant été entassés sur plusieurs carrioles. En plus de ces effets, on y avait discrètement chargé des armes, des sabres en quantité suffisante pour que tous puissent se battre au besoin.

Comme tous mes compagnons je reçus en remplacement de ma canne une courte lance que je couchai sur le siège de ma voiture. L'atmosphère était très différente de celle de mon premier voyage, quarante ans auparavant.

Nous passâmes la première nuit à Xi, un gros bourg situé sur la rive du Huai, dans ce qui était apparemment la résidence d'un riche particulier. Un pavillon à l'écart des bâtiments principaux fut mis à notre disposition. Lors de mon premier voyage déjà, un grand pavillon nous avait été réservé dans ce bourg de Xi et je me souvenais qu'un homme ayant l'apparence d'un ermite avait crié devant notre fenêtre. Celui qu'il visait était évidemment le Maître et non Yanjiang. Après avoir déchargé ses sarcasmes, l'homme avait disparu dans les fourrés.

Lors de ce même voyage, un peu avant Xi, à environ deux jours de marche de Cai-la-Neuve, nous nous étions arrêtés pour nous reposer dans un village situé sur les bords d'un sous-affluent du Huai. Lors de cette halte nous eûmes une conversation avec un homme qui, lui aussi, semblait être un ermite.

Je me souviens très bien de cet incident, ayant moi-même observé la réaction embarrassée de Zilu.

Quoique cet homme ressemblât à un ermite, il était impossible de dire s'il l'était vraiment ou si ce n'était pas plutôt quelque ancien citoyen de Cai qui avait trouvé humiliant de s'installer dans la ville de Fuhan et préférait faire le misanthrope en se tenant à l'écart de la société. Je me rappelle encore parfaitement les paroles que cet homme nous avait adressées :

« Un fleuve immense emporte dans son cours l'univers tout entier. Nul n'en connaît l'origine ou la destination. Nul ne peut lui résister. Nul ne peut en modifier la direction. La crise actuelle peut se poursuivre des dizaines, voire des centaines d'années. Hommes et États continueront à disparaître, entraînés l'un après l'autre par cet immense courant. Nul ne sait quand cela finira. Beaucoup d'années s'écouleront avant que les luttes entre

États ne cessent, avant que le cours du fleuve ne redevienne paisible.

« Toi aussi, tu perds ton temps à t'acoquiner avec cet homme qui recherche la faveur des puissants et ne cesse d'aller de-ci, de-là dans une agitation sans fin. Va, tu ferais encore mieux de rejoindre ceux qui ont renoncé au monde et cultiver la terre avec eux. »

Et l'homme ne dit plus mot, s'étant remis à semer je ne sais plus quel grain et à retourner la terre.

En me souvenant de cette rencontre vieille de plus de cinquante ans, à laquelle je n'avais plus songé depuis longtemps, je fus frappé soudain par la pensée que tout ce que cet homme à l'apparence d'ermite nous avait dit en ce temps-là était rigoureusement exact !

Dans cette bourgade de Xi, sur les berges du fleuve Huai, je passai la première nuit blanche de ce voyage qui durait depuis trois mois. De nombreuses pensées, tantôt plus agitées, tantôt plus paisibles m'obsédèrent pendant la nuit.

Je ne cessai de fixer un point dans l'obscurité. Incontestablement, les paroles fielleuses que cet homme nous avait adressées à Zilu et moi-même sur les berges d'un sous-affluent du Huai restaient valables aujourd'hui encore, plus de quarante ans après. Le grand fleuve qui emporte tout sur son passage ne cesse, aujourd'hui encore, d'engloutir États et individus. Parmi les seuls États auxquels m'attachaient des liens personnels, Chen, Cai, Cao avaient disparu l'un après l'autre. Quant aux autres, avec qui je n'avais pas de liens directs, on ne comptait plus tous ceux, petits ou grands, qui avaient cessé d'exister, emportés par ce grand courant. Quand donc les hommes et les États cesseraient-ils de se déchirer ?

Dans ce village éclairé par la faible lueur du fleuve, dans une pièce de la grande résidence où l'on nous avait logés, je passai une nuit sans sommeil à penser et repenser au chemin que j'avais parcouru et à celui qu'il me restait à parcourir, à ce qu'il adviendrait aussi des États de la Plaine du Milieu qui résistaient encore.

5

Mettons donc fin à la pause et revenons à mon récit. La nuit tombe vite en cette saison et je tâcherai de me presser un peu sur le chemin du retour de Fuhan.

J'en étais resté à la première nuit de notre voyage, passée dans la belle bourgade de Xi sur les rives du fleuve Huai et au cours de laquelle je fus empêché de dormir par le souvenir de l'ermite rencontré lors de mon premier voyage.

Quatre jours après notre départ, nous atteignîmes Cai-la-Neuve, où nous passâmes la nuit, avant de nous diriger vers Cai-la-Haute. Le chef du convoi me proposa d'arranger mon séjour à Cai-la-Neuve si je souhaitais m'y attarder, mais, tout en le remerciant de sa prévenance, je choisis de poursuivre la route avec mes compagnons.

J'étais né et j'avais grandi à Cai-la-Neuve, mais la ville avait changé ainsi que la nature environnante et je n'y avais plus un seul parent ni une seule connaissance. Les eaux du Ru étaient peut-être le seul élément à n'avoir subi aucun changement.

Nous les longeâmes pendant trois jours jusqu'à

Cai-la-Haute. Mais le pays que nous traversions n'avait plus rien à voir avec l'ancien État de Cai. C'était incontestablement le territoire de celui-ci et la région fut peuplée autrefois de gens qui possédaient les coutumes et les traits physiques distinctifs de Cai, mais force était de constater que gens et coutumes avaient disparu sans laisser de trace.

Un mois plus tôt nous avions emprunté pour nous rendre de Cai-la-Haute à Cai-la-Neuve exactement le même chemin le long du Ru, bien qu'en sens inverse, mais en un mois l'aspect de ces régions était devenu encore plus étranger pour l'ancien ressortissant de Cai que j'étais.

Comme avant, la partie centrale de Cai-la-Haute était interdite d'accès. Un mois plus tôt, pour pénétrer sur le territoire de Cai, nous avions traversé un semblant de frontière, mais au retour toute cette partie de la route était encombrée par les mouvements de troupes au point qu'on ne pouvait en approcher.

Nous dûmes emprunter une vieille route pour entrer dans l'ancien État de Chen. Nous étions maintenant dans ce que le Maître appelait les « landes de Chen et de Cai ». Évitant toujours les axes importants, nous gagnâmes la capitale de Chen par des villages disposés plus au nord, en suivant un itinéraire que je ne connaissais pas.

Chaque fois que nous entrions dans un village, je me demandais si ce ne serait pas celui, avec un grand étang aux rives plantées de paulownias en fleur, où Zilu avait dansé après avoir subi une remontrance du Maître. Mais, comme s'ils s'étaient donné le mot, tous les villages que nous traversions possédaient un grand étang dont les berges étaient plantées de splendides paulownias. Ce devait être magnifique quand venait la saison des fleurs!

Le soir du premier jour de marche depuis Cai-la-Haute, nous parvînmes à un cours d'eau important. C'était l'un des nombreux affluents du Ru. Je vous ai déjà dit plusieurs fois que j'étais né et que j'avais grandi près du cours de ce fleuve que nous avions remonté vers le nord entre Cai-la-Neuve et Cai-la-Haute.

A partir de Cai-la-Haute, nous nous orientâmes vers l'est, en direction des capitales de Chen et de Song, puis de la ville de Qufu. C'était la partie la plus longue du voyage. La première nuit fut passée dans un petit village au bord de ce gros affluent du Ru.

J'allais me promener sur la berge pendant qu'on préparait nos logements. L'eau du Ru, pensais-je, ne cesse de couler. Les hommes naissent, puis meurent. Les États surgissent, puis disparaissent. L'eau du Ru continue à couler sans jamais connaître de cesse.

Le Ru coulait et coulait. Grossi de nombreux affluents, il atteignait une largeur considérable aux environs de Cai-la-Neuve et poursuivait sa route en direction du fleuve Huai. Le Huai séparait la Chine du Nord de la Chine du Sud. De nombreux États s'étaient constitués, de nombreux États disparaissaient dans les régions qu'il traversait.

Le soir, les plus vieux allèrent se coucher dans les chambres qu'on leur avait attribuées, mais les plus jeunes se relayèrent pour monter une garde ininterrompue jusqu'au matin. Quand on voyage en dehors des grands axes, il faut prendre ses précautions.

Le lendemain, après avoir marché toute la journée, nous parvînmes à un village situé au milieu de la grande plaine et l'on nous répartit pour la nuit dans plusieurs maisons. Le groupe des vieillards fut logé dans une demeure de belles dimensions, la plus grande du village. Après le dîner, les habitants du lieu exécutèrent pour nous des chants et des danses.

Quarante ans plus tôt, au cours de ce voyage avec le Maître où nous avions souffert de la faim et de l'épuisement, alors que nous passions une nuit au milieu de la lande, le Maître s'étant mis à jouer de la cithare, Zilu joignit sa voix au son de l'instrument et chanta ainsi :

Nous ne sommes ni des buffles sauvages ni des tigres
Pourquoi donc devons-nous errer à travers les vastes plaines?

Ce soir-là, le même chant fut exécuté par les villageois et je pus apprécier toute la richesse de ses résonances.

Si on le chante encore, c'est sans doute que la tristesse qu'il exprime trouve toujours un écho dans les cœurs des hommes d'aujourd'hui. Nombreux sont ceux qu'on enrôle de force et qu'on fait errer à travers les vastes plaines. N'est-ce pas le sort qui attend d'ordinaire les citoyens d'un État renversé ?

Le troisième jour, nous fûmes contrôlés à plusieurs reprises par des soldats stationnés dans la région. Dès qu'ils comprenaient qu'ils avaient affaire à un groupe de marchands originaires de Chu, ils nous laissaient poursuivre notre route et s'efforçaient même par tous les moyens de nous faciliter le voyage. J'étais surpris de voir des postes de contrôle établis aux endroits les plus inattendus. La plupart des soldats étaient originaires de Chen, il y en avait d'autres dont je ne pouvais deviner la nationalité. Je savais seulement que ces troupes appartenaient à des États renversés par Chu.

Le soir, après avoir traversé le fleuve Ying en barque, nous nous arrêtâmes dans un village qui se trouvait à une demi-journée de marche de la capitale de Chen. Le chef du convoi nous adressa l'avertissement suivant :

« Nous venons d'apprendre que Chu menait actuellement une opération décisive dont l'issue déterminera son avenir. Il n'y a pas de doute possible, il s'agit d'envahir l'État de Qi [1]. Comme vous le savez, l'État de Qi est sans doute de tous les États de la Plaine du Milieu celui qui possède l'histoire la plus ancienne. Celle-ci commence quand le roi Wu de Zhou confina le petit-fils de Yu dans une région située au sud du fleuve Ji. L'État tout entier tient dans un mouchoir de poche, mais son origine vénérable lui confère un prestige incomparable.

« Le souverain actuel, le duc Jian, est le dix-neuvième duc de Qi. S'appuyant sur de puissants alliés, il s'est montré peu conciliant envers nous, les Barbares du Sud. Devant la multiplication des provocations, notre pays s'est trouvé contraint à une

1. État de la Plaine du Milieu qu'il ne faut pas confondre avec son homonyme, la grande puissance de la Chine du Nord.

expédition. Pour le présent, notre seul adversaire est l'État de Qi, mais d'autres États pourraient se porter à son secours.

« En outre, Qi est un État riverain du Fleuve Jaune, si bien que le théâtre des opérations, d'une longueur et d'une profondeur sans précédentes, ira de celui-ci jusqu'au fleuve Huai. L'État Chu jette toutes ses forces dans la bataille; en ce sens, on peut dire qu'il s'agit pour lui d'un combat qui engage son existence.

« C'est notre malchance qui nous a amenés ici en ce fâcheux moment. Ce qui ne veut pas dire que la situation soit désespérée. Seulement la capitale de Chen est devenue le centre opératoire de l'expédition contre l'État de Qi. Jusqu'à la fin des opérations militaires, l'accès en est interdit et tout commerce arrêté.

« Aussi notre groupe s'éloignera-t-il dès demain de la capitale de Chen pour prendre le chemin de celle de Song. Une fois là-bas, nous possédons de nombreux amis, le marché local et ses habitudes nous sont bien connus, il n'y a plus d'inquiétude à avoir. Le problème, ce sont les trois ou quatre journées de voyage qui nous seront nécessaires pour parvenir à la capitale de Song. Nous ne devons pas oublier que la région est un champ de bataille, que s'y déroulent d'importantes opérations militaires.

« De jeunes soldats vont nous accompagner et nous espérons que tout ira bien, mais chacun devra suivre scrupuleusement leurs consignes. »

Tel fut le discours que nous tint le chef du convoi.

Le lendemain matin, nous quittâmes le village où

nous avions passé la nuit et, sans entrer dans la capitale de Chen, prîmes la route principale conduisant vers l'est, à la capitale de Song. Contrairement aux journées précédentes, il nous fallait maintenant nous frayer un chemin entre de nombreux détachements armés de toutes tailles et souvent aussi attendre au bord de la route pour les laisser passer.

Les soldats que nous croisions avaient l'air alerte et décidé. Ils offraient un beau spectacle quand ils passaient devant nous, débordants d'énergie. Tous appartenaient aux troupes régulières de Chu et ne ressemblaient guère aux soldats des États défaits que nous avions rencontrés la veille. Nous en apercevions parfois qui se reposaient assis au bord de la route : même au repos ils restaient en bon ordre et ne se dispersaient jamais pendant les haltes.

Le troisième jour, en début d'après-midi, nous franchîmes à gué d'ouest en est, c'est-à-dire du côté de la capitale de Chen vers celui de la capitale de Song, un affluent du Huai, un grand cours d'eau dont une partie était souterraine.

Vers le soir, nous traversâmes en barque une grande rivière sans nom. Un des sous-officiers qui nous accompagnaient nous dit :

« Plus bas ce cours d'eau finit par s'enfoncer sous terre. Mais en amont, les paysages sont d'une grande beauté. Sur les deux rives les falaises et les espaces boisés alternent comme sur un tableau. Cette vallée est célèbre pour sa beauté. »

Puis, changeant de ton :

« Mais aujourd'hui, dit-il, c'est autre chose. Sur le cours supérieur de la rivière s'étend l'État de Qi.

De violents combats s'y déroulent actuellement avec le corps expéditionnaire de Chu. Le champ de bataille s'élargit d'heure en heure de part et d'autre de la rivière. »

Ces explications nous firent jeter un regard nouveau, chargé d'émotion, sur les eaux que nous traversions.

A cause de la situation qui prévalait en amont, on apercevait dans les alentours de nombreux mouvements de troupes dont une partie remontait les berges, tandis que l'autre descendait dans le sens opposé.

On voyait aussi des troupes qui au lieu de suivre la rivière se dirigeaient vers le nord à travers la vaste plaine fluviale. Tous ces soldats, marchant dans un ordre impeccable, devaient être des éléments de l'armée régulière de Chu rejoignant le champ de bataille au nord.

En revanche, on ne remarquait aucun détachement de nationalité autre que Chu. Dans ce combat engageant ses intérêts vitaux, Chu n'avait jeté que ses propres troupes. C'était encore un trait caractéristique de cet État, fait pour disposer en sa faveur un observateur neutre.

Si le Maître avait pu remarquer de son vivant cet aspect du caractère de Chu, il n'aurait pas manqué, je pense, d'être de mon avis.

Le jour où nous franchîmes ces deux cours d'eau souterrains sans nom, au lieu de nous diriger vers la capitale de Song comme nous l'avions projeté, nous modifiâmes nos plans et gagnâmes un village situé un peu en aval, sur les berges du cours d'eau le long duquel se déroulait la bataille. Nous y passâmes la nuit après nous être dispersés dans les maisons des habitants. Cette halte imprévue n'était sans doute pas sans rapport avec les combats engagés en amont.

Le lendemain nous passâmes une seconde nuit dans ce village. A la tombée du jour, circula une rumeur selon laquelle la forteresse de Qi était en flammes et ses dirigeants l'avaient abandonnée, prenant la fuite chacun dans la direction de son choix.

Renonçant à trouver le sommeil, j'allai au bord de l'eau. Vers l'amont, un grand incendie semblait embraser la partie septentrionale du ciel. Il y avait là beaucoup de monde à part moi et l'on disait qu'il devait s'agir de la lueur de l'incendie qui ravageait la capitale de Qi.

Cette nuit-là, même après avoir regagné mon lit, il me fut impossible de trouver le sommeil. Ce fut la nuit où, dans l'incendie de sa fière forteresse, périt sous les coups des Barbares du Sud la nation Qi, une des plus illustres nations de la Plaine du Milieu.

Depuis mon enfance, je lui portais un intérêt tout spécial et ressentais à son endroit un sentiment indéfinissable de respect mêlé de crainte. L'État de Qi se distinguait des autres par la noblesse de ses origines, par la faible étendue de son territoire, mais surtout par cette étrange conscience de leur valeur que semblaient posséder ses dirigeants.

L'État de Cai était également une de ces principautés parsemant la Plaine du Milieu ; il n'était pas, lui non plus, sans posséder une certaine conscience de sa valeur, même si elle était sans commune mesure avec celle de l'État de Qi. Selon la tradition, la naissance de celui-ci remonte au règne du roi Wu de Zhou et ses souverains descendent du roi Yu. Pendant les dix-neuf règnes qui se sont succédé jusqu'à celui de l'actuel duc Jian, l'État de Qi s'appuya toujours sur l'orgueil qu'il tirait de ces glorieuses origines. Et voilà qu'aujourd'hui, sa forteresse incendiée, son histoire s'interrompait dans les flammes de la guerre.

Cette nuit fut une nuit à part pour toute la Plaine du Milieu. Elle marqua la disparition de l'illustre État de Qi et, parallèlement, une avancée décisive des Barbares du Sud qui, forts d'une supériorité militaire écrasante, prenaient pied dans la Plaine du Milieu.

Chu avait déjà, il est vrai, vaincu et annexé auparavant Chen et Cai, deux principautés de la Plaine du Milieu, mais il ne s'agissait dans les deux cas que d'un état de fait : la victoire du plus fort sur le plus faible. Il manquait à cette victoire l'éclat et la justification morale nécessaires pour marquer l'entrée de Chu sur la scène de la Plaine du Milieu.

En ce sens, l'expédition contre Qi constituait un exploit dont aucune des nations de la Plaine du Milieu n'était plus capable. Par cet exploit, l'État de Chu inaugurait un âge nouveau dans la région et entrait sur la scène politique internationale avec les honneurs et par la grande porte.

Quand, après avoir passé deux nuits dans le village au bord de la rivière, nous le quittâmes enfin pour entrer dans la capitale de Song, nous reçûmes la nouvelle de la prise de la capitale de Qi par l'armée de Chu.

Celle-ci s'était désormais séparée en plusieurs corps expéditionnaires qui battaient les environs de Qi. Des liens assez étroits me rattachaient à l'État de Chu. A mesure que nous parvenaient l'une après l'autre les nouvelles de ses exploits et de son succès, je sentais mon cœur s'enfler d'un sentiment de bonheur.

A vrai dire, tous ces succès, le roi Zhao aurait mérité de les remporter. Mais le Ciel en avait décidé autrement, les temps n'étaient pas mûrs et il avait fallu attendre pour cela le règne du roi Hui. Le roi Hui, qui s'est admirablement acquitté de sa tâche, mérite d'être considéré comme un grand souverain.

Nous restâmes une quinzaine de jours dans la capitale de Song. Plusieurs marchands se rendaient ensuite à la capitale de Lu, mais le jour du départ n'était toujours pas fixé et notre séjour à la capitale de Song se prolongeait au-delà de ce qui avait été prévu.

Entre-temps, une autre nouvelle importante parvint jusqu'à nous : Chu et Qin avaient signé un traité de paix. Traduite dans les faits, l'entente de ces deux jeunes grandes puissances constituerait un événement considérable et inaugurerait une situation nouvelle dans la Plaine du Milieu.

Nous ne savions ni où ni comment le traité avait été conclu, mais tous les voyageurs arrivant à la capitale rendaient un témoignage concordant ; il ne s'agissait donc pas d'une simple rumeur, mais de l'exacte réalité, et il n'y avait pas de raison d'en douter davantage.

Ainsi, grâce au retard que nous prîmes à la capitale de Song, je connaissais ces deux nouvelles en entrant à la capitale de Lu.

Arrivé à destination, je pris congé du groupe de marchands qui m'avaient fait l'un des leurs pendant le voyage et m'avaient entouré de tant d'attentions. J'étais maintenant un homme de Lu revenu dans son pays. A vrai dire c'est de Cai et non de Lu que j'étais originaire mais, ma patrie n'existant plus, je n'ai pas eu d'autre choix, me semble-t-il, que de me faire adopter par Lu.

A mon entrée dans la capitale de Lu, ma première pensée fut d'aller rendre compte au Maître de tout ce que j'avais vu et entendu au cours de mon voyage de trois mois à Fuhan. Je rapportais surtout de bonnes nouvelles, et je pensais que le Maître aussi les entendrait avec plaisir.

Je réservai donc l'un des trois jours que dura mon séjour à la capitale de Lu à la visite de la tombe du Maître située au nord de la capitale, sur les bords du fleuve Si. J'en passai un autre dans une salle de l'académie, seul et en silence, assis comme par le passé face à la cour.

Dans cette salle calme et écartée de la vaste académie de Confucius, qui donnait sur une petite cour, je pouvais comme nulle part ailleurs évoquer le souvenir du Maître, ainsi que celui de Zilu, Zigong et Yanhui, et m'entretenir avec eux.

Il me suffisait d'y prendre place, pour que tout naturellement et sans aucun effort de ma part je visse apparaître et s'asseoir près de moi Zilu, puis, venant par la cour, Zigong et Yanhui.

Seul dans cette salle, je ne cessais pourtant de converser avec ces disciples, mes aînés, et de leur dire en pensée tout le regret que j'avais de les avoir négligés pendant si longtemps. A aucun autre lieu au monde n'étaient associés pour moi tant de souvenirs les concernant.

C'est en effet ici que j'avais appris la mort de Yanhui ainsi que celle de Zilu, coups terribles après lesquels j'étais chaque fois resté quelque temps sans pouvoir me tenir debout.

Je demeurai donc trois jours à la capitale de Lu. J'aurais voulu passer dans les bureaux de la Société d'études confucéennes pour vous y saluer, mais je remis cela à une autre occasion; au lieu de quoi j'allai me promener au hasard dans les rues de la ville, autour de cette sorte de quartier des écoles où se trouve l'académie. J'étais heureux de marcher, j'éprouvais un sentiment de plénitude. La capitale de Lu était décidément un centre intellectuel inégalé dans la Plaine du Milieu ! C'est bien entendu le Maître qui l'avait créé, mais s'il continuait à fleurir quelques dizaines d'années plus tard, c'est grâce à vous tous qui êtes ici et qui avez su préserver ce sanctuaire de l'instruction.

Enfin, assez impatient de rentrer chez moi, le quatrième jour je m'en retournai en hâte dans mon village de montagne.

Je quittai la capitale de Lu au début de l'après-midi. Avant même de pénétrer dans les montagnes, sur la route traversant la plaine le long de laquelle se disposent quelques villages, je rencontrai des hommes et des femmes de ma connaissance. Chaque fois il me fallait raconter brièvement ce que j'avais fait au cours des derniers mois et entendre le récit de ce qui s'était passé pendant mon absence. Tous ces arrêts me firent perdre beaucoup de temps et c'est seulement vers le soir de ce jour d'été finissant que je parvins à l'extrémité de la vallée par laquelle on accède dans les montagnes enserrant de toutes parts le village.

Dans le chemin qui remontait la vallée, je croisais encore plusieurs fois des habitants du village.

« Vous êtes-vous bien portés au cours de l'été ? leur demandai-je. C'est le principal. Nous avons beaucoup de choses à nous dire, mais nous le ferons plus tard quand nous aurons plus de loisir. »

Et les saluant, ainsi, je passais mon chemin. Sachant que, si je m'arrêtais, je ne pourrais plus m'en tirer à si bon compte, je tâchais de parler tout en marchant.

Pour ce qui est de mes bagages, les seuls cadeaux que j'avais reçus en route représentaient une quantité non négligeable, mais j'en avais laissé la plus grande partie dans la maison qui m'avait accueilli à la capitale de Lu. J'avais cependant avec moi quelques effets que je portais par-dessus l'épaule. La nuit tombant, ils commencèrent à me peser.

Presque arrivé au sommet de la pente, j'entendis une voix derrière moi :

« Grand-père ! Passe-moi ton sac ! Je vais te le porter. »

C'était un jeune homme du village que je connaissais de vue.

« Je te remercie », dis-je en m'arrêtant et en lui tendant mon sac.

Le col franchi, à l'endroit où la route commence à redescendre, je fis halte pour me reposer un peu. Je vis alors des lumières s'allumer en plusieurs endroits dans le village qui s'étalait à nos pieds au milieu du plateau. Parfois, comme si elles s'étaient mises d'accord, plusieurs lumières s'allumaient simultanément.

« Me voilà de retour ! » pensai-je.

Je sentis l'émotion me piquer les yeux, me nouer la gorge, se communiquer à tous mes membres.

« D'où venez-vous, à votre âge ? demanda le jeune homme.

– Vous êtes bien aimable », fis-je seulement, toujours immobile. Cinq ou six lumières s'étaient allumées dans mon village qui comptait cinquante à soixante foyers. Il y en avait bientôt d'autres.

Tous les carrefours ne s'éclaireraient pas, mais seulement un quart ou un tiers d'entre eux où les habitants des quartiers voisins viendraient se rassembler comme des mouches autour d'une lampe.

« Allons, mettons-nous en route, dit le jeune homme.

– Ne te presse pas ainsi, répliquai-je. Laisse-moi me reposer encore un peu. »

Et je me plongeai à nouveau dans mes pensées :

Voici que les lumières s'allumaient dans mon pays !

Cependant je me rappelai aussitôt qu'il ne s'agissait pas de « mon pays », que ce n'était pas l'endroit où j'étais né et où j'avais grandi.

Mais, après tout, le terme n'était pas si inexact. Quel autre endroit aurais-je pu désigner ainsi ?

Trente-trois ans s'étaient écoulés depuis que j'étais venu m'installer ici, au milieu des montagnes. Le jeune couple qui avait pris soin de moi comme d'un père pendant toutes ces années avait vieilli; c'étaient maintenant des gens d'âge moyen, matériellement prospères. Ils s'étaient relevés du chagrin où les avait plongés la mort de leur fille et avaient adopté de nombreux enfants de réfugiés. Prendre soin de ces orphelins leur avait fait découvrir un sens à la vie.

Impressionnés par le travail qu'accomplissait ce couple, plusieurs réfugiés apatrides avaient rejoint leur équipe. Je leur donne également un coup de main quand les travaux des champs m'en laissent le loisir.

Les hommes et les femmes que j'y rencontre me regardent comme un membre de leur famille. Ils viennent me voir de temps à autre chez moi, veillent sur moi et me rendent divers services.

Tout cela pris ensemble fait que « mon pays » ne saurait être ailleurs qu'ici. Cai-la-Neuve où je suis né et où j'ai grandi a été balayée de la surface de la terre et a disparu sans laisser de trace. C'est sans doute pour m'en assurer que j'ai accompli ce voyage jusqu'à Fuhan.

« Il est temps de se mettre en route, dit le jeune homme.

– Attends un peu. Je voudrais me reposer encore quelques instants. »

Et à nouveau je plongeai dans mes réflexions.

J'aimerais partager avec vous maintenant la pensée qui me traversa l'esprit à cet instant, mais je ne sais pas si je trouverai les mots pour le faire.

Lorsque, à la tombée de la nuit, je vis s'allumer les lumières dans mon village : ah, me suis-je dit, dans mon pays aussi on allume les lumières; la journée de travail est finie, l'heure du repos nocturne commence. Regarder avec de telles pensées les feux de son village est sans conteste un des rares bonheurs que connaissent les hommes.

C'est un bonheur paisible, accessible à tous sans distinction de condition ou de fortune, une jouissance qu'on n'échangerait contre aucune autre.

Aucun effort n'est ici requis. Je n'ai rien à faire pour que les feux s'allument d'eux-mêmes là-bas, en face de moi. Il suffit que je les contemple, m'abandonnant à la plus rare et à la plus riche des jouissances accessibles à un être humain. Sans un geste, sans un effort, en silence, il suffit que je regarde les feux qui s'allument dans mon village.

N'est-ce pas comme si un père, une mère, des grands-parents, des oncles, des tantes, des frères, des sœurs, des voisins, les vivants et les morts, comme si les rues du village, ses ruisseaux, ses bois, tous ensemble sortaient me souhaiter la bienvenue ? Il n'est pas sur terre de luxe supérieur à celui-ci.

Tout homme venu en ce monde voudrait conserver jusqu'à sa mort cet irremplaçable sentiment de paix qu'il ressent en contemplant les feux qu'on allume dans son pays natal. Aucune politique, aucun pouvoir n'a le droit, selon moi, de l'en priver.

Le Maître ne se lassait pas de répéter que tout homme né sur cette terre devait, quels que soient les troubles de l'époque, se voir garantir le bonheur minimal consistant à se dire : « Je suis né dans ce monde et cela seul est pour moi un bonheur. »

Je me souviens très bien de ces paroles du Maître. Si je pouvais les paraphraser à ma façon :

« Il ne faut pas, dirais-je, priver un être humain du sentiment apaisant de voir les feux s'allumer dans son pays natal. »

Ou encore :

« Si troublés que soient les temps, nul n'a le droit d'arracher un homme à son pays natal. Et, quand il l'en a arraché, il est de son devoir de lui procurer une patrie de rechange. Tout l'art de la politique tient dans ce principe. »

Telle était, certainement, la pensée du Maître. C'était la raison de son intérêt pour la ville que bâtissait le duc de She et de l'éloge qu'il fit de son administration : « *Quand tout autour on se réjouit, de loin on accourt.* »

Il est certain que le duc de She avait le projet de construire une patrie nouvelle pour les multitudes qui avaient perdu la leur et le Maître avait parfaitement compris son intention.

Fuhan est aujourd'hui une capitale militaire, une place forte dont la conception s'écarte considérablement des projets de son fondateur. Mais la paix exceptionnelle qui enveloppe au crépuscule et pendant toute la nuit cette ville devenue la patrie commune de tant d'apatrides restera toujours dans le cœur de ces gens.

Je vous remercie de m'avoir accompagné dans ce voyage jusqu'à Fuhan. Mon récit est achevé, mais il nous reste encore un peu de temps jusqu'à la tombée de la nuit. Pourquoi ne pas revenir à notre premier sujet ? Posez-moi les questions que vous voudrez au sujet du Maître et je tâcherai de satisfaire votre curiosité.

– Je voudrais dire un mot comme secrétaire de séance. Nous avons entendu un récit passionnant, plein d'enseignement et de perspectives nouvelles. Vous nous avez transportés au centre des troubles qui agitent actuellement la Plaine du Milieu. Quel contraste avec le calme régnant à la capitale de Lu !

C'est dans cette paisible capitale que nous aurons l'occasion prochainement d'accueillir la première rencontre réunissant des chercheurs de tous les États. Par les temps qui courent, un obstacle imprévu peut toujours faire échouer l'entreprise et nous ne voulions pas en parler trop tôt à maître Yanjiang. Mais il est urgent de fixer le programme des débats au cas où la rencontre aurait bien lieu.

Nous pensons faire parler les intervenants de la vision de ce monde troublé à laquelle le Maître parvint à la fin de sa vie, celle qu'il emporta avec lui dans la mort. Comment voyait-il l'avenir de l'homme ? En d'autres termes, il s'agirait de lire, dans les nombreuses paroles qu'il nous a léguées, l'état d'esprit du Maître dans les dernières années de sa vie. Pourrions-nous profiter de l'occasion pour entendre votre avis sur le choix de ce thème, ses mérites et ses inconvénients ?

– Eh bien ! je vous dirai ce que j'en pense. A notre dernière séance, au début de l'été, nous avons évoqué les paroles du Maître sur le phénix : « *Le phénix n'a pas paru. Aucun signe n'est venu du Fleuve Jaune. C'en est fini de moi !* » Ces mots ont toujours posé problème. Il semble improbable qu'un homme comme le Maître ait pu dire : « *C'en est fini de moi!* » Aussi y eut-il toujours des gens pour affirmer qu'il ne s'agissait pas d'une parole authentique du Maître, que des éléments étrangers s'y étaient ajoutés. D'autres, au contraire, affirment qu'il n'y a aucun doute concernant l'authenticité de cette parole, que le Maître, à la fin de sa vie, avait désespéré de son époque. Aucun signe, se disait-il, annonçant la venue d'un souverain sage n'a encore paru. C'en est fini de moi. Que puis-je dire d'autre, moi qui ai mis tous mes espoirs dans la venue d'un tel souverain?

Comme on me demandait mon avis personnel sur la question, j'avais exclu la possibilité que le Maître ait pu prononcer sérieusement les mots : « *C'en est fini de moi!* » S'il l'avait fait, il aurait mis dans l'embarras la foule des disciples qui le suivaient et qui allaient continuer son œuvre après sa mort.

Commençons par deviner, ai-je dit, ce qui se passait dans le cœur du Maître :

Lorsque je vois qu'aucun signe annonçant la venue d'un souverain sage n'a encore paru, devait-il penser, moi qui ai tout misé sur la venue d'un tel souverain, je constate que mes espoirs ont été déçus. C'est bien ennuyeux! Apparemment, il n'y a plus qu'à dire : c'en est fini de moi.

Nulle trace de désespoir dans ce sentiment, mais au contraire une grande aisance. En somme, un homme comme le Maître ne pouvait simplement pas dire pour de bon : c'en est fini de moi. S'il a effectivement prononcé ces mots, ce ne pouvait être que par jeu, pour plaisanter son entourage.

Aujourd'hui encore je n'ai pas changé d'avis. Le

Maître eut toujours une vision optimiste de l'avenir de l'homme. L'être humain n'est pas assez stupide pour anéantir lui-même le genre humain.

S'il ne cessait de regretter qu'il ne verrait pas de ses propres yeux une société prospère, des relations pacifiques entre les États, un monde fondé sur la paix, il ne cessait non plus de croire qu'un tel âge viendrait un jour après sa mort. Telle était la conviction fondamentale du Maître, telle est aussi la mienne, moi le dernier des derniers de ses disciples.

Le Maître pour moi est une autorité absolue. Il ne pouvait se tromper en rien. Il ne pouvait pas désespérer complètement du genre humain. S'il faut vous en donner une preuve, je citerai la conférence sur la colline Kuiqiu qui suscitait en lui tant d'intérêt.

J'ai déjà évoqué cette conférence aux réunions précédentes, mais comme la plus grande partie d'entre vous n'y a sans doute pas assisté, j'y reviens encore une fois pour vous dire ce que j'en pense.

La conférence de Kuiqiu se tint il y a deux cents ans environ dans le petit village de Kuiqiu à la frontière nord de l'État de Song et aboutit à la conclusion d'un traité de paix entre les grandes puissances de l'époque. A cette conférence, où l'on promit sous serment de ne jamais détourner le cours du Fleuve Jaune et de ne pas en démolir les digues, prirent part les cinq États de Lu, Zheng, Wei, Qi et Song autour du duc Huan de Qi. J'ignore le sentiment du Maître sur ce personnage, mais l'on dit que tout s'est fait sur son initiative.

Depuis ce jour et pendant les deux cents ans qui

se sont écoulés depuis, les digues du Fleuve Jaune n'ont jamais été rompues pour noyer des populations innocentes, pas plus que son cours n'a été détourné pour inonder leurs champs. Jusqu'à présent du moins, le traité de Kuiqiu a été respecté. Ses décisions sont considérées comme obligatoires et inviolables par tous les États et toutes les armées de la Plaine du Milieu. Le respect qu'elles inspirent a conduit à un résultat spectaculaire.

N'étaient les serments du traité, l'aspect des États situés le long du Fleuve Jaune aurait été tout autre. Le malheur se serait étendu sur d'innombrables populations dans toute la région du Fleuve Jaune.

Qu'en pensez-vous ? En cherchant on pourrait trouver d'autres exemples de ce genre dans l'histoire de l'humanité.

Mû par le désir d'en parler à ses disciples, le Maître les avait emmenés sur la colline Kuiqiu afin de parcourir ce site à pied en leur compagnie. Ainsi cet événement remarquable aura été pour moi, Yanjiang, l'occasion d'approcher le Maître et d'employer ma vie à son service. Personnellement, cette admirable conférence de Kuiqiu m'inspire le plus grand respect ainsi qu'une profonde reconnaissance.

La conférence de Kuiqiu, réunie à l'initiative du duc Huan de Qi, déboucha sur le serment de ne jamais employer les eaux du Fleuve Jaune à des fins militaires. Ce fut un traité de paix admirable.

Cette période de deux cents ans n'en vit pas moins l'ascension et la chute d'un grand nombre d'États. Il ne manqua pas non plus de batailles où se décida le sort de tel ou tel d'entre eux. Autant dire que la Plaine du Milieu tout entière connut une guerre perpétuelle, qu'il ne se passait pas de soir ni de matin sans qu'une place forte ne tombât aux mains de ses ennemis.

On rapporte qu'il y avait plus d'un millier de principautés aux premiers temps des Zhou. Aujourd'hui il en reste une centaine. Même s'il ne s'agit pas d'un décompte précis, ce chiffre de cent ne doit pas être loin de la réalité. Dans ma jeunesse on employait l'expression « les quatorze grandes puissances ». Il s'agissait des États de Qin, Jin, Qi, Chu, Lu, Wei, Yan, Cao, Song, Chen, Cai, Zheng, Wu, Yue. Quatre d'entre eux, Cao, Chen, Cai, Wu, ont un beau jour disparu de la Plaine du Milieu. Aucun d'entre eux ne constituait pourtant une proie facile, mais cela ne les a pas sauvés de l'annihilation.

Ces grands États mis à part, il y avait au temps de mon enfance de nombreux États de dimensions plus modestes pour qui on éprouvait autour de moi une sympathie particulière :

Huang, Liang, Xing, Jiang, Liu, Liao, Yong, Shu, Xiao, Fei, Zhou, Xu, Qi.

C'étaient de petits États, constitués parfois autour d'une seule ville. En faisant un effort de mémoire, je pourrais en énumérer encore autant. Tous cependant semblent condamnés. Après Cao, ce fut récemment le sort de Qi, que j'ai évoqué tantôt.

Il y a aussi le cas des États qui existaient encore à coup sûr au temps de mon enfance et qui ont depuis disparu sans que j'y aie pris garde, sans même parfois que je l'aie su.

Certains d'entre eux étaient venus afficher leurs couleurs sur le marché international de Cai-la-Neuve après le transfert de la capitale à Zhoulai. Touchant spectacle ! Originaires de principautés si minuscules qu'on pouvait à peine les qualifier d'États et désormais abolies par-dessus le marché, ces vieillards ou ces jeunes filles n'en étalaient pas moins les produits caractéristiques de leur pays respectif, chapeaux, chaussures, paniers ou tissus, comme pour protester de son existence. Tels étaient les États de Liang, de Hou, de Xie.

A ne s'en tenir même qu'aux seuls noms qui me reviennent aujourd'hui en mémoire, nombreux sont les États à disparaître l'un à la suite de l'autre, comme s'ils rivalisaient à qui périra le plus vite ou qu'il leur répugnât d'être devancés par d'autres. La chute d'un État n'est pourtant jamais indolore. Elle signifie pour la plus grande partie des habitants la perte de leurs moyens de subsistance. Elle s'accompagne d'un grand nombre de morts, elle entraîne la ruine de nombreux foyers, la dispersion des familles.

Un immense séisme est en train de secouer la Plaine de Milieu. Il n'est, je crois, d'autres termes pour décrire la situation.

Mais au milieu de toute cette violence, voilà deux cents ans que demeurent inviolées les décisions de la conférence de Kuiqiu. Comment l'homme serait-il incapable de construire une société, un État, des relations internationales permettant à chacun de vivre heureux, en paix et dans la joie ? Comment ne saurait-il instaurer une telle époque ?

Il a commencé à pleuvoir! Il y a déjà quelque temps que des éclairs zébraient le ciel à l'horizon et je redoutais un changement de temps, mais voilà qu'apparemment nous aurons de la pluie. Entrez tous à l'intérieur. Dans cette maison ouverte à tous les vents, dès qu'il pleut un peu fort, la cuisine, l'entrée et les vérandas sont inondées.

Eh bien, on dirait que cela se gâte! Mais ce n'est qu'une averse, il n'y en a pas pour longtemps.

Ceux d'entre vous qui se tiennent dans l'entrée et sur la véranda, veuillez vous réfugier à l'intérieur. Laissez, s'il vous plaît, les volets ouverts.

C'est une violente averse. On entend le grondement du tonnerre. Sans doute est-ce l'automne qui s'installe pour de bon au village.

Tous ceux qui restent dans l'entrée ou sur la véranda, venez donc à l'intérieur. L'espace derrière le foyer est vide : installez-vous là.

Quant à moi, permettez que je vous laisse et que j'aille m'asseoir sur la véranda. Tel est en effet l'accueil que je réserve aux éléments déchaînés, l'attitude que je prends face à eux depuis cette première nuit d'orage et de pluie torrentielle que je passai en compagnie du Maître dans une ferme désertée au nord de la capitale de Song. Offrant mon visage et mon cœur aux assauts du vent, de la pluie, du tonnerre et des éclairs, j'attends que s'apaise la colère du ciel et de la terre.

Aujourd'hui encore, quand je prendrai place sur la véranda, je croirai voir le profil du Maître à quelque distance devant moi.

Je vous en prie, mettez-vous à l'aise et faites comme chez vous. Permettez-moi seulement de vous laisser quelques instants.

Vous souhaitez vous joindre à moi ? Mais bien entendu. Asseyons-nous donc chacun à sa place sur nos jambes repliées, face au jardin.

Vent, pluie, tonnerre déchaînés. Restons assis sans éprouver aucune inquiétude. Comme le faisait toujours le Maître dans un moment pareil, corrigeons notre posture, mettons de l'ordre dans nos pensées et restons tranquillement assis en prêtant l'oreille aux voix du ciel et de la terre.

Des éclairs déchaînés zèbrent le ciel. Restez assis et n'ayez pas peur. Pendant quelque temps, offrons nos visages, offrons nos cœurs aux éléments déchaînés. Faisons le vide dans nos cœurs et restons ainsi jusqu'à ce que s'apaise la colère des éléments.

ACHEVÉ D'IMPRIMER
EN FÉVRIER 1997
SUR LES PRESSES DE
L'IMPRIMERIE HÉRISSEY
À ÉVREUX (EURE)
POUR LE COMPTE DES ÉDITIONS STOCK
23, RUE DU SOMMERARD, 75005 PARIS

Imprimé en France
N° d'éditeur : 9657
N° d'imprimeur : 75313
Dépôt légal : Mars 1997
54-12-4742-01/0
ISBN 2-234-4742-0